艺术体育
高校学术研究论著丛刊

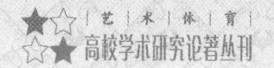

民族瑰宝
——中国石窟艺术研究

周 丁 著

中国书籍出版社
China Book Press

图书在版编目 (CIP) 数据

民族瑰宝 : 中国石窟艺术研究 / 周丁著 . -- 北京 : 中国书籍出版社 , 2020.11
ISBN 978-7-5068-8123-4

Ⅰ . ①民… Ⅱ . ①周… Ⅲ . ①石窟 – 研究 – 中国 Ⅳ . ① K879.204

中国版本图书馆 CIP 数据核字（2020）第 226627 号

民族瑰宝——中国石窟艺术研究

周　丁　著

丛书策划	谭　鹏　武　斌
责任编辑	毕　磊
责任印制	孙马飞　马　芝
封面设计	东方美迪
出版发行	中国书籍出版社
地　　址	北京市丰台区三路居路 97 号（邮编：100073）
电　　话	（010）52257143（总编室）　（010）52257140（发行部）
电子邮箱	eo@chinabp.com.cn
经　　销	全国新华书店
印　　厂	三河市德贤弘印务有限公司
开　　本	710 毫米 ×1000 毫米　1/16
字　　数	220 千字
印　　张	17
版　　次	2023 年 3 月第 1 版
印　　次	2023 年 3 月第 1 次印刷
书　　号	ISBN 978-7-5068-8123-4
定　　价	82.00 元

版权所有　翻印必究

目 录

第一章 绪 论 ………………………………………… 1
　第一节 中国石窟艺术的发展历史 ……………………… 1
　第二节 中国石窟的艺术特点 …………………………… 11
第二章 千年辉煌之敦煌石窟艺术 ……………………… 13
　第一节 敦煌石窟艺术概述 ……………………………… 13
　第二节 敦煌石窟的设计风格 …………………………… 19
　第三节 重点洞窟赏析 …………………………………… 51
第三章 佛教艺术典范：云冈石窟艺术 ………………… 69
　第一节 云冈石窟艺术概述 ……………………………… 69
　第二节 云冈石窟的设计风格 …………………………… 74
　第三节 重点洞窟赏析 …………………………………… 105
第四章 气势恢宏之龙门石窟艺术 ……………………… 117
　第一节 龙门石窟艺术概述 ……………………………… 117
　第二节 龙门石窟的设计风格 …………………………… 128
　第三节 重点洞窟赏析 …………………………………… 133
第五章 麦积奇观：麦积山石窟艺术 …………………… 154
　第一节 麦积山石窟艺术概述 …………………………… 154
　第二节 麦积山石窟的设计风格 ………………………… 157
　第三节 重点洞窟赏析 …………………………………… 178
第六章 唐宋石窟艺术陈列馆：大足石刻艺术 ………… 189
　第一节 大足石刻艺术概述 ……………………………… 189

第二节　大足石刻的设计风格……………………………190
　　第三节　重点洞窟赏析……………………………………192
第七章　异彩纷呈的其他石窟艺术………………………………214
　　第一节　须弥山石窟艺术…………………………………215
　　第二节　克孜尔石窟艺术…………………………………235
　　第三节　巴渝石刻艺术……………………………………253
参考文献……………………………………………………………263

第一章 绪 论

第一节 中国石窟艺术的发展历史

一、石窟艺术的起源

中国石窟艺术与佛教的传入密切相关,中国佛教最早源自印度。大约在公元前6世纪至公元前5世纪,佛教由创始人释迦牟尼在古印度创立。释迦牟尼所创立的原始佛教学说经过当时古印度统治者及其弟子的大力宣扬,不仅仅被整个古印度的民众所深知,甚至在印度以外的不少国家和地区也被广泛传播,当然也包括中国。

佛教最早传入中国是在东汉明帝时,由当时的统治者派人到古印度求得佛法。后来印度僧人摄摩腾和竺法兰来中国传教,进一步地推动了佛教在中国的发展。佛教刚传入中国时,并没有得到社会的广泛重视,而且当时人们所信仰的仍然是原始宗教。为了让人们能够了解佛教,以至得到社会的普遍认可,当时的佛教徒还利用了中国的儒、道名词对佛典原理进行描述,达到让中国人能看懂的目的。但取得的效果却是微乎其微。由此可以看出,佛教在汉代时期,只不过是刚刚迈入中国,这种外来的宗教想在中国这样一个本土文化深厚的国家发展,在起始阶段是很不容易的。经过佛教徒的不懈努力,直到魏晋南北朝时期佛教才在中国发展起来。

佛教的宣传不仅方式多种多样，而且还很广泛。一般以寺庙最为多见，以佛像为佛教最主要的崇拜对象。石窟与寺庙一样，也是宣传佛教的有力工具。中国最早佛教石窟的开凿，大多融入了西域佛窟的特点。

二、三国两晋南北朝时期的石窟艺术

三国两晋南北朝时期，佛教的传播方式，除了翻译佛教经典，还在此基础上进一步开展讲经说法的活动。而且，这一时期有很多西域佛教僧人来中国传法讲经。三国两晋南北朝时期不仅是中国佛教发展的兴盛时期，而且也是中国佛教史上产生译家与译典最多的时期。

佛教在中国的传播和发展，离不开历史上一大批杰出的佛教人士的，如安世高、道安、鸠摩罗什等人，他们以各种不同的传播方式在中国宣扬佛教。安世高，也就是安息国的太子。安息国也是印度佛教最初向外传播的西域国家之一。安世高为翻译佛教经典作出了重大的贡献。他曾在二十多年的时间里，译出了三十多部佛经，这些佛经多数是小乘佛教的禅法之学。他为了让初学佛经的人更加清楚地理解其中的概念，还采用了"数法"，也就是把佛教经典中的许多概念用数字来分类，譬如"四谛""八正道"等。这些佛教经典经过数字分类后，对于初学佛经的人来讲，就很容易理解了。

道安，东晋人，他称得上是中国佛教历史上的重要人物。他不仅编纂出中国第一部《经录》，而且还创立了中国的僧尼制度。不仅如此，他还创建了中国当时规模最大的僧团组织，弟子多达上千人。在他的指导和帮助下，涌现出许多杰出的佛教人士，其中有一位"慧远"大师成为东晋佛教领袖，其他的弟子还被分派到长江上下各地宣传佛法。可见，对于佛教在中国的推广与传播，道安可谓是用尽心思，功不可没。

5世纪初叶，鸠摩罗什开创了中国早期大规模、有组织地翻

第一章 绪 论

译佛经活动的先例。在这之前,中国早期的佛经翻译,都是以个人为主的分散、无系统的行为。后秦时期,鸠摩罗什被当时的统治者请到长安主持讲学讲经,在当地的影响十分巨大,当时聆听佛法的多达五千多人。

东晋以来,南方统治阶级为了达到安抚民心、稳定社会的目的,便大力提倡佛教。尤以南朝士族中信奉佛教的人居多。

此外,齐、梁王朝的统治者更是信仰佛教到了极点。梁武帝萧衍,原本是信奉道教的,后来弃道信佛。不仅如此,他还亲自主持佛法的演讲。统治者的支持和拥护,使得佛教在南方地区的发展达到了高潮。

北魏时期,北方的鲜卑族最初信奉的还是原始宗教,直到建立了政权,接触了中原地区的多重文化,才开始对佛教有所了解,佛教也逐渐才发展起来。道武帝"好黄老览佛经",他在征服各族的战争中,只要见到佛门弟子,都很尊重,而且还命令军士不得侵扰佛门。到明元帝时,佛教信仰更有基础,还在皇宫中供奉佛像。太武帝于太延五年灭北凉之后,把西域的匠人移民到京城,大同的佛教造像开始兴盛。太平真君七年(466年),由于佛寺腐败,不仅干预政事,而且不断增加朝廷的财政负担,太武帝才下诏毁灭佛法,屠杀沙门(和尚),制造了中国历史上第一次"坑沙门,毁佛像"的废佛事件。后来到文成帝即位后,立即下诏恢复佛法,佛教以更大的声势发展起来,而且还建造了大规模的佛教石窟造像。我国现存著名的云冈、敦煌、龙门、麦积山等石窟,都是在这一时期开始开凿的。

石窟的开凿一方面是为了宣传佛教的教义,另一方面是为了纪念佛教创始人释迦牟尼,同时也为佛教信徒们提供一个有佛教雕塑的参拜场所。这一时期,不仅开凿了大规模的石窟群,而且还建造了许多佛教寺庙及佛塔建筑,这也为佛教在中国的发展和宣传奠定了扎实的基础。

中国西部,譬如新疆、甘肃等地区,自古就是中原通往印度的交通要道,是传佛士的必经之路。可想而知,在这些地区或多或少,或大或小都遗留有一些佛教石窟群。不过,这些早期的民间的石窟,远远不及后来皇家建造的石窟造像优美,而且多数佛像是泥塑,再加上西部一些地区地质条件有限,没有理想的山体雕刻石像。

中国历史上最早的佛教石窟群,应属新疆境内的部分石窟,可惜的是,这些石窟群的开凿年代现已无法考证了。现有年代可以考证的中国早期的石窟群是甘肃敦煌莫高窟,开凿于十六国时期前秦建元二年(366年),历史十分悠久,比著名的云冈石窟要早近百年,比龙门石窟更要早120多年。当然,莫高窟在历代都有开凿或扩建。

三国两晋南北朝时期佛教的发展,完全是封建统治者统治人民群众的一种工具。他们之所以保护佛教,主要是因为佛教有助于他们欺骗、统治人民,最终达到维护统治的目的。可以说,佛教在这一时期,公然成了支持封建统治的一种重要工具。

就拿著名的云冈石窟来说,最初开凿的起因就是想利用佛教达到安抚民心、彰显国力的目的。虽然北魏皇帝也崇佛,但最终的目的还是希望能统治全中国。当时奉旨开凿云冈石窟的西域佛教高僧昙曜,也深知他们有这样的目的,因此,在开凿石窟的时候,不仅要考虑到佛法的规范,而且还要顾及当时统治者的政治需要。昙曜经过缜密思考与周详设计后,将自己主持开凿的五个石窟,以北魏时期的皇帝为造像主题,分别象征北魏时期的五位皇帝。如此一来,这五个洞窟不仅与北魏时期的政治历史连接起来了,而且也顾及了佛法的规范,使整个云冈石窟既具有一定的艺术文化价值,更具历史价值。

三、隋唐五代十国时期的石窟艺术

中国封建社会佛教石窟发展到隋、唐、五代十国时期,已经达到了高潮。隋朝虽然延续的时间不长,却是中国历史上很辉煌的时代,一切艺术的发展都较为全面。由于隋代时期对佛教雕刻造像很重视,再加上隋文帝对佛教的崇仰,佛教石窟造像的发展尤为迅速。

隋代的石窟造像,以甘肃敦煌莫高窟最具代表性。从莫高窟各朝代营造的窟龛数量上讲,隋代所营造的窟龛,比其他朝代所营造的窟龛都要多,而且规模也很大。在莫高窟现存的400多个窟龛中,属隋代时期开凿的窟龛就达90多个。隋王朝短暂的统治期间,能营造如此大的石窟工程,是很不简单的。何况,开凿的石窟群也并不只是莫高窟一处,在其他地区也有少量的石窟群。

在隋代基础上发展起来的唐代,更是中国封建历史上著名的盛世。在唐王朝统治的近三个世纪中,封建社会政治、经济的发展都发生了巨大的变化。与此同时,佛教石窟造像艺术也到达了一个繁荣的顶峰。

唐代统治者大多提倡佛教,但真正把佛教推向一个新发展高度的却是中国历史上唯一的一位女皇帝武则天。可以说,她为佛教石窟艺术的发展作出了重大的贡献。唐太宗死后,在高宗继位的同时,武则天也被立为皇后。此后,武则天为了扩大自己的势力,达到全面统治的局面,笼络了许多地主及下级官吏,也正因为在这些地主的支持下,武则天的势力也逐渐强大起来。弘道元年(683年),唐高宗死,太子李显继位,武则天临朝称制。天授元年(690年),武则天改唐为周,正式称帝。虽然当时许多贵族、官僚反对武则天称帝,甚至起兵发动叛乱,但都失败了。至此,武则天以更强劲的手段进行反驳、打击。这种打击政策对当时社会的发展,是很有推动作用的。

在武则天称帝期间,把洛阳定为陪都,经常带百官到这里游玩。在洛阳不仅兴建了许多规模宏伟的建筑,而且还大修佛寺、佛像。

著名的龙门石窟奉先寺就是在武则天的资助下修建的。洛阳自东汉起,就是三国魏、西晋、北魏、隋等朝的国都,武则天也把这里作为陪都。可以想象得到,当时洛阳的政治、经济以及艺术都是比较发达的。龙门石窟也一直受到皇室的重视,虽然龙门石窟是北魏时期继云冈石窟之后开凿的,但从窟龛的数量或造像的数量上来讲,都要比云冈石窟多很多,而且造像水平也较高。

整体上看,唐代时期的佛教石窟造像艺术,都比早期的石窟造像优美、富丽。这一时期不仅对唐代以前的石窟群进行扩建开凿,而且还建造了许多新的石窟群。造像题材也很丰富,如佛、菩萨、护法神、金刚力士像等。这些唐代时期的佛教石窟群,都具有较高的艺术、历史价值。石窟艺术这种全面发展的兴盛局面,也说明了封建社会时期的一个历史事实,那就是一个国家的兴旺发达,对社会各方面的发展都起着至关重要的作用。

朱温灭了唐王朝以后于907年在河南开封建立了后梁,也就是五代的第一个王朝。此后,在洛阳、开封两个地区也相继建立了后唐、后晋、后汉、后周等政权,这就是历史上的五代。而在五代政权建立的同时,在长江流域的一些地方势力也相互在争夺政权,从而出现了历史上的十国,即吴(扬州)、吴越(杭州)、楚(长沙)、闽(福州)、前蜀、后蜀(成都)、南唐(南京)、南汉(广州)、北汉(太原)、南平(湖北江陵)。五代十国,可称得上是中国封建社会历史上战乱最频繁的时代。

在五代十国延续的半个世纪中,对于文化艺术来讲,可以说是唐代时期的一个继续。尤其佛教雕塑艺术,大多保持了唐代大气、恢弘的风格。这一时期的石窟雕像并不多见,而且也没有开凿新的石窟,甚至连五代后唐的建都地洛阳这样发达的地区也没有开凿石窟。

五代十国,最具代表性的石窟应属甘肃敦煌莫高窟现存的20多个窟龛。虽然与莫高窟现存的400多个窟龛数量相比,似乎有些不协调,但与其他地区五代十国现存的窟龛数量相比,还是比较多的。而且莫高窟现存的20多个五代十国窟龛,规模都比较大,可与唐代时期的石窟规模相媲美。

莫高窟现存的20多个五代时期的窟龛,就其开凿的数量与质量来讲,与当时的社会状况是分不开的。虽然在唐末五代时期,中原各地群雄割据,社会十分动乱,根本无暇顾及佛教艺术的发展。但由于甘肃敦煌地处边陲,很少有人关心这里,但曹议金(也就是当时敦煌的统治者)得知社会动荡已平息的消息后,不仅大力提倡佛教,而且大举开窟造像。在曹议金的大力提倡下,敦煌兴建了许多窟龛。这些窟龛造像的风格大多保持了唐代时期石窟造像风格。

整体上看,隋、唐、五代十国时期,是中国佛教石窟雕塑艺术发展较为全面的时期。无论是隋代的石窟,还是唐代及五代十国时期的石窟,都十分出色,而且造像的题材也很丰富。

四、两宋、辽、金时期的石窟艺术

两宋、辽、金时期的佛教石窟造像艺术,是在唐代中、晚期佛教雕塑艺术的基础上,进一步向世俗化发展,与现实生活相结合的一种新的风格形式,所出现的造像题材也与现实生活中的人物相接近,给人以真实感。总而言之,两宋、辽、金时期的造像手法主要以写实为主。但由于封建社会保守落后思想及各种不可抗拒的原因,使造像在造型方面仍然受到很大的约束,艺人匠师没有完全把真正的自我风格及艺术释放出来,失去了内在的生气与活力。

历史上,宋代由北宋(960—1127)、南宋(1127—1279)这两个阶段组成。在两宋存在的同时,还存在着两个国家,即与北宋同时存在的北方契丹族辽国(907—1125),与南宋时期同时存在的女真族金国(1115—1234)。此外,在辽、金两代还存在着一个党项族的西夏国((1032—1227)。这五个国家的都城分别建在不同的地方:北宋建都在河南开封;南宋建都在浙江杭州,辽国(也称契丹国)建都在皇都,也就是内蒙古巴林左旗波罗城;金国先后有三个都城,早期在会宁,也就是黑龙江阿城县境,后期迁都北京、开封等地;西夏国建在兴庆,也就是宁夏银川市东南。

北宋的开国皇帝为赵匡胤。赵匡胤夺取了后周(五代最后一个王朝)政权,然后稳定统一了五代十国分裂的局面,随之才建立北宋。但北宋最终还是毁在宋徽宗赵佶的手中。他骄奢淫逸,强征捐税,搜刮人民财富,引发了农民起义,其中包括著名的山东梁山泊一带的宋江农民大起义。北宋统治者为了得到安宁统治的局面,竟不知廉耻地与辽国及西夏国求和,最终还是衰败了。

北宋政权被金国灭亡后,南宋政权出现。南宋是一个偏安的小朝廷,因此自建立以来,就受到其他国家的侵扰,可以说是一日不得安宁,纷乱连连。但与北宋不同的是,南宋并不是被农民起义军削减其实力,而是被漠北的蒙古族建立的元所灭。金国虽然灭了北宋及辽国,但最终还是被元所灭。

总体上看,宋王朝自建立以来,始终都是一个充满内忧外患的王朝,宋也是封建专制主义高度发展的时期。当然,佛教艺术在这一时期,也由最初的兴盛,逐渐走向衰落。这一阶段所遗留的石窟造像作品,远远没有唐代时期所遗留的数量多,而且石窟造像也不及前期丰富。总体上看,中国封建社会佛教石窟造像艺术,发展到宋代,已在走下坡路。由此可见,这一时期的佛教造像艺术明显是受到宋代理学的影响。理学,也称"道学""宋学"。虽然宋代也提倡佛家禅观思想,但与此同时,也在大力宣扬儒家忠孝仁义思想。也正是因为在这两种不同思想的影响下,使石窟造像题材既有佛教造像,也融入了儒教造像。

宋代的石窟雕像,虽然在部分地区有很宏伟的造像工程,但总体来说,像敦煌、麦积山、龙门等规模较大的石窟群,宋代并没有参与扩建开凿。

在莫高窟现存的400多个洞窟中,真正算得上是宋代时期开凿的石窟几乎没有,若勉强称为宋代时期的作品也只有20多个。而且这20多个宋代作品,都只不过是利用以前各时期的洞窟,把洞窟里面的雕像及壁画重新涂抹粉刷,虽然可以进行勉强称为宋代作品,但雕像已面目全非了,给人以粗俗、呆板之感。这种做法表面上的确给人以焕然一新的感觉,其实是拿别人的作品当自己的作品,没有任何新意与创新。如果说是重新开窟造像,那只是无稽之谈。

与敦煌石窟一样,麦积山的宋代石窟也是用这种重新涂抹粉刷的方法,将以前各个时期的洞窟变为宋代作品。这种令人感到悲哀的做法,在不知不觉中也反映了封建社会走向衰败的社会现实。这一时期不仅是佛教石窟艺术已逐渐走向衰退,更可怕的是社会政治经济也在衰败,人们的思想和斗志已经被磨灭了,毫无奋发图强的精神。由此可以看出,一个国家的强盛是十分重要的,它会直接关系到社会各方面的发展和进步。

除了敦煌、麦积山石窟利用前代石窟加以改造和利用在外,四川大足是我国宋代时期开凿石窟最密集的一个区域。其造像的高峰期,尤其集中在南宋时期。与敦煌、麦积山石窟不同的是,大足石刻中的宋代石窟都是重新开凿的,并没有像敦煌、麦积山石窟那样,利用以前各朝代的洞窟进行加工而勉强称为宋代时期的石窟。在四川地区大大小小所有石窟中,以大足宝顶山南宋时期的大型崖龛造像和大足北山佛湾从北宋到南宋时期的造像最具代表性。这些精湛的造像,是艺术美的形象体现。这些石窟造像大多是宋代僧人赵智凤主持营造的,他的一生几乎全都奉献给了佛教艺术。大足石刻为宋代这一时期创造出如此雄伟的佛教雕像工程,不得不令人称赞。

总体上看,两宋、辽、金时期的佛教石窟虽然开凿的石窟群并不是很多,但都很出色,分布的地区也较广泛。

五、元明清时期的石窟艺术

历史上,13世纪后期至20世纪初期的元、明、清三代,在中国封建社会上延续了六个多世纪之久,也就是说占去了封建社会四分之一以上的时间。但这一阶段在佛教石窟造像艺术上,几乎可以说没有什么大的发展及变化。然而从现实生活上讲,一些建筑装饰雕塑及工艺小品雕塑却发展得较为全面,甚至比以前各个朝代都发展得旺盛。

中国佛教雕塑艺术发展到封建社会晚期的元、明、清三代时,几乎已完全衰落。但同样属于宗教的道教却在这一时期十分兴盛，人们将道教中的神造像建庙供奉，在这一阶段建造的有关道教信仰的庙宇有很多。而有关佛教石窟造像却是寥寥无几，虽然这一时期也有人信仰佛教，但由于人们生活水平、经济能力有所提高，一些较有钱的地主，都在自己家中营造佛堂，以及雕塑佛像，很少像以前各朝代到偏远的山区营造石窟。这一历史阶段，看上去似乎已经不适合做这种大规模的石窟开凿工程了。

佛教在元代时期，仍然被当时的人民群众所重视，尤以尊崇喇嘛教的居多。喇嘛教是当时通行于西藏的一种佛教宗派。喇嘛教不仅被当时的人民群众所尊崇，甚至连元世祖也十分尊崇。为此，他还将喇嘛教法王八思巴封为"国师"，让他制定蒙古新字，当时的圣旨几乎都是使用蒙古新字颁布，并且连元代统治的各地区的文字也以蒙古新字为主，而当地的文字则居其次。在八思巴死后，元朝政府又将他封为"大宝法王""西天佛子"等。

元代时期，道教并未受到朝廷的重视，甚至还受到歧视。但在石窟中却出现道教造像，这明显是受佛教石窟造像的影响产生的。在汉族民众不满元朝异族统治的大背景之下，道教也随之在元代十分兴盛。现存元代时期的道教石窟群，以山西太原龙山石窟群最具代表性，是元代时期道教石窟造像的优秀代表。

在元、明、清三个时期中，除清代没有开凿佛教石窟外，元、明时期仍开凿了部分佛教石窟。现存的元代时期的佛教石窟造像，以甘肃敦煌莫高窟及陕西西安万佛峡为主，虽然石窟造像数量不是很多，但这也是仅存的元代佛教石窟造像作品了。其他地区虽然也有元代石窟造像，不过，造像题材却是以道教为主。

明代太祖朱元璋虽然也提倡佛教，但他的目的是利用佛教来达到全面统治的局面。明代佛教主要以禅宗及净土宗最为典型。明代时期的佛教石窟造像虽然在某些地区有，但数量极少，而且艺术价值也不是很高。在现存的所有明代石窟群中，以山西省平顺县附近的石窟群最具代表性，这里现存的20多个窟龛中，不仅明代时期开凿的石窟占多数，而且还有宋代以后开凿的石窟。自开凿了这处石窟群以后,就再也没有开凿过新的石窟群,也就是说,这处石窟群是中国古代佛教石窟中最晚的一处。

清代自道光以后,国力逐渐衰落。佛教在这一时期却起到了很大的推动作用,一些民族意识较强的先进文人,把佛教教义当作挽救国家民族的精神武器,目的是为了鼓励人们不怕牺牲、杀身成仁。可以说,在中国近代民主革命思想中,居士(不出家信佛的人)佛教起到了一定的作用。清代,在宋文森、毕奇、周梦颜、彭绍升等居士中,最具代表性的是彭绍升,他个人撰有《居士传》《二林居集》等。

从整体上看,元、明、清三个时期的佛教石窟造像并没有大规模的工程,都是一些较小型的石窟群,数量也不多。虽然这一阶段占据了封建社会约四分之一多的时间,但对于佛教石窟造像艺术的发展并没有起到什么作用,可能与当时人们的思想与生活条件有关。其实,对于建筑装饰雕塑的发展,也并非是为广大人民的生活着想,而是与上流社会一些达官贵族的个人利益有关。总之,这一阶段所有艺术都是为了统治阶级生活享受的需要而发展的。

第二节　中国石窟的艺术特点

一、神性与人性融合

石窟中的佛教造像要遵从教义的规范,使形象与人间保持距离,具有一定的神性,使人望而起敬,但又不能冷若冰霜,需有人间气息才使人觉得可亲可信。于是,介于人神之间才最有魅力。"神"气太足使人觉得可敬不可亲,难以引起共鸣。"人"气太浓,又会冲淡佛教的严肃性,使人一望便觉得似曾相识,无遐想的余地。南北朝及唐代大多数成功之作,恰在神与人之间,所以颇具魅力。

二、环境与心境结合

石窟艺术,在某种程度上说也是环境的艺术。环境可为石窟造像提供合适的场所,烘托造像的艺术效果。石窟环境几乎无一例外都选择在远离闹市的山清水秀之处,环境本身就给人一种世外桃源的感觉,与佛教绝情洗欲、向往彼岸佛国净土的主张相合拍。如敦煌莫高窟,在茫茫沙漠之中,鸣沙山下一湾溪水环绕,树木繁茂,绿草如茵,沿山开窟造像,佛国净土的幽静美丽,会给千里跋涉越过荒漠前来朝圣的信徒们以强烈的感受,好像他们真的来到另一个世界。

三、装彩与眼神

石窟造像最初都是装彩的,花花绿绿,效果强烈。以颜色区别等级,造成不同的感觉。石窟雕像的目光都比较固定,凝视一个方向,这与希腊雕刻目光大都分散游离、避免死盯一处的情况恰成对比。这是由于雕像的用途不同所致。石窟雕像被限定在一个固定的空间里,要使对方感到亲切,愿意与之交谈,故目光不能分散,要集中在礼佛者下跪的地方,好像在专心倾听对方的诉说。

四、象征性与处理

佛教艺术是一种象征艺术。象征当然需要一种可视形象,但其更深层的含义并不能从形象本身直观地看出,而是需要从形象所暗示的一种较为普遍的意义方面去领悟。佛教形象意在引起对被崇拜者的尊敬。

第二章 千年辉煌之敦煌石窟艺术

敦煌石窟保存了4—14世纪1000多年间没有断绝的佛教艺术,是古代文化艺术的重要瑰宝。尤其是各时代的彩塑与壁画艺术,对于认识中国4—14世纪的美术史具有不可多得的参考价值。而敦煌作为中国西部地区的一个小城市,能够产生这样宏伟的艺术,绝不是一件孤立的事情。汉代以来儒家文化在敦煌的积淀,丝绸之路繁荣带来的东西文化交流,佛教信仰在中国的兴盛,以长安为中心的中国文化的辐射等,都是造就敦煌石窟艺术千年辉煌的因素。

第一节 敦煌石窟艺术概述

敦煌石窟主要包括敦煌境内的莫高窟、西千佛洞,瓜州县的榆林窟、东千佛洞和肃北县的五个庙石窟。从敦煌市到周边的瓜州县、肃北县,这一地区在古代都属于敦煌文化圈,在佛教石窟营建的历史文化背景,以及洞窟构造、彩塑与壁画的艺术风格等方面有很多共同点,莫高窟是其中最集中的代表,而其他几处石窟都不同程度地补充和丰富了敦煌石窟的内容,成为敦煌艺术的有机组成就分。

一、莫高窟

莫高窟不仅规模宏大壮观,集建筑、彩塑和壁画于一体,而且还融汇了古印度和西域的佛教艺术风格,可称得上是不可多得的佛教艺术陈列馆。因莫高窟在唐朝时期扩建工作十分频繁,到武则天时佛龛就达1000多个,又称"千佛洞"。

莫高窟位于甘肃省敦煌市东南25千米处宕泉河畔。宕泉河水源于南部数百千米之外的祁连山的支脉,自南向北流下。宕泉河下游两岸,东面是三危山,山石坚硬;西侧是由沙漠形成的鸣沙山,山势平缓,常有流沙。据唐代的文献和莫高窟唐代碑文记载,秦建元二年(366年)一位叫乐僔的高僧在此开凿了第一个石窟,不久,另一位高僧法良在乐僔的窟旁又开凿了一个石窟。此后,石窟开凿得就越来越多,到了唐代,已达1000多座。这一片石窟被称为"莫高窟",也叫千佛洞。

莫高窟历史十分悠久。不仅比著名的云冈石窟要早近百年,而且比龙门石窟更是早120多年。而且莫高窟在北魏、西魏、北周、隋、唐、五代、宋、西夏、元等朝代都有开凿或扩建。在经历了十六国的初创、北朝的逐渐兴盛、隋唐的辉煌、五代以后的衰微等发展过程后,逐渐成为今天所见的规模。现存的洞窟400多个,壁画40多万平方米,彩塑2000多尊,这些不仅制作精美,而且内容也很丰富。洞窟群坐落在全长达1000多米的断崖上,上下共五层,左右相邻,密密麻麻地排列着。

莫高窟大部分洞窟集中在南区。1907年斯坦因在莫高窟对他认为有价值的洞窟进行了编号,共编18号。1908年伯希和最早对石窟进行了较为详细的调查,并对洞窟作了编号,共有183号。其中一些洞窟只是被当做这183个洞窟的附属洞窟作了附属编号。这样,连同附属部分,共有400多个洞窟被编了号。伯氏的编号在很长时期内成为人们了解和研究洞窟的依据。1941年张大千在敦煌进行重新编号,共编309号,其中又包括一些附属耳洞,合起来也有400多窟被编了号。敦煌艺术研究所成立后,开始对洞窟进行更为科学和细致的编号,并于1951年公布了新的编号,共有469个。此后,学术界主要采用敦煌研究所的新编号。20世纪60年代,在对南区洞窟进行大规模的加固工程的同时，对窟前遗址做了考古清理，又发现了一些洞窟，到1982年出版《敦煌莫高窟内容总录》时，共记录洞窟492个。北区洞窟大部分都没有壁画和彩塑，长期以来不被人重视，直到20世纪八九十年代，敦煌研究院对北区洞窟进行了有计划的清理，才搞清了北区洞窟的总体数目、洞窟的功用等问题。据彭金章先生的调查，北区共存洞窟248个（其中原已编号的有5个窟，即461—465号；新编号的有243个窟）。至此，莫高窟全部洞窟数量及其内容、功用基本清楚了。1961年莫高窟被列为中国第一批全国重点文物保护单位。1987年被联合国教科文组织列入世界文化遗产名录。

石窟从功用上来看，主要有礼拜窟、禅窟（用于坐禅修行）、僧房窟（用于僧人的生活）、瘗窟（用于埋葬死者）、廪窟（用于贮存物品）等等。南区除了少数的禅窟外，大部分都属于礼拜窟，供人们观瞻拜佛，因此窟内一般都造有佛像，绘制壁画。另外几类洞窟都集中在北区，大都没有塑像和壁画。用于礼拜的洞窟，北魏时流行中心柱窟，即在石窟中心建有方形的塔柱，是按印度支提窟的理念来建的，但塔的形式改成了中国式的方塔。北朝晚期到隋唐以后，方形覆斗顶形窟开始普及。这类洞窟空间较大，利于大量信众进入观佛和礼拜。此外，还有供奉巨型大佛的大像窟和供奉涅槃佛像的涅槃窟。

塑像是石窟的主体，莫高窟现存各时期彩塑2000余身，在佛教艺术史上具有重要的意义。由于莫高窟开凿在砂砾岩上，不能雕刻，壁画就成为表现佛教内容和装饰洞窟的主要手段。莫高窟现存壁画约4.5万平方米，内容十分丰富，主要有尊像画、佛教故事画、经变画、中国传统神话题材画、佛教史迹画、供养人画像及装饰图案画等。

二、西千佛洞

位于甘肃省敦煌市西约35千米处党河北岸的断崖上，因地处古敦煌城西，故名西千佛洞。现存洞窟22窟，其中1—19号窟集中开凿于党河河谷北崖,后三窟则散落于顺流东下2千米～2.5千米的地方。现存洞窟包括北魏窟1个、北周窟3个、隋窟2个、初唐至盛唐窟3个、中唐窟1个、五代窟1个、沙州回鹘窟3个、西夏至元窟2个,另有二窟时代不明。洞窟形制与莫高窟同期洞窟基本相同,大致可分为中心塔柱窟、覆斗顶形窟、平顶方形窟等。现存彩塑34身、壁画800余平方米。塑像多经清代及民国时期重修新塑,亦有少量保持原貌者。壁画内容与风格基本与莫高窟同时期壁画一致。1941年张大千曾对西千佛洞进行编号,共有19号。后来,敦煌研究院对西千佛洞进行了重新编号,共有22窟,并在《中国石窟·安西榆林窟》(1997年文物出版社出版)一书中正式发表了新的编号。20世纪90年代,敦煌研究院对西段重点窟区已进行了全面彻底的维修和加固。

三、榆林窟

榆林窟也称万佛峡,位于甘肃省瓜州县(原安西县)南部的榆林河(也叫踏实河)畔,西距莫高窟约100千米。现存洞窟42个(东崖31个、西崖11个)。1961年,榆林窟与莫高窟同时被列入国务院公布的第一批全国重点文物保护单位。

榆林窟现存石窟包括唐、五代、宋、回鹘、西夏、元等朝代的石窟。时代最早的洞窟建于唐前期,其中第6窟内有高达23米的大佛,与莫高窟第96窟北大像和第130窟南大像交相辉映。大历十一年(776年),吐蕃人占领瓜州,在榆林窟也开凿了不少洞窟,但大多已被后人重修重绘。第25窟主室完整地保存了吐蕃时代的壁画原作,代表了榆林窟唐代壁画的最高水平,同时也反映了与莫高窟同期壁画的不同特色。五代、北宋时期,曹氏家族统治瓜、沙二州,置画院,设"都勾当知画院使""都画匠作""知画手"等职务。可见曹氏统治者对佛教壁画的重视。瓜、沙二州的石窟艺术也因此而得到很大发展。由于官方有组织的开凿,这一时期的石窟,从洞窟规模到绘塑技法都保持了相当的水平。第

12、16、32、33、35等窟,是这一时期的代表。在洞窟形制上,此时的洞窟都有前后室,主室为方形覆斗顶窟,中心设方形佛坛,佛坛上有成组的彩塑。西夏时期榆林窟出现了一些艺术成就较高的洞窟,如第2、3、10、29窟,反映了来自中原新的绘画风格,不仅是莫高窟所没有的,而且在敦煌以外的石窟或寺院中都十分罕见。

四、东千佛洞

东千佛洞又名接引寺,位于瓜州县城东南90余千米之处(距桥子乡东南约30千米),开凿在峡谷河床两岸断崖上。河水由南向北流,但早已干涸。东千佛洞现存洞窟最早建于西夏时期,元朝和清朝及民国时期均有营建或重修。现有洞窟23个(包括未编号的残窟14个)。西崖14个洞窟,有5个洞窟尚存塑像、壁画,编号为1、2、3、4、5;东崖9个洞窟,有4个洞窟尚存塑像、壁画,编号为6、7、8、9。洞窟形制大体可分为两大类。一类为中心柱窟,平面呈长方形,窟顶为覆斗形顶或穹窿顶,后部由正壁两侧向里凿成马蹄形甬道。这类洞窟结构与龟兹石窟的中心柱窟相似。另一类窟室平面略呈正方形,窟顶为穹窿顶或平顶、覆斗形顶。有的洞窟前原有窟檐建筑,现在多已被毁。东千佛洞现存塑像和壁画主要为西夏、元代、清代、民国的风格,其中塑像多为清代、民国改装。壁画艺术多为佛教密宗的内容,绘制精美,有较高的艺术价值。

五、肃北五个庙石窟

位于肃北蒙古族自治县西北约20千米处。这里党河曲折向东而流,在河北岸分布着一片石窟群,均坐北朝南,因主要有五个洞窟,俗称五个庙(庙也就是指石窟)。实际上至少曾有十多个洞窟,由于这一带气候比敦煌湿润得多,大部分洞窟已经塌毁或被积沙掩埋。现存有壁画的洞窟,西区有4个,东区有2个。从它们的内容和艺术风格上看,与敦煌石窟同属一个体系,而又有自身的一些特点。五个庙石窟最早开凿于北朝晚期,大约在归义军曹氏晚期(北宋)到西夏期间,进行过较大规模的重修、重绘。现存壁画大都是这一时期重绘的。五个庙石窟壁画继承了敦煌壁画唐代以来的传统,洞窟中以经变画为主,内容上显密杂陈,既有大乘佛教的维摩变、弥勒变等,又有密宗的千手千眼观音以及藏密的曼荼罗等。题材内容和艺术风格与莫高窟、榆林窟同期壁画相比,有较一致的地方,也有其独特之处。从现存壁画看可分为经变画、尊像画、曼荼罗、世俗人物像及装饰图案画等内容。

六、下洞子石窟

水峡口下洞子石窟,位于今甘肃省瓜州县城南 50 千米的榆林河下游。在瓜州,习惯上称榆林窟为上洞子,因其位于榆林河下游,故称下洞子。其始建年代为五代时期,经北宋、西夏、近代先后营建。现存 8 个有壁画的洞窟,分布于河谷两岸的崖壁上。榆林河将窟区分成南北两区,南崖存 7 窟,北崖仅存 1 窟。

下洞子石窟现存的 8 个洞窟,包括五代窟 3 个,宋代窟 3 个,西夏窟 1 个,近代窟 1 个。洞窟形制主要有两种,即中心柱和覆斗顶窟,大部分洞窟前室被毁,仅存甬道和主室。原有彩塑全部被毁,壁画题材包括经变画、说法图、菩萨像、不空绢索观音和如意轮观音,还有千佛、供养菩萨、飞天、供养人像,图案画有垂幔、卷草和团花,以及山水花鸟等。下洞子石窟虽然损毁严重,但其中仍有保存较好的壁画及供养人像,作为瓜州境内敦煌石窟群的重要一员,同样是敦煌艺术不可缺少的组成部分。

七、昌马石窟

昌马石窟,位于今甘肃省玉门市昌马乡水峡村,距玉门镇 60 多千米。源于祁连山的昌马河从窟崖前北流,洞窟开凿于水峡村西南陡峭的山崖绝壁之上,包括大坝千佛洞和下窖两处。昌马石窟始建年代不详,依现存遗迹推断,最早建于十六国北凉时期,最晚为西夏重修重绘。原有洞窟 24 个,1932 年昌马盆地发生强烈地震时损毁大半。

现存 11 个洞窟,依山势分为南、中、北三段,南北二段的 7 个洞窟全部残毁。现仅中段 4 个洞窟还存有彩塑和壁画,又以第 2 窟和第 4 窟保存最好。洞窟形制为中心塔柱窟,中心柱四面开双层龛造像。壁画原画已毁,现存为西夏重绘,包括尊像画、经变画、文殊普贤及图案画等。昌马石窟是敦煌石窟群中最东的一处遗迹,出现了莫高窟所不见的早期多层中心塔柱,不仅与莫高窟一同证明了十六国时期敦煌石窟的兴起,更见证了敦煌艺术向东的延伸与发展。

第二节 敦煌石窟的设计风格

一、敦煌石窟的形制

(一)整体形制分析

石窟建筑是佛教信仰的活动场所。石窟本来与寺院有着同等的用途,所以也称石窟寺。但在寺院已经存在的情况下,仍然建立石窟,说明石窟还有一些与寺院不同的功能。在古印度,僧人有开凿石窟的传统。石窟远离城市,更适合于僧人们的修行。在佛教传入中国后,印度石窟开凿的习惯必然会影响到不少僧人。与在城市里改造旧有房屋为寺院的形式截然不同,按古印度传来的规范凿建石窟,可以增强信众们对佛教的崇敬感。在龟兹地区,可能在西汉时期就已经出现了石窟;从甘肃西部的河西走廊到华北一带,也在十六国以后到北朝期间广泛地进行开凿石窟的活动。

石窟的形制,虽说传自古印度,但从敦煌早期的石窟看,主要还是受龟兹一带石窟的影响。通过逐步改造外来的形式,不断增加中国传统建筑的成分,中国式的石窟艺术最终得以形成。

考古学家阎文儒先生可能是最早对石窟形制作系统研究的。他在《莫高窟的石窟构造及其塑像》一文中按时代顺序对莫高窟的石窟构造形式和彩塑的风格特征作了全面分析[①],并以印度的支提窟和毗诃罗窟来比拟莫高窟早期洞窟的两种类型;同时,也指出莫高窟的洞窟形式都与印度有所区别,其中包含了中国传统建筑的因素。阎文儒先生的研究无疑具有开创意义。几年以后,日本学者樋口隆康发表的《敦煌石窟的系谱》[②]就基本上是沿着阎文儒先生的思路前进的。樋口隆康把敦煌石窟大体归于两个类型,一个是"中心方柱窟",一个是"覆斗天井窟"。同时分析了从印度到中亚,一直到中国的石窟演变。此后,"中心柱窟""覆斗顶窟"这样的名称逐步被普遍接受。曾在敦煌工作过的萧默发表《敦煌莫高窟的洞窟形制》[③],把敦煌莫高窟的洞窟形制大体分为六类:(1)中心塔柱式;(2)毗诃罗式;(3)覆斗顶式;(4)涅槃式;(5)大佛窟;(6)背屏式。此外,对一些特例,则将其归入"其他"。萧默的研究,基本涵盖了敦煌石窟的洞窟类型。只是其中"背屏式"这个概念,本来是覆斗顶式的延伸,因为晚唐五代以后大型洞窟基本上是这个类型,将其单独作为一种形制,也有其合理性。20世纪90年代以后,由于莫高窟北区石窟考古发掘成果的发表[④],拓展了人们的视野,单从敦煌石窟的形制方面来看,就增加了不少新的内容。《敦煌学大辞典》将石窟分为九类,分别为:(1)中心柱窟;(2)覆斗顶形窟;(3)殿堂窟;(4)大像窟;(5)涅槃窟;(6)禅窟;(7)僧房窟;(8)影窟;(9)瘗窟[⑤]。这九类中,

---

① 阎文儒.莫高窟的石窟构造及其塑像[J].文物参考资料,1952,2(4).
② 樋口隆康.敦煌石窟的系谱[J].佛教艺术,1958(34).
③ 萧默.敦煌莫高窟的洞窟形制[A].中国石窟·敦煌莫高窟(第2卷)[C].北京:文物出版社,1984.此文亦被收入萧默《敦煌建筑研究》,北京:文物出版社,1989年.
④ 彭金章,王建军.敦煌莫高窟北区(1—3卷)[M].北京:文物出版社,2000—2004.
⑤ 季羡林.敦煌学大辞典[M].上海:上海辞书出版社,1998.

前面六类实际上是按萧默的分法,后三类则是因北区考古成果而产生的新类型。应该说九类石窟形制,是对敦煌石窟形制较全面的概括。当然其中也不无商榷之处,如殿堂窟是指萧默所称的"背屏窟";而覆斗顶窟也同样可以称之为"殿堂窟",因为同样具有殿堂的特点。当然,不论怎样分类都存在着例外,因为有些洞窟可能兼有几种类型。如第285窟,既可以说是禅窟,也可以说是覆斗顶窟。

从石窟的功用来看,敦煌石窟可分为两大类:一类是礼拜窟,一类是实用窟。礼拜窟中包括中心塔柱窟、覆斗顶窟(包括正面开龛的、三壁三龛的、有中心佛坛的、中心佛坛兼背屏的)、大像窟、涅槃窟。实用窟是指非礼拜性质而用于生活各方面的洞窟,包括禅窟(用于僧人坐禅修行)、僧房窟(用于日常生活)、瘗窟(用于埋葬死者等)、廪窟(用于储藏物资)。

从莫高窟的情况看,礼拜窟都集中在南区,而其他实用窟都集中在北区。其中禅窟比较特别,分单室禅窟和多室禅窟。单室禅窟仅北区有遗存,多室禅窟则在南区和北区都有发现。按理说禅窟既用于修行,可以不用塑像和绘壁;但从禅修的需要出发(如"观像"等),又需要壁画和彩塑。因而,禅窟中有的有壁画与塑像,有的却没有。北区的禅窟基本上没有壁画留存,有可能最初就没有彩绘。南区三个多室禅窟,其中两个都绘制了壁画,包括第268窟和285窟,这两窟同时兼有礼拜窟的功能。尤其是第285窟,恐怕其礼拜的功用要大于禅修的功用。石窟在长期的发展中,有些功用可能还会产生变化。上述形制的分类只是对不同石窟作一个大体的区分,便于进一步研究;到了具体的洞窟,还要根据实际情况而进行分析。

(二)洞窟形制的类型

洞窟形制是石窟建筑的表现形式,而这种形式又是根据不同时期的宗教仪轨、世俗信仰的要求、民族审美观,并结合当地岩石质地因时、因地制宜发展演变而成的。随着时代的演变和时间的推移,这些形式为后世所承认并接受,形成定式。敦煌石窟各个石窟寺的类型基本相似,其中以莫高窟的形制类型最多,相对也最齐全。敦煌莫高窟的洞窟形制有中心塔柱窟、毗诃罗窟、覆斗顶形窟、中心佛坛窟、大像窟、涅槃窟、七佛窟、影窟、僧房窟、瘗窟等几种类型。

1. 中心塔柱窟

中心塔柱窟起源于印度,是与我国寺院建筑的佛塔相结合形成的一种洞窟样式,因为洞窟主室后部设有塔形柱而得名。甘肃的敦煌石窟、文殊山石窟、马蹄寺石窟、麦积山石窟、炳灵寺石窟以及中原地区的山西云冈石窟、河南巩义石窟以及河北响堂山石窟等均有中心塔柱窟留存;虽然这些石窟中心塔柱窟的样式不尽相同,但都保存有中心塔柱的基本样式。中心塔柱窟是敦煌石窟北朝时期的典型洞窟,流行于北魏、西魏和北周时期,隋唐时期也有出现。

一般主室为方形,分为两个部分,前部为人字披顶,中心塔柱所在的洞窟后部为平顶。中心塔柱窟一般四面开龛,龛内皆塑像,一般有两层或三层。龛内外多塑释迦禅定、说法、苦修、降魔等像,配以洞窟四壁绘的佛传、本生、因缘等故事,塑像与壁画结合体现了佛在成道之前的种种经历,这与当时佛教信徒修习禅行、绕窟巡礼、坐禅观想有密切关系。洞窟,北魏有第254、263、257、251、260、265、435、437、248、431、246窟,计11个;西魏有第288、432窟,计2个;北周有第428、442、290窟,计3个;隋代有第302、303、427、292窟,计4个;唐、五代、元代有第448、332、39、44.9、14、22、95窟,计8个。目前,对于中心塔柱窟的研究,李崇峰的成果最为详尽,极具参考价值。[①]

---

① 李崇峰.中印佛教石窟寺比较研究——以塔庙窟为中心[M].北京:北京大学出版社,2003.

第二章 千年辉煌之敦煌石窟艺术

2. 毗诃罗窟

毗诃罗窟也称禅窟,是供僧人禅修的洞窟。此类洞窟由印度毗诃罗窟发展变化而成,在新疆、中原北方、西藏等地区的石窟中均有出现。这些洞窟主室左右两壁一般各开凿仅供坐禅用的小型禅窟3个或4个,是专供禅僧习禅修行、礼、佛观想之洞窟。敦煌莫高窟的禅窟大多数分布于北区,南区仅有第285、268、487窟三窟,时代自北凉至元代。这些禅窟可分为三类:第一种类型是主室开龛的佛殿窟附设禅窟。这类洞窟一般由前室、主室以及左右数个禅室组成,主室面积较大,平面呈方形或长方形,顶部平顶或人字披顶;禅室较小,仅容一人勉强坐下。南区第285、268窟主室内均绘画塑像,说明这两窟兼有修禅和观想两种功能。第487窟窟内设方形低坛,有壁画残迹。第二种类型是专为禅行而修的单室禅窟。均位于莫高窟北区,数量有66个;平面多呈方形,有的呈椭圆形;有禅床,均无灶;面积一般较小,1～2平方米,制作粗糙。第三种类型是多室禅窟。均位于北区,数量有10个;大多有前室、中室、后室,中室两侧有1～5个不等的耳室,后室和耳室有禅床;无壁画,无灶,面积较大。[①] 此外,西千佛洞和榆林窟均有禅窟的痕迹。

3. 覆斗顶形窟

覆斗顶形窟又称倒斗形窟,因洞窟主室窟顶如倒扣的斗的形状而得名。窟内主室多西壁开一龛,也有少数无龛或南、西、北三壁各开一龛的洞窟。这类洞窟空间宽阔,光线充足,适于聚集佛教徒讲经和进行礼拜活动。此类窟形各时代均有,是从十六国至元代唯一不断出现的窟形,是敦煌石窟的主要形式,隋唐两代较集中。其中,西魏第249窟,北周第296、294窟,隋代第419、420窟,初唐第220、322、323窟,盛唐第328、45、46窟及中晚唐

---

① 彭金章,王建军.敦煌莫高窟北区石窟(第一至三卷)[M].北京:文物出版社,2000—2004.

第159、156窟等均为敦煌莫高窟各个时期覆斗顶形窟的代表。

4. 中心佛坛窟

中心佛坛窟是因洞窟主室后部中央设有佛坛而得名。洞窟平面方形，覆斗顶；窟后部中央设有佛坛，坛上塑像；坛与四壁之间保有一定距离，可作通道；有的坛前有台阶，坛后沿有宽大的直接窟顶的背屏。敦煌莫高窟中心佛坛窟最早在北魏时期出现，隋代、初唐、中唐都有零星的出现，到晚唐五代宋的归义军时期非常流行，而且洞窟增大。隋代第305窟，初唐第205窟，吐蕃占领时期的第234、161窟以及榆林窟第25窟，归义军张氏时期的第16、85、94、138、196窟，曹氏时期的第4、55、61、76、98、108、146、152、454等窟都是中心佛坛窟。中心佛坛窟的开凿更有利于佛教信众绕佛坛旋转，礼佛观想，是归义军时期表现佛教信仰最为流行的方式。①

5. 大像窟

大像窟又称大佛窟，因洞窟内开凿有巨大的佛像而得名。敦煌石窟的大像窟仅存三处，即莫高窟初唐第96窟（北大像）、盛唐第130窟（南大像）及榆林窟唐代第6窟。这些大像均为倚坐弥勒佛像。根据莫高窟第156窟前室北壁《莫高窟记》记载："延载二年，禅师灵隐共居士阴祖等造北大像，高一百四十尺。又开元年中，僧处谚与乡人马思忠造南大像，高一百二十尺。"说明唐代武周至开元时期莫高窟造弥勒大像风气比较流行。这些大像依崖倚坐，内为石胎，外敷泥赋彩。洞窟下大上小，石壁向上弧转收小，下部平面方形。窟内佛像前的空间并不宽阔，人们仰视窟顶，倍觉佛窟高大深邃。

6. 涅槃窟

涅槃窟俗称卧佛窟。平面为横长方形，顶部为券形。窟内西

---

① 张景峰.敦煌石窟的中心佛坛窟[J].敦煌研究，2009（5）.

壁有横贯全窟的佛床,床上塑有巨大的涅槃像。莫高窟的涅槃窟有第148、158窟两窟,均为唐代开凿。这两窟规模相近,进深约7米,横长约17米,靠后壁有1米多高的通长大台,大台上又有高十余厘米之通长小台,形如榻,佛像即卧于其上。佛像为石胎泥塑,第148窟像身长14.40米,第158窟像身长15.80米。

7. 七佛窟

七佛窟洞窟形制与涅槃窟的形制相同,平面为横长方形,券顶;佛床也是横贯全窟,只是佛床上塑像为七佛并坐。莫高窟现存七佛窟只有一窟,即第365窟。此窟建于吐蕃统治敦煌时期,窟主为吐蕃与归义军时期的高僧洪辩。正壁有横贯全窟的长方形佛坛,坛上并列结跏趺坐的"七世佛"塑像。壁画有重层,表层为西夏时期的说法图,底层为吐蕃时期壁画。

8. 影窟

影窟亦称影堂,系为纪念高僧大德而修建的影室。中晚唐时期影窟开始流行,五代、宋时期均有出现。影窟均附属于主窟,一般开凿于主窟的前室或甬道的两侧,洞窟较小,面积大不过七八平方米,小不及一平方米。平面均近似方形,顶部为覆斗顶或平顶。窟内一般塑绘有高僧影像,塑像后壁绘近侍女、比丘尼、菩提树、香袋、净瓶等。莫高窟现存影窟有第17、137、139、174、357、364、443等窟。

9. 僧房窟

僧房窟主要是供僧人生活起居的洞窟,也兼有修禅打坐之功用。莫高窟现存僧房窟大多分布于北区,计有64个;南区仅存2窟(第488、489窟)。洞窟时代为北朝至元代。此类洞窟大小不一,多数为单室,平面呈方形或长方形。洞窟内多有灶、炕,灶一般位于门内两侧;炕的形状多为长方形,少数为不规则形,有砾石炕和土坯炕两种。窟顶、四壁的制作较精细,顶部可分为人字披顶、覆斗顶和平顶,以人字披顶居多。僧房窟附设禅窟,兼有生活起居和修禅的功能的,在莫高窟北区现存13个,南区存2个。

10. 瘗窟

瘗窟是埋葬僧人尸骨的洞窟。莫高窟现存瘗窟均位于北区,现存有18个。时代自隋代至元代。这类洞窟较小,平面呈方形或长方形,制作较粗糙。窟顶或前部人字披顶后接平顶,或人字披顶,或平顶。有的窟内有长方形或曲尺形棺床,有的窟中存留有棺材的痕迹,大多无葬具。葬式有仰身直肢式、蹲坐式、骨殖葬、棺葬、火葬等。有的窟中有随葬品,有的窟中无任何随葬品。[①]

(三)莫高窟的形制

从莫高窟400多个洞窟的形制上看,最为典型的窟形有两类:一种是长方形前后室的中心柱窟;另一种是方形平面、后壁开一龛的盖顶窟(也称覆顶窟)。此外,还有少数的禅窟、佛龛窟、佛坛窟、大像窟等。

在莫高窟的所有洞窟中,现存的十六国北朗窟约有40个,以南段中心崖的中层洞窟最为典型。而且窟的形制是中心柱式,即在主室后部为一个方形柱,直通窟顶,方柱四周凿龛,龛内凿的是佛像。

最能代表这种形制的洞窟有第251窟、第254窟等。这种洞窟的性质与印度的支提窟类似,但也有不同的地方,即洞窟的形式。所谓禅窟,就是指主室方形无柱,窟顶呈覆斗状,后壁开龛,南北壁分别列四个小禅洞,能容一个和尚打坐。最能代表这种洞窟形制的是西魏时期的第285窟,这个洞窟是僧房群式的禅窟,类似于印度毗诃罗窟的形制。但这种洞窟自隋唐以后就很少见了。

除了这些洞窟外,在莫高窟大大小小所有的洞窟中,有一种经久不衰,而且经常出现的窟形,它就是覆斗状顶洞窟。这种经

---

① 这两类窟形的发掘与研究参见彭金章,王建军.敦煌莫高窟北区石窟(第一至三卷)[M].北京:文物出版社,2000—2004.

过长时期发展和变化仍能保存下来的窟形是不多见的。窟形为后壁凿龛,主室方形,没有柱,没有侧洞。最能代表这种窟形的洞窟的是西魏时期的第249窟,虽然这种洞窟在这一时期并不是很多见,但自此以后直至元代时期,都有凿建,因而成为莫高窟中千百年来一种不变的窟形。

二、敦煌石窟的彩塑艺术

(一)敦煌彩塑在洞窟中的地位、功能与意义

在敦煌石窟艺术当中,如果从量上来讲,彩塑并不是主要的,但是如果从研究的中心,特别是对洞窟中心思想与主题意义的把握来说,则只有先从彩塑着手,也就是说彩塑是洞窟的主题与中心。彩塑作为洞窟的中心,含摄洞窟的所有造像内容,或者说洞窟内的所有造像都是对主尊彩塑的进一步解释与说明。至少洞窟内的造像与主尊有一定的关系。所以洞窟的研究,最终是由主尊彩塑造像关照。敦煌石窟造像的空间结构,或即洞窟内造像的布局设计,是以一个中心进行结构布局,这一中心即洞窟主尊的彩塑造像。无论是中心柱窟、中心佛坛窟、西壁开龛殿堂窟,在这一问题上是没有区别的。学术界在这方面的研究较为薄弱,因为对此问题的研究,必须涉及大量的佛教思想与义理的解读,要把特定的石窟造像放置于一定的佛教思想背景下分析,而此方面并不是大量从事敦煌石窟研究的历史考古、美术等专业出身的专家学者所专长,因此限制了这一课题的开发。近年台湾圆光佛学研究所赖鹏举先生筚路蓝缕,开启了敦煌石窟思想大脉的篇章,使我们看到敦煌石窟造像在北传佛教思想大系的影响下,分别以涅槃、华严、法华为思想主题的开展,以及法华、华严与密教的交涉。其代表作便是其《唐代莫高窟多重"华严"结构与"中心坛场"的形成》一文[1],由论述可知,唐代莫高窟窟内的造像均由华严涵摄,

---

① 赖鹏举.唐代莫高窟多重"华严"结构与"中心坛场"的形成[J].圆光佛学学报,2002(7).

在这样的洞窟中,无论是西壁开龛的佛殿窟或中心佛坛窟,各壁的内容均与主尊形成一定的涵摄关系。而他在另一文《由敦煌莫高窟61窟看五台山文殊道场的形成》中①,则讨论了莫高窟第61窟主尊文殊菩萨像同样在华严架构下的性质。此外东南大学艺术学系于向东博士则从彩塑造像的"设计意匠"角度,以莫高窟45窟西龛彩塑一铺为例,分析了主尊彩塑与其他彩塑并各壁造像共同体现窟内礼拜者的视角关系②。

另外,大量藏经洞敦煌洞窟营建文书中③,说明窟内的造像,则必先从彩塑谈起。如莫高窟第148窟《大唐陇西李氏莫高窟修功德记》(《大历碑》)记载148窟的营建,其中谈到窟内造像内容:"素涅槃经变一铺,如意轮菩萨、不空绢索菩萨各一铺;画西方净土、东方药师、弥勒上生下生、天请问、涅槃、报恩、如意轮、不空绢索、千手千眼观世音菩萨等变各一铺,贤劫千佛一千躯,文殊师利菩萨、普贤菩萨各一躯。"碑文所记内容完全与洞窟所见一致。其他记载洞窟营建的功德碑记类相关文献,在反映洞窟内的造像内容时,均首先从龛内或坛上彩塑谈起,然后交代壁画内容,这个顺序没有变化④。表明了洞窟彩塑在洞窟造像中的主尊主体位置,也是洞窟主题思想的集中体现。

(二)敦煌彩塑的佛性与人性

彩塑首先是佛教造像,即他们的身份依次为佛菩萨、弟子、天王力士,这是洞窟彩塑造像的基本含义和原始面貌。每一尊彩塑有各自原有的佛教意含的性格特征,与在佛教洞窟中相应的身份地位关系,各司其职,共同构建洞窟思想核心。这是洞窟彩塑

---

① 未刊稿,系赖鹏举先生在2002年8月主持"两岸研究生敦煌石窟考察营"活动时的讲课稿。
② 于向东《莫高窟45窟彩塑的设计意匠》,未刊稿。
③ 马德.敦煌莫高窟史研究[M].兰州:甘肃教育出版社,1996年。另唐耕耦、陆宏基《敦煌社会经济文书真迹释录》各册。
④ 郑炳林.敦煌碑铭赞辑释[M].兰州:甘肃教育出版社,1992;马德.敦煌莫高窟史研究[M].甘肃教育出版社,1996。

的佛性,是洞窟设计者和在洞窟内进行佛教法事活动的高僧大德们,以及从事洞窟思想研究者们所要考虑的。当然也要从造像中获取自己信仰需要的信众的基本价值取向,也就是说是一个发愿供养人或礼拜者的心理需求,是要从彩塑造像中得到精神与心理的要求、关照、满足等方面考虑。在这些人眼中,更准确地说是其思想中,看到的不是彩塑造像本身,而是其背后的宗教思想与意义,是超现实的。

而对于一般的信众,以及我们今天的一般参观者而言,很少会关注洞窟彩塑的佛教性格,而更多思考的是其人性的一面,这即是彩塑的另一面性格。在一个特殊性的视角与层次考察彩塑造像中,必然会看到彩塑造像的人性化因素。即对于一个观者而言,第一眼所看到的是一尊实实在在的像,有五官,体格健全,亦即从审美心理出发的"观赏",完全是人性化的一面,是要与现实生活所见所闻切合的,是基于现实的,而不是超现实的。进而使人们可以从造像本身的造型及其艺术处理、色彩感染中,从造像本身获取美的享受,获取一时的精神愉快。

(三)敦煌石窟彩塑艺术的现实性

敦煌雕塑艺术,主要是指洞窟内之塑像,内容包括佛、菩萨、弟子、天王力士等佛国人物。佛教石窟作为僧众们礼拜供养、瞻仰观像,位于主体位置的雕塑尊像则为石窟中心与重点。不管怎样,敦煌石窟中多达3000多尊历代雕塑作品,虽按照佛经仪轨制作,赋予并表现佛教思想,但作为反映历史的艺术作品,并没有也无法超脱历史的、社会的、世俗的、现实的制约。每个时代的艺术作品反映着该时代之特点、审美情趣及个性化表现。作为艺术作品,又反过来影响着各时代之艺术修养与艺术发展创新的漫长历程。

敦煌彩塑是通过雕塑的艺术形象来传播思想的,从深层次分析,这种思想社会化成分大于佛教成分,用造像艺术宣传这种思想,必须先用艺术形象的美吸引人、感染人,通过耳濡目染、潜移默化的办法,达到其最终目的。敦煌石窟彩塑艺术也是敦煌艺术一个十分重要的和不可或缺的一个方面,古代人们开凿佛教石窟,塑像是洞窟的主体,因为人们开窟主要是为了礼拜和供养主尊佛像,因此洞窟内相关塑像的制作则显得意义深远。

不仅如此,石窟艺术之塑像,作为当时人们顶礼膜拜的偶像和心灵痛苦的寄托,则反映和表达着当时人们的喜怒哀乐和审美情节,并不是像佛教经义所规定的那样,每一尊佛像的制作是严格按照"三十二相,八十种好"的佛教仪轨去制作的。而通过对敦煌彩塑艺术的考察发现,在敦煌石窟开凿之初,洞窟彩塑艺术便是社会的反映,有什么样的社会历史背景和社会思想意识便会有什么样的石窟彩塑艺术,而且每一时代的彩塑艺术,都随着时代的不同而有着不同的艺术表现形式和艺术语言,反映着敦煌彩塑艺术的发展和变化。敦煌彩塑,和所有的佛教雕塑一样,借用真实的人物形象,象征神灵的智慧和力量,象征善良美好的愿望。

(四)敦煌石窟彩塑的艺术形象

1. 佛像

敦煌石窟艺术中表现最多的是"佛陀"。"佛陀"也叫"佛",是梵文"Buddha"的音译。意思为"觉者""知者""觉"。以形式来划分,佛像可分为立像、结跏趺坐像半跏趺坐像、交脚坐像、并坐像、倚坐像、涅槃像。早期洞窟多为交脚弥勒像,释迦说法、降魔、苦修、禅定像,释迦、多宝并坐像和卢舍那佛像等形象;隋唐以后,又增加了三世佛、三身佛、阿弥陀佛、药师佛、倚坐弥勒佛、释迦涅槃等形象。在敦煌石窟的彩塑、壁画中,佛的形象窟窟皆有,且居于主位,所表现的佛有释迦牟尼佛、卢舍那佛、弥勒佛、阿弥陀佛(无量寿佛)、药师佛、释迦、多宝佛、白衣佛、三世佛、三身佛、七佛、千佛等等。

2. 弟子像

弟子,即释迦牟尼在世时的门徒,据说有500人。其中著名

第二章 千年辉煌之敦煌石窟艺术

者有十人,号称"十大弟子",亦即摩诃迦叶(简称迦叶)、舍利弗、目犍连、须菩提、富楼那、摩诃迦旃延(简称迦旃延)、阿那律(亦称阿尼律陀)、优波离(亦作优婆离)、阿难陀(简称阿难)、罗睺罗。

迦叶,亦称"迦叶波""迦摄波""大迦叶",意为"饮光"。古印度摩揭陀国王舍城人,属婆罗门种姓。释迦牟尼十大弟子中最年长者。谓少欲知足,常修头陀行,故称"头陀第一"。传说为佛教第一次结集的召集人。壁画中就有"迦叶结集"的场面,画在释迦牟尼涅槃像的旁边。敦煌石窟中其像常被塑在释迦牟尼佛的左侧,作年老苦行者形象。

阿难,释迦牟尼叔父斛饭王之子,是释迦牟尼的堂弟。释迦牟尼回乡时跟随其出家,侍从释迦牟尼二十五年,为十大弟子中最年轻者。长于记忆,称"多闻第一"。传说佛教第一次结集时,由他诵出经藏。敦煌塑像壁画中的阿难多以年轻英俊的小和尚形象出现,生动可爱。

舍利弗,古印度摩揭陀国王舍城人,属婆罗门种姓。据说他持戒多闻,敏捷智慧,善讲佛法,故称"智慧第一"。但其在"六根"未净之时,随文殊菩萨往维摩诘处"问诘",遭"天女"戏弄,发生不少有趣的故事。在与外道劳度叉斗法时,则是沉着老练,稳操胜券的样子。

目犍连,古印度摩揭陀国王舍城人,属婆罗门种姓。皈依释迦牟尼后成为十大弟子之一,常侍佛左右。传说其神通广大,能飞上兜率天宫,故称"神通第一"。后被反佛教的婆罗门杖击而死。

须菩提,古印度拘萨罗国舍卫城人,属婆罗门种姓。出家学佛法成为十大弟子之一。以论证"诸法性空"著称,故称"解空第一"。

富楼那,迦毗罗卫人,狮子国婆罗门之子。与朋友30人共出家修苦行,释迦牟尼成道后,前往皈依,成为十大弟子之一。善于分别义理,广说佛法,以辩才著称,故称"说法第一"。

迦旃延,古印度阿槃提国婆罗门之子,姓"大迦旃延",名"那罗陀"。原出家学外道,后跟从释迦出家,成为十大弟子之一。谓

· 31 ·

能分别诸经,善说法相,故称"议论第一"。

阿那律,迦毗罗卫人,是释迦牟尼叔父甘露王之子,释迦佛之从弟。释迦牟尼成道后归家时,跟从出家,为佛十大弟子之一。传说因于释迦前坐睡受责,后立誓不眠,得"天眼",能见天上地下"六道众生",故称"天眼第一"。

优婆离,古印度迦毗罗卫国人,属首陀罗种姓。系释迦王公理发师,释迦牟尼成道后返乡时跟从出家,成为十大弟子之一。谓持戒谨严,称"持律第一"。传说佛教第一次结集时,由他诵初律藏。

罗睺罗,释迦未出家前所得之子,母为耶输陀罗。释迦成道归乡时随其出家做小沙弥,为佛教有沙弥之始,后成为十大弟子之一。他"不毁禁戒诵读不懈",被称为"密行第一"。

除释迦牟尼的弟子外,敦煌石窟艺术中还刻画了许多佛教史上的著名高僧,如康僧会、安世高、佛图澄、昙延、泗洲和尚、流沙河、玄奘、洪辩等。画家在描绘这些人物时,并非只画一人像,而多是选取与之相关的某些故事情节,将人物放到特定环境中来表现。

十大弟子造像在敦煌石窟中经常出现,特别是迦叶和阿难,从北周时期开始多见于释迦牟尼塑像的两侧,并几乎成为后来塑像配置的定式。敦煌石窟完整塑有十大弟子的洞窟只有一窟。从北周开始,一般只塑二弟子阿难和迦叶;到了唐代,一般采用塑绘结合的方式表现十大弟子,在西壁龛内释迦牟尼佛的左右两侧塑二弟子迦叶和阿难,在龛内左右两壁各画四大弟子,与塑像共同组成十大弟子。这种塑绘结合的布局一直延续到莫高窟开窟的结束。

3. 菩萨像

菩萨为梵文"Bodhisattva"的音译,"菩提萨埵"之略称,意译为"觉有情""道众生""道心众生"。据《翻译名义集》卷一引僧肇释:"菩提,佛道名,萨埵,秦言大心众生。有大心佛道,名菩

第二章　千年辉煌之敦煌石窟艺术

提萨埵。"菩萨意指修持大乘六度，求无上菩提（觉悟），利益众生，于未来成佛的修行者。敦煌塑绘中有大量菩萨形象，多身着印度或西域装，既有有名有姓的大菩萨如观世音、大势至、文殊、普贤等，也有许多无名的小菩萨。对于这些无名的菩萨，我们常以其所处位置、动态，以及其与佛像之间的关系，分别称作"供养菩萨"（在佛旁做供养状者）、"思维菩萨"（坐或胡跪，面露沉思表情者）或"听法菩萨"（在佛旁做倾听状者）。

观世音菩萨，由梵名"Avalokitesvara"意译而来，或称"光世音""观自在"，因唐讳太宗李世民名，故去"世"，又名"观音"。据佛经记载，观世音是阿弥陀佛的左胁侍菩萨，右胁侍菩萨是大势至，合称"西方三圣"。敦煌石窟从隋代开始一直延续到整个盛唐时期，流行西方净土变，因此石窟中有可能塑有主尊为阿弥陀佛的西方净土变，那么观世音菩萨的塑像也就有可能存在。

大势至菩萨，阿弥陀佛的右胁侍，因其德大智慧，故名"大势至"。敦煌塑像与壁画中其常与观音相对，被安排在阿弥陀佛右侧。

文殊菩萨，即文殊师利，由梵文"Manjusni"音译而来，意译为"妙德""妙吉祥"等。释迦牟尼的左胁侍，专司"智慧"，常与司"理德"的右胁侍菩萨并列。塑绘中多表现为骑狮子的菩萨。相传其显灵的道场在山西五台山。敦煌不仅壁画中有大量文殊像和与文殊有关的画面，而且开有一名为"文殊堂"的大窟（第61窟）。该窟主尊塑像为文殊（像已残，但残留其坐狮的尾巴），西壁绘巨幅五台山图，反映了文殊信仰在敦煌的流行。

普贤菩萨，梵文"Samantabhadra"的意译，为释迦牟尼之右胁侍菩萨。专司"理德"，常与文殊并列。塑绘中被多表现为骑白象的菩萨。据传其显灵的道场在四川峨眉山。

地藏菩萨，梵文"Ksitigarbha"意译，经中也音译作"乞叉底药沙"。《地藏十轮经》谓其"安忍不动犹如大地，静虑深密犹如地藏"，故名。地藏受释迦如来嘱咐，在释迦既灭弥勒未生之前，自誓必尽度六道众生，拯救诸苦，始愿成佛。壁画中的地藏常手持宝珠及禅杖。敦煌石窟中有地藏菩萨的画像，但是否有地藏菩萨的塑像，待考。

弥勒菩萨，弥勒在未下生成佛之前为菩萨，居兜率天宫，禅定行者若有疑问，可请弥勒菩萨"决疑"。敦煌石窟中的弥勒菩萨多为交脚像，有彩塑，也有壁画。十六国北朝时期的敦煌石窟中，弥勒菩萨的彩塑较多，造型主要有交脚弥勒菩萨和思维弥勒菩萨两种类型。

日光菩萨，药师佛的胁侍，主地藏光明普照之德。图像常以手持日轮为标志，与月光菩萨相对。

月光菩萨，药师佛胁侍，与日光菩萨相对，其像多左手持莲花，上有半月形。

维摩诘菩萨，梵名"Vimalakirti"音译，意译为"净名""无垢称"。据《维摩诘所说经》，他是释迦佛在世之时居毗耶离城之著名居士。从妙喜国化生于此，委身世俗，辅助释迦教化众生。佛在毗耶离城时，维摩称病以使释迦遣弟子、菩萨、信众等前来"问疾"，故得与文殊讨论佛法，教化众生。

敦煌壁画中有许多维摩诘经变，情节众多，场面宏伟。敦煌石窟中菩萨塑像按姿态可划分为交脚菩萨、思维菩萨、立像菩萨、坐像菩萨以及跪姿的供养菩萨几种类型。

4. 天王像

天王是欲界六天之最下天。在须弥山半山腰的四方有天主四人，被称作"四大天王"。他们是，东方持国天王、南方增长天王、西方广目天王、北方多闻天王。四大天王是佛国镇守四方的护法神。

敦煌石窟中最早出现的天王塑像保存于北魏开凿的第257窟中，现只存中心塔柱东向面龛外北侧一身。像高0.94米。此像直立，身躯粗壮，面相丰圆，双目圆睁，鼻梁扁平，嘴巴微笑，面型饱满，神情和善；上身着甲胄，绘制的甲片依稀可见，胸前左右两片胸甲为石青色；肩覆护膊，臂裹护臂，腰系绿色膝裙，下露绿色长裙，肩挂披巾绕臂而下，跣足；衣饰集武士和菩萨装于一身，色彩单纯，造型古拙，手法简朴，是莫高窟北朝唯一一身彩塑天王像。可惜左臂大臂以下残，右臂手残，非常遗憾（图2-1）。

图 2-1 莫高窟第 257 窟天王像[①]

隋代天王造像在莫高窟大量出现，多以壁画的形式绘制于洞窟主室东壁门南北两侧；也有在洞窟前室以塑像形式出现的，不过迄今存留下来的只有第 427 窟前室的四尊天王和两尊力士像。这四尊天王像，头大，腿短，面部圆中见方，挺胸凸腹，两眼圆睁，或叉腰举拳，或握拳托物，或嘴唇紧闭，或张口欲吼，塑像色彩虽经后代重妆，但保存基本完好，是敦煌石窟彩塑中少有的精品。

5. 力士像

力士，又称"末罗"，是梵语"malla"的意译。有两种意思，一是指大力之男子；二是指大力之一种族。与天王一样是佛教的护法神。

敦煌石窟中最早出现力士像是在北魏第 435 窟中，其中心塔

---

① 图 2-1 至图 2-7 来源：郑炳林，张景峰. 敦煌与丝绸之路石窟艺术丛书 敦煌石窟彩塑艺术概论[M]. 兰州：甘肃教育出版社，2016.

柱东向面南北两侧各存一身。北侧一身,高0.94米,棱角分明,眉骨高挑,眼睛上斜,眼球鼓出;大蒜鼻,鼻孔粗大,嘴巴张开,牙齿稀松,有的已经脱落;脸部两颊塌陷,下巴尖削,脖颈粗壮,喉结粗大,青筋暴露。整个面相较为丑陋,甚至有些狰狞恐怖。双肩披巾,在胸前形成交叉状;左臂残,右臂上举,大臂与小臂的肌肉暴露,非常结实;腰系长裙,裙子衣纹线明显。整个造像以狰狞恐怖的手法表现出了力士鲁莽暴躁的性格(图2-2)。

图2-2 莫高窟第435窟中心塔柱东面向力士像

6.地鬼塑像

敦煌石窟隋代洞窟中出现了被天王踩踏的地鬼形象,这种现象在隋代非常普遍,并成为隋代造像方式中的定式。到了唐代,天王踏鬼的造像方式非常流行,不管是塑像还是壁画,天王的脚下都会出现姿态各异的地鬼形象。这种造像方式在敦煌石窟中一直被延续下来。在敦煌隋代的洞窟中,第427窟前室四大天王脚下的地鬼塑像姿态各异,堪称地鬼彩塑的代表作品。

第427窟前室南壁西侧地鬼像,隋塑,位于前室南壁西侧天

第二章　千年辉煌之敦煌石窟艺术

王脚下。像高 0.4 米。此地鬼造型敦实,用头部和四肢作支撑点。天王双脚踩踏在地鬼背上,地鬼塑像头顶顶地,面部向外,眼睛鼓出,嘴巴张开,右臂及右腿撑地,左臂及左腿压在地上,臀部向上翘起,塑造出了地鬼为了挣脱天王踩踏而向上奋力抬举的精彩瞬间(图 2-3)。

图 2-3　莫高窟第 427 窟前室南壁西侧地鬼像

第 427 窟前室北壁西侧地鬼像,隋塑,位于前室北壁西侧天王脚下。像高 0.63 米。此地鬼造型敦实,肌体健壮,在巨大的天王脚下仰身挣扎。面部表情痛苦、夸张,眼睛圆睁,眼球鼓出,嘴巴大张,做奋力呐喊状。右手挡在天王右脚侧,做用力推挡和拍打状,似要推开天王踩踏的双脚。

塑像仅用左臂和左腿支撑,头部与墙面相连,短小的身躯似蕴藏着无穷的力量。作者对用作支撑的臂膀和受力之处做了解剖上的极限强调,使浑身气力聚集于右臂,同时又巧妙地利用了地鬼因愤怒而直竖的头发,使其与壁面接触,作为辅助支点,这样就使地鬼身躯获得了稳定感,并富有一定的装饰趣味(图 2-4)。

图 2-4　莫高窟第 427 窟前室北壁西侧地鬼像

7. 龙首塑像

龙首,作为窟龛左右两侧龛梁尾部的装饰,一般采用浮塑的形式。因此,也属于敦煌彩塑的素材之一。敦煌石窟中的龙首头像始于北朝时期,到了隋代这种龙首龛极为普遍,其中第304、417、419、423等窟中的龙首塑像是此期龙首塑像中的杰出代表。

第304窟龙首,隋塑,位于龛外左右两侧。其中龛外北侧之龙,一爪抓住柱头,一爪着空,张嘴露出牙齿,脖颈细长,身躯扭曲,给人一种张牙舞爪的感觉,体现出了龙的凶狠威猛(图2-5)。

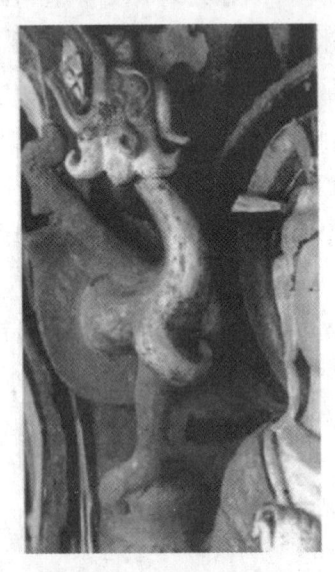

图 2-5　莫高窟第 304 窟西壁龛外龙首塑像

8. 羽人塑像

羽人壁画常见于敦煌石窟北朝和隋代的洞窟之中,但以塑像形式表现则只存在于北周第297窟中。

第297窟羽人像,隋塑,位于洞窟西壁龛外北侧。像高0.59米,以浮塑的形式加以表现。羽人头顶生犄角,人面兽爪,颈系项圈,臂长羽翼,身材短小粗壮,四肢佩戴臂钏,周身淡赭色,突出部位用赭红晕染,以增强立体感(图2-6)。

图2-6 莫高窟第297窟羽人塑像

9. 禅僧塑像

十六国北朝时期十分重视禅修,这一时期的敦煌石窟不仅出现了许多禅窟,而且还绘塑了许多比丘禅修的内容,其中西魏第285窟就是典型的例子。第285窟不仅在洞窟四披绘制了一圈禅僧在山林中禅修的画面,而且在洞窟西壁两侧的小龛内各塑一身禅僧形象。另外第273窟内也存有禅僧塑像一身。

第285窟禅僧像,西魏塑,位于洞窟西壁南北两侧的小龛内。现存两身,其中北侧一身头部已残,南侧龛内一身保存完好。像高 0.67 米,面部刻画细致,天庭饱满,肤色红润,眉清目秀,鼻直口方,头俯视,双目凝视前方,双唇轻轻闭合。身着田相袈裟,裹头缠身,双手做禅定状。造型单纯整洁,清秀俊逸,神情坦然,表达出了僧人内心平静如水、专心修禅之态。(图2-7)

图2-7 莫高窟第285窟西壁南侧龛内禅僧像

(五)莫高窟的彩塑艺术

莫高窟自兴建以来,就是集建筑、彩塑、壁画于一体的佛教艺术石窟。其中,最为突出且技压群芳的便是彩塑。彩塑是最能体现洞窟整体艺术效果的代表作,它与周围的壁画交相辉映,令人眼花缭乱,目不暇接,两者相得益彰。

彩塑主要表现的是佛教人物,如佛、菩萨、弟子、天王,力士像等。这些丰富的艺术作品,都形象生动地反映了不同时代的艺术风格及文化内涵,具有较高的历史、艺术价值。

莫高窟彩塑虽然历经1000多个春秋,损失了许多,但现在所保存下来的1000多尊彩塑也是十分出色的。其中魏晋南北朝、隋代两个时期的彩塑分别有300多尊,唐代时期的彩塑相对比前两个时期要多一些,有600多尊,五代时期彩塑只有20多尊,宋、

第二章　千年辉煌之敦煌石窟艺术

西夏时期彩塑有70多尊,元代彩塑有9尊。此外,还有一些残缺的彩塑有70多尊,经过历代修补而幸存的彩塑有700多尊。

由于佛像是佛教徒最主要的崇拜对象,因此雕塑艺术便成了宣传佛教的重要形式之一。但因为莫高窟地处沙砾岩层,再加上卵石与砂土混凝,质地疏松,不适合雕刻。洞窟中的塑像大多是用泥土和麻布做的造像,然后涂上色彩。

在莫高窟的所有彩塑中,最初的造像大多是单身,而在众多的单身造像中,以弥勒为主尊的造像最为典型。譬如,第275窟中西壁的贴壁塑像交脚弥勒菩萨高达三米多。此后,单身造像逐渐减少,而以多尊造像组合而成的彩塑居多。从造型外貌特征上看,域外风味较为典型,但这也是因为受外来风格的影响及造像仪轨上的限制。从佛的整体外观上看,最能体现这种风味的是面相和身材,饱满的额头、高隆的鼻梁、细长的眉毛、鼓鼓的双眼等;身材高大健壮,宽肩平胸。

总体上看,早期彩塑的色彩运用十分简单,无论是从面部色彩还是衣饰色彩上看,都比较简洁,一般都用单色来表现。这种简洁的艺术特征,其实在隋唐以前都一直保持着,彩塑造像体态健美,神情庄重,造型朴实简单。虽然这些彩塑制作较简单,但佛威严、宽厚、慈祥的主要特征却没有因为制作手法的简练而消失,而且仍然表现得淋漓尽致。

隋唐时期是彩塑发展最辉煌的时期,由于这一时期经济、文化、艺术较发达,国家已逐步走向安定、繁荣,这些有利的因素对彩塑的发展也产生了空前绝后的影响,可称得上是彩塑发展最好的时期。

隋代时期的彩塑延续了前代彩塑的风格,不过,在延续前代彩塑风格的同时,也不断有发展和改善,造型也有了很大的改变,具体表现为面相丰满,鼻梁降低,耳轮垂大,体型匀称。不但造型得到改善,而且在题材上也有很大转变,与时代特征相接近。最为突出的表现为,在窟内置三铺高大立像,也就是一主尊佛,二胁侍菩萨,构成九尊大像,开创了窟内塑巨像之先河。隋代彩塑是集塑、绘于一体的真正艺术佳作,无论是佛教最高本尊还是护法天王、力士,甚至莲台、帷幔,他们的外貌、衣饰无不施彩绘,既精美又华丽。当然,这也为唐代彩塑奠定了扎实的基础。

唐代时期的彩塑可算得上是莫高窟最值得骄傲和自豪的,无论从彩塑的规模、数量还是题材等方面上讲都独占鳌头,形成前无古人,后无来者的高峰期。

莫高窟现存的唐代彩塑作品,在整个莫高窟彩塑中都是数一数二的,可以说莫高窟中现存几尊最大的彩塑都是唐代时期的作品。最有代表性的彩塑洞窟有第96窟、第130窟等等。第96窟中高达三十多米的弥勒坐像,造于武则天延载二年(695年),是我国现存最高的泥塑佛像。第130窟中高达20多米的弥勒佛坐像,也是造于唐开元年间(713—741年)。此外,这个洞窟也很特别,它是根据佛像的造型而开凿的,下宽下窄,使佛像看上去极为雄伟壮观。其实,在莫高窟中像这种唐代时期彩塑的佳作比比皆是,制作都十分精美,人物形象表现得惟妙惟肖,是不可多得的艺术精品。

唐代时期的彩塑造像大多是一铺七身或九身,甚至最多达十一身,完全摆脱了最初的一铺三身或五身的造像原则,这也是一个创举。造像在最初的佛、胁侍菩萨及弟子的基础上,又增添了护法天王、力士及许多供养菩萨。

其中,最具艺术魅力的便是菩萨像,她们极具人性化,善良、美丽、高雅的气质不表现得活灵活现,宛如民间美丽、纯洁的少女。

当然,除菩萨像以外,其他造像也是十分出色的,他们具有真人般的身高,给人一种真实感,而且每尊造像都有不同的性格特征,无一相同。

唐代彩塑造像一般摆在四龛后壁的中央,这种摆放方式是十分独特的。虽然洞窟中是以佛像为主要装饰对象,但在排列上并没有把造像安排在十分醒目的位置,这不得不说是一个独特的创新。唐代彩塑除了在排列上有独到之处外,在造像的外貌特征上也是煞费苦心,为了使佛像表现得更具生命活力,工匠们不仅为塑像面部着底色,而且还以浓黑点睛,朱红涂唇。虽然这种做法多少有些夸张,但人物性格却刻画得十分生动,更有生命力。

莫高窟五代、宋初时期的彩塑,延续了唐代时期彩塑的风格,以丰盈华丽为典型,可惜的是,现存的并不多。唯一保存较完整的这一时期的彩塑有第55窟中的一铺塑像,多达十多牌,其中包括佛、菩萨、天王、力士等。形体规模较大,虽然超过了唐代时期的彩塑的尺度,但造像的优美、生动性却远远不及唐代彩塑。

莫高窟西夏及元代时期的彩塑,虽然有一部分保存下来,但总体水平都不是十分理想。元代时期的彩塑就更加不值一提,几乎是没有。

莫高窟彩塑经历了千百年的风雨,虽损失了许多,但这些保存下来的彩塑却是无与伦比的,千姿百态,是不可多得的佛教艺术宝库中的珍品。

三、敦煌石窟的壁画艺术

(一)石窟壁画艺术

单就石窟壁画艺术来讲,内容题材有佛、菩萨、弟子、天王、力士、天龙八部等各类尊像画,又有表现一定故事情节的如本生、佛传、因缘故事画,也有反映经典的经变画等,若细分则不一而足。

石窟壁画除个别如供养人画像装饰图案等之外,大多与佛教有密切关系的内容题材,或是佛、菩萨、弟子、天王、力士等尊像画,或者是佛教故事画,或者是经变画。而佛教内容与题材又一般是有相应的佛经来源与依据,虽然千变万化,随着时代与地域的不同而在表现形式、结构、内容等方面有所变化,但万变不离其宗,追宗溯源,总是有一定的佛教经义的约束与规定,这样也使得艺术家们在绘画发挥的同时又有所限制。

所谓经变画者,通俗来讲就是把作为文字的佛经变成绘画,以形象通俗易懂的绘画艺术形式表现佛经所讲述的深刻的思想内容。经变画,也叫变相。所谓"变相"(又称"变""经变"),从历史文献看是古代人们对寺院等壁画或图画的俗称①。唐裴孝源《贞观公私画史》："(宋)袁倩维摩诘变相图、(晋)张墨维摩诘变相图一卷、(梁)张儒童宝积变相图一卷、隋董伯仁弥勒变相图一卷、(隋)杨契丹杂物变相二卷、(隋)展子虔法华变相一卷。"另外在唐张彦远《历代名画记》记两京外州寺观壁画与唐段成式《寺塔记》记长安寺院壁画，均为"变相""变""经变"，事例不胜枚举。其他历史文献也多以"变""变相""经变"记录寺观壁画。在敦煌卷子中也有如此描述洞窟壁画的，如乾宁三年（896年）《唐沙州龙兴寺上座沙门俗姓马氏香号德胜宕泉创修功德记》中记有"(马德胜)遂舍房资，于北大像南边创造新龛一所，内素(塑)释迦如来并侍从，四壁绘诸经变相，门两颊画神两躯，窟檐顶画千佛，北壁千手千眼菩萨"。该"四壁绘诸经变相"，根据前室经变画及敦煌窟内绘画之特点，应属经变画无疑。另外在部分洞窟壁画中，经变画均有相应之榜题如"东方药师净土变""报恩变"等，可以与经变画完全对应一致。因此敦煌石窟中所绘均应称为诸如弥勒、法华、华严报恩、维摩诘、劳度叉斗圣变、变相、经变等。

敦煌石窟变相，同其他寺院变相一样，均是由佛经"变"作图画而来，故名变相、经变画。其目的是让更多的人了解并接受佛教经义，采取一种通俗易懂的大众化方式来宣讲。特别是敦煌壁画中的变相、经变画，均有榜题注解，达到"图文合解"，使本来深奥难懂的经文通俗化、社会化、人间化，正如有文献记载的那样，使"初学感昧者"，"使愚智齐晓，识信牢强"。又使"观者信，听者悟"。敦煌石窟壁画艺术正是通过这样的方式方法，使更多的人接受佛教②。

敦煌藏经洞发现有为数不少的十分珍贵的"变文"，变文与变相有很大的关系。变文一般是图文结合，可进行演唱，亦即俗讲。

---

① 施萍婷.敦煌经变画略论[A].见敦煌研究院编.敦煌研究文集.敦煌经变篇[C].兰州：甘肃民族出版社，2000.
② 对于变相的讨论，参见杨公骥.变相、变文考论[A].唐代民歌考释与变文考论[C].长春：吉林人民出版社，1962.

敦煌变文包括佛经故事、民间故事与历史故事。其中的佛经故事，应与敦煌石窟壁画艺术有关，如《降魔变文》，卷子正面为降魔变图画，背面为降魔变文。经考证，敦煌石窟中晚唐及其以后的"劳度叉斗圣变"是依据《降魔变文》绘制而成，其中莫高窟好多洞窟中"劳度叉斗圣变"的榜题与《降魔变文》可资比较[①]。另据台湾学者的最新研究表明，敦煌的报恩经变也是依据敦煌变文《双恩记》绘制而成[②]。其他敦煌变文诸如维摩诘讲经文、佛说观弥勒菩萨上生兜率天经讲经文、父母恩重经讲经文等，壁画中有同样题材。我们虽不敢完全肯定这些变文与变相（壁画）结合用作俗讲，但二者应有一定的关系，变文来源于变相。如果这样，作为俗讲的变文（或变相），面对的是大众庶民百姓、各阶层人士，在客观上是敦煌壁画艺术大众化、社会化的产物。

就敦煌的"变相"与"变文"的相互关系，于向东博士有全面考察研究[③]，表明了在敦煌"变相"与"变文"二者之间紧密的互动关系，从总体角度观察，敦煌"变相"受"变文"的影响较为直接。

由此看来敦煌壁画艺术与佛经紧密相关联，因此广义而言，敦煌的洞窟壁画均可称为经变画，狭义的理解只是限于那一铺铺有明确题目、内容、情节和思想的，反映特定的一部经文的画面。

（二）敦煌石窟壁画艺术的绘画技法

在洞窟建筑形制开凿成功之后，接下来的工作便是洞窟壁画的绘制和泥塑与彩画塑像，其中壁画绘制是主要的工作，最为费时费力。在壁画绘制之前还有一道必须进行也是非常重要的工序，就是在准备画画的壁面砂砾岩上上泥，即所谓"壁画地仗"的制作，这一工作是由敦煌遗书所记如"上仰泥博士""泥匠""托壁匠"等进行。莫高窟等敦煌石窟开凿在酒泉系砾岩上，此种地

---

① 李永宁，蔡伟堂.降魔变文与敦煌壁画中的劳度叉斗圣变[A].1983年全国敦煌学术讨论会文集·石窟考古艺术编（上）[C].兰州：甘肃人民出版社，1985；另见敦煌研究院编.敦煌研究文集·敦煌石窟经变篇[C].兰州：甘肃民族出版社，2000.
② 简佩琦.敦煌报恩经变研究[D].台南：台南艺术学院，2004.
③ 于向东.敦煌的变相与变文[D].南京：东南大学，2003.

层结构粗糙又易风化疏松,岩壁极不平整,无法直接绘制壁画,先上一层粗草泥,是用粘土和麦秸杆拌和成麦秸泥墁抹平,待干后在粗草泥上再上一层细草泥,再在上面上一层夹麻泥,这样地仗便形成了。然后在上面刷白粉面便可作画。早期地仗层只用泥土和麦草调泥,抹两层即成,唐以后用料种类增多,地仗层发展到三四层之多。

十六国、北魏时期是直接在泥壁上作画上色,西魏后多数是在泥壁上刷一层白粉,然后才作画;五代宋曹氏归义军时期窟外岩壁的露天壁画,也是用草泥打底,表层则用碎麻白灰抹平,因此较能耐风雨侵蚀;元代画壁中则掺入适量的粗砂,并形成"湿壁画"。

壁画地仗制作好之后进行壁画绘制,绘制壁画则更是一项复杂的工程。这一工作是由敦煌文书所记诸如"画师""知画手""画窟先生""知绘画手""丹青上士""画匠弟子""画匠"等进行的,他们是敦煌艺术的创作家,是敦煌艺术的经营者,但是在当时他们大多只是极其普通的一般工匠,社会地位极其低下。绘制洞窟壁画的第一道工序是对整个窟内各壁所绘内容和题材的总体设计规划,是要符合窟主和施主们的意愿,并与时代的流行和审美相一致,同时也是画匠们所擅长的艺术。然后才正式上壁作画,作为动笔的第一步,首先是安排一幅画的结构布局,也就是所谓的"经营位置",确定好画的总的框架以后,便可以在墙壁上画出"起稿线"了。起稿线的绘画,有时有事先画好的粉本画稿,有时并没有,而是画工们按照自己早已熟悉于心中的图画进行,起稿线又可以不断地进行修改和补充,敦煌壁画的制作,在早期十六国北朝时期的洞窟壁画中,起稿线多清晰可见土红线,以后各代壁画也均有反映,但不是十分的清晰。不管怎样,起稿线的描画,必须得有一定的绘画特别是佛画的基础和功夫,否则如一铺可容纳上百人又有各种情节和建筑花鸟等复杂事物的经变画,是非常难于经营的,一般情况很有可能是由师傅或"丹青上士"等高手进行的。

由敦煌壁画中可知,在他们完成起稿线之后,然后在各相应

第二章 千年辉煌之敦煌石窟艺术

的位置标好"色标",即规定各处所要上的色彩,如标有"工"的是要上红色,"主"表示石青,"日"表示石绿,"廿"表示黄色,这是敦煌绘画所特有的师传徒受的画壁画方法,这些符号是用各色名称的部分偏旁为色标,在敦煌壁画有些剥落了的地方,尚可以看到这些史无记载的从西魏到五代的色标。

另外,经我们的实际考察发现,莫高窟421窟西龛内南侧壁有多处色标文字题记,分别有如"青"、"紫"、"禄"(绿)、"朱"等,均是以完整的相应色彩文字标示,是目前为止在洞窟壁画中发现的唯一清晰且以全字标示的色标,资料珍贵[①]。上色是一个十分细致而又精巧的过程,因为其中要讲求如"晕染""叠染"等各种画法技巧,又要能表现出各种不同事物的特征,从敦煌壁画中可以看到一幅画经过多次修改的痕迹。最后是画"定型线"和"提神线",有如画龙点睛之功效,通过线条艺术而进一步表达中国画的传神艺术。

在壁画完成之后,还有一道工序是书写壁画榜题,这些题记是对壁画内容的注解和说明,也是有一定的佛经依据的。壁画榜题的书写一般是由专门的书手负责,或者也有部分是由画工作画的同时书写的情况。另外,我们认为或许有另一种情形,那就是在壁画进行起稿的同时,在留出壁画中的榜题框后,便由熟悉佛经故事的画手或书手书写好相应的榜题,这样也便于以后画匠们的作画,起到提示的作用。

在敦煌晚唐五代宋或者说更早一些时期,壁画的制作有着专门的机构如"画院""画行"或其他的民间组织,活动着相当一批佛画专家和高手,他们大多是以给别人画供养画如绢画、纸画、麻布画和洞窟壁画而得以糊口谋生,这样使得敦煌壁画的绘制更具有了流水线作业的条件,因此我们可以在洞窟中看到众多相类似或者说相互之间一致性、延续性极强的壁画艺术。

另外在洞窟中也可以看到为数不少的重修壁画,一是只重新

---

① 沙武田.敦煌画中的"色标"资料[J].敦煌研究,2005(1).

上色、简单地描绘一下前代作品；一是用泥抹掉前代壁画而重新制作自己时代全新的壁画艺术。

（三）莫高窟壁画艺术

壁画几乎是所有石窟中最为常见的一种艺术装饰。壁画是一种绘在建筑物的墙壁或天花板上的图画，是我国历史最悠久的绘画形式之一，不仅绚美多姿，而且选用的题材也十分广泛，内容极为丰富。

当然，在石窟壁画中大多以佛教题材为主，其中，主要有佛教尊像画、佛经故事画、佛教史故事画、神怪画、供养人画像、经变画、装饰图案等，内容十分丰富、繁多。而在众多的佛教题材中，以本生故事最为突出，它在早期壁画中占有较高的地位。

莫高窟现存的壁画达四万多平方米，与其他石窟中的壁画相比，规模也是相当大的。这些绚美多姿的壁画与窟内的彩塑相辅相成，构成完美的艺术品。

莫高窟壁画中有许多题材都是早期的本生故事，这些故事大多是在民间传说、寓言及童话的基础上，经过进一步的升华和演变而形成的一种关于佛前生许多生动的故事画面。其中，最让人触目惊心的便是第275窟中的"尸毗王本生"，它描绘的是一只老鹰要吃一只鸽子，被尸毗王看见了，他为了救鸽子而割自己身上的肉来喂鹰，最后几乎将身上的肉全部割尽，虽然鲜血淋漓但他的神态仍然安详镇定，充分体现了尸毗王舍己救鸽的伟大情怀。其实，在莫高窟中像这样生动感人的画面，比比皆是，人物表现得极为生动自然。

早期壁画题材除了以大多数的本生故事为主外，还有少部分的经变画，所谓经变就是指将佛经由文字变为图像的形式展现。经变画发展最为兴盛的时期是在唐代。

在莫高窟中，除了早期壁画以本生故事为题材外，隋代时期的石窟壁画也是以本生故事为题材。有所不同的是，这些壁画的所在地不是很引人注目，只有抬头看窟顶才能看到，这与早期壁画居于窟壁中心位置有很大的差别。这一时期壁画的说法图不是很多,以单身菩萨像居多,与中原地区的造型风格相类似,外貌特征更接近现实。总体上看,隋代在莫高窟的艺术发展史上起着较为重要的作用。

唐代时期的壁画以经变画最为典型,当然,这离不开唐朝时期的国富民足,以及成熟的佛经翻译和兴盛发达的俗讲活动。在莫高窟所有的壁画种类中,经变画就达20多种,共计1000多幅,而在众多的经变画中,则以唐代时期的经变画最为出色。

经变画的种类不仅在唐代中期和晚期得到大幅度的增加,而且表现格局也随之变得更为丰富。由最初的一壁一铺,变成一壁多铺的格局,说简单些,也就是在一个洞窟内常常可以画几种经变。在莫高窟所有的洞窟中,最能代表这种格局由少变多的洞窟有第159窟、第231窟、第85窟等。第159窟是中唐时期的经变画,经变种类多达九种,甚至到第231窟的时候已增加到10多种。唐代晚期更为丰富,就拿唐代晚期的第85窟来讲,经变多达15种。

整体上看,唐代时期的经变画,不仅规模、构图宏伟,而且内容丰富。

唐代时期虽然以经变画为主体,但也有部分说法图,不过,这一时期的说法图已远远没有什么重要地位了。其实,无论是经变画也好,说法图也罢,总而言之,唐代时期的壁画是十分出色的,不仅主题突出,内容丰富,而且在具体描绘的同时,很巧妙地将佛国世界与现实融为一体,表现得极为真实、生动,佛的形象更接近人性化,给人以亲切之感。

莫高窟壁画发展到五代宋初时期,仍以经变画为主。虽然画面十分宏伟,但缺乏神采的气势,而且经变的题材也没有发展。这一时期除经变画外,还有供养人画像,而且形象都十分高大。

经变画到西夏时期不仅很少见,而且构图也很拘谨,画面也不生动,很呆板,唐代时期的蓬勃气势已完全消失了。这一时期不仅经变画已逐渐衰败,而且供养人画像也逐渐减少,体型也缩小了。不过,衣饰造型却充分呈现出民族特色。

元代时期的壁画内容以密宗最为典型。所谓密宗就是指密教曼荼罗。特点是依理事观行,修习三密瑜伽。譬如,位于北端的第465窟,这个洞窟还素有"秘密寺"的称谓。窟顶绘有以大日如来为中心的五方佛,大日如来佛是密教的最高本尊。此外,四壁还满绘有各种金刚斗法的场面,周围还设有天王、禽兽等。这是我国现存历史较悠久的实物,具有较高的历史艺术价值。

莫高窟壁画经历了千百年来的发展和变化,其间既有高潮又有衰落,虽然没有留下太多光辉的成绩,但这些保存下来的壁画,却是弥足珍贵的艺术佳作。

四、敦煌石窟的装饰艺术

装饰艺术,广义地说,在石窟建筑中如何设计石窟的形制,如何安置其中的塑像,如何安排壁画内容等,都属于装饰的范围;从狭义的方面看,就是石窟中那些没有明确主题要表达,纯粹从视觉美观出发而设计的部分。庞薰琹先生说过:"装饰画和绘画的分别,就在于装饰画是为了装饰某些东西的,它不是一种独立的欣赏性的作品。"[①]如龛楣、窟顶图案,龛沿或佛坛周围的边饰图案等。很多人把装饰艺术仅仅理解为狭义的装饰图案。实际上佛教石窟一经建立,就必须要考虑全窟的装饰问题。因为石窟是建筑、雕塑与壁画结合的艺术,如何使雕塑、壁画与建筑形制相协调,从艺术的角度营造出一个佛教的世界,这是石窟营建的重要环节。佛教石窟是随着佛教在中国的传播而产生的,最初的石窟一定是努力取法于印度及西域的样式。但是石窟不同于一幅画、一件雕塑,它不可能从印度或中亚被带来。中国的工匠只能根据外来的僧人们所讲述的样子来再现印度的石窟。然而,由于地质环境的巨大差异,恐怕也只能因地制宜,造出中国式的石窟。因

---

① 庞薰琹.中国古代装饰画研究[M].上海:上海人民美术出版社,1982.

此,在洞窟形制方面,敦煌石窟形成了本地的特点。随着佛教一步步中国化,佛教石窟艺术逐步形成中国的特色,其在敦煌石窟中不同时期的变化,都与中国艺术史的发展密切相关,反映着装饰艺术的时代精神。

第三节　重点洞窟赏析

一、莫高窟第 254 窟

在丰富多彩的敦煌石窟中,北魏的石窟艺术以它那浓郁的宗教色彩、独特的表现手法和强烈的艺术气氛吸引着无数的观光者。第 254 窟是北魏的代表洞窟之一。

第 254 窟位于莫高窟南区中部。莫高窟时代最早的洞窟大都开凿在这一带,窟外的栈道,仍然保存着古代的木质走廊和栏杆,映衬着砂岩剥落的洞窟外壁,令人对这悠久的岁月、古老的艺术产生无限遐想。

进入洞窟,迎面所见的是位于洞窟中心直矗窟顶的方柱,方柱四面开龛,内塑佛像,这就是通常所说的中心塔柱。这种有中心塔柱的洞窟就叫中心柱窟。它的形制起源于印度。最初的佛教是反对偶像崇拜的,为了方便礼拜,便用莲花或舍利塔等物来象征佛。塔本是存放佛骨的地方,把佛塔供奉在庙里,称为塔庙。经过了漫长的岁月,受到犍陀罗雕刻风气的影响,产生了佛像雕刻,而塔庙的形式也发生了相应的变化,公元 3 至 4 世纪佛教塔庙的形式传到中国的西域和敦煌后,已经演变成了中心塔柱窟的结构。

佛教传入中国后,在思想意识和表现形式等方面不免要融合中国传统的许多东西,佛教石窟艺术也同样,在不断地适应中国人的欣赏习惯。从第 254 窟可以看出早期佛教艺术与中国传统艺术并存的状况。本窟的平面是个纵长方形,中心塔柱在洞窟后部中间,洞窟前半部窟顶则是汉式建筑的人字披屋顶形式,顶上塑出一道横梁,两侧浮塑出许多椽子,使人仿佛进入了一座木结构建筑之中。最有意思的是中梁两头还分别做出了木质斗拱,使这座传统的"木构屋宇"更加完备了。当然,这些椽子、斗拱等在这个岩崖上开凿出来的洞窟之中,已不具备任何实用价值,但对于中国的老百姓来说,进入石窟犹如进到民族传统的建筑之中,无疑增加了亲切感,从而使佛教更易于传播了。同样的道理,在洞窟南北两壁上部,各开了一个阙形龛,与另外三个圆拱形佛龛相并列,进一步增强了民族传统特色。阙形龛的形式是:龛顶浮塑出屋脊,脊上有一对鸱吻,两侧相对各有一高一低的城垛,这便是中国自先秦以来广为流传的城阙形式。秦汉以来,大至通国都邑,小至边远城镇,都有这种建筑形式,因而,城阙同样是汉式建筑的典型代表,城阙还具有权力的象征意义,本窟的阙形龛里塑有弥勒像,阙形龛也象征着弥勒所居的兜率天宫。

在洞窟后部的顶上,画满了平棋图案,这些图案仍然是按照整个洞窟建筑的需要而设计的,平棋是我国古代建筑的一个组成部分,即通常所说的天花板,在这里,平棋一方面具有建筑上的象征意义,另一方面作为一种装饰图案布满窟顶。每一个单元里都由数个方形图案叠涩而成,棋格的中间一般绘有莲花图案,四周绘忍冬纹,岔角上多绘火焰纹或莲花纹,这样的棋格四方连续组成了一个色彩绚丽的世界。

古代艺术家对这个石窟的设计,真是考虑得细致入微,尽善尽美了。为了便于采光,在窟门上头开了一个大小适中的明窗,光线透进洞窟,正好照在中心塔柱正面的佛像身上,使这幽暗的洞窟增添了几分神秘色彩,它把我们的思绪带到了佛国世界,佛像是当年人们顶礼膜拜的对象,是石窟的主体。正面这一身交脚佛像,双臂已残,但身体比例准确,神态自然、庄严,显然经过艺术家的精心塑造。从那高而直的鼻梁,匀称而健美的肢体上,不难看出印度、西域一带的人体特征。这身交脚佛着袒右袈裟,衣纹一层层紧贴身体,这便是美术史上所说的"曹衣出水"的效果,这

第二章 千年辉煌之敦煌石窟艺术

种表现方法传自印度,魏晋时期已流行于中原。在中心塔柱的另外三面,还塑有交脚菩萨和禅定佛像。禅定,是思维修的意思,佛教认为要达到佛的境界,必须经过长年累月的苦修,这种修练可以通过坐禅来实现,当你平心静气,排除一切杂念而达到了忘我的境界时,便是禅定了。古代的和尚为了达到禅定的境界,往往远离城市,到荒山僻岭中结庵坐禅,早期的佛教石窟里也多绘、塑禅定佛像、僧像,大力宣扬坐禅苦修。

交脚弥勒像,则是面带笑容,身体健壮,与禅定佛的形同槁木、心如死灰大不一样,似乎引入向往美好的弥勒世界。

这些佛像由中心塔柱四周到南北两壁有主有次地分布着,使洞窟呈现出庄严肃穆的气氛。在千百年后的今天,对于不信仰宗教的人来说,不免感到隔膜和遥远。但是,当你偶然抬头看到洞窟四壁上与窟顶相接处那一排载歌载舞的天宫伎乐,佛像旁自由飘逸的飞天,以及中心塔柱和四周下部那一些体态浑圆、形象夸张的金刚力士,那种陌生单调之感就会一扫而光,你会被这些生动活泼的艺术形象所感染。尽管经过悠长的岁月,特别是遭受了人为的烟熏,洞窟的壁画大多已经变黑,我们仍可辨认出那些舞姿优美的天宫伎乐,手挥琵琶,或怀抱腰鼓,或吹法螺,或奏笙箫,使人仿佛亲睹古代乐舞的风采,在这庄严的佛教石窟里,天宫伎乐把你带入了一个欢乐美妙的极乐世界,你会沉浸在对佛国净土的向往之中。

飞天也叫香音神,在佛国世界里或以歌舞供养,散花祝愿,或作为佛的侍从、护法出现于空中。这里的飞天,在轻盈中体现着豪放,飘逸中体现出凝重,反映出那个时代的审美情趣。

金刚力士是护法之神,它们在佛国世界里地位较低,但画家并不因此而歧视他,反而以极大的热情来表现他们的独特形象和性格。每一个力士都用夸张的手法刻画出健硕粗短的身材,他们动作有异,精神勇武,有的稚气可爱,有的刚健强悍,有的憨厚朴实,有的似相互私语,有的则似相互斗殴。你看那伸臂露拳,弓腿挺胸等形态,或许就是古代武术动作的写照呢。也许画家对他们

· 53 ·

的描绘显得随意些,不是那么刻意求工,然而却更自然地表现出更多的生活情趣,不像佛、菩萨那样远离尘世。

佛教的传播者们深知,要能在更广泛的群众中获得追随者,仅靠抽象的教义和冷漠的塑像是不容易达到目的的,还必须利用更通俗、更适合群众口味的宣传形式,佛教故事画便是较有效的手段之一。

本窟在南北壁东部显眼位置上分别画了四幅故事画,即《摩诃萨埵舍身饲虎》《尸毗王割肉贸鸽》《难陀出家因缘》和《降魔变》。这四幅画的共同特点是只通过一个典型的画面来表现故事的全过程。这种绘画方法方法在莫高窟其他洞窟中是极为罕见的。

《摩诃萨埵舍身饲虎》讲的是:古代印度宝典国国王有三个儿子,最小的名叫摩诃萨埵。有一天,他们兄弟三人骑马到山林中游玩,在回家的路上,见一只母虎躺倒在山崖边,已饿得奄奄一息,旁边还有几只小虎也饿得嗷嗷直叫。三人都很同情,但都想不出救助它们的办法,摩诃萨埵暗自决定要救活这几只老虎,他让两个哥哥走在前面,自己悄悄返回老虎所在的地方,躺在地上让老虎吃他。可是饥饿的老虎连咬他的气力都没有了,摩诃萨埵很焦急,他找到一根尖锐的木刺,爬到山崖上,用木刺刺破自己的喉咙,然后跳下山崖,跌落在母虎身旁,母虎和幼虎舔食摩诃萨埵流出的鲜血渐渐有了力气,就把摩诃萨埵身上的肉吃光了。再说摩诃萨埵的两个哥哥忽然发现小弟弟不见了,慌忙返回山见寻找,在山崖下见到了一堆白骨,他们明白了摩诃萨埵为救老虎已经舍身,不胜悲痛,急忙回宫告诉父母,国王和王后哀号痛哭不止,二王子收拾摩诃萨埵的遗骨,造塔供养起来。

据说摩诃萨埵就是释迦牟尼的前身。佛教认为人死亡之后要轮回的,生前做了好事,积下了功德,死后便会投生到更好的世界里。要想成佛,就必须累世积功德,释迦牟尼就是由于以前累世修炼、行善,做出各种牺牲,最后终于成了佛。这些叙述佛的前生事情的故事就叫本生故事,佛教常常用本生故事来宣扬各种忍

第二章 千年辉煌之敦煌石窟艺术

辱牺牲的精神,起到劝善惩恶的作用。

这个故事的情节是很离奇曲折的,要在一幅画面里把故事的前前后后反映出来,画家颇费了一番匠心。画面中央画了三个人,头朝下观望,这是第一个情节,兄弟三人见虎,顺着他们的视线,我们见到了一只面目狰狞的老虎,正在啃咬一个横躺的人。这个场面是全画的焦点,占了近四分之一的画面,在右侧描绘了摩诃萨埵刺颈、跳崖两个连续性的场面,进一步烘染了故事的高潮,使画面充满了崇高、悲壮的色彩。左下部描绘摩诃萨埵的亲属抚尸痛哭,悲痛欲绝,加强了这幅画的悲剧气氛。整个画面的结构是非常紧凑、完美的,画家以强烈的对比色,成功地烘托出这个故事的强烈悲壮的特色,也许这个故事太悲惨,气氛太压抑了,画家在画面的左上角用明亮的颜色画出一座三层宝塔,塔两侧各有三个飞天轻快而悠扬地向着塔散花、礼赞,表现了故事的光明结局,同时也给人以深深的安慰。

细心的观众也许会发现,这幅画有的细节是不太真实的。如摩诃萨埵被虎吃了之后,只剩下一堆白骨,而画面上却画出了摩诃萨埵的父母抱着摩诃萨埵完好无缺的尸体痛哭。画家考虑到如果真实地画出白骨,会影响画面美,也有损摩诃萨埵的形象,因为绘画不能等同于生活,它是一种视觉艺术,当它要表现一种悲剧性时,着重于通过视觉形象传达出悲剧的气氛,表现出那种情绪来,在刻画具体细节时,又要照顾到视觉形象的完美性,否则就会影响整个思想感情的表达,因此,故事中这一情节的刻画不会使人感到虚假,反而显得更完美了。

在洞窟北面与《摩诃萨埵舍身饲虎》遥遥相对的是故事《尸毗王割肉贸鸽》。传说古代有一个国王叫尸毗王,他的国家土地肥沃,人民丰衣足食,尸毗王爱行善事,特别乐于帮助保护弱小的东西。一天,一只老鹰在追逐一只鸽子,鸽子生命危急,飞来飞去无处躲藏,辗转飞到尸毗王的身边,请求尸毗王保护他。这时,老鹰已经追来,向尸毗王要鸽子,尸毗王和善地对鹰说:"我曾立下誓言,要拯救一切生灵,现在鸽子投奔我,我怎么能将它送入你的口中呢？"老鹰笑道："大王，你既然爱惜一切生灵，如果今天断了我的饮食，我也会饿死，难道我就不该得救？"尸毗王说："那我用其他食物给你吃吧！"鹰道："我只吃新鲜血肉，其他一概不能下咽。"尸毗王暗自思忖："我不能救一命又害了一命，看来只能割我的肉来换回鸽子，才能救这两条生命。"于是叫左右取刀来，要割腿上的肉给鹰吃。老鹰又说："大王既然要用自己的肉代替鸽子，那么我也不敢多要，请用秤来称够和鸽子一样重的肉吧。"尸毗王又传令取来一杆秤，一头放上鸽子，一头放割下的肉。国王腿上的肉已经割尽，仍然不够鸽子的分量，于是又把全身的肉割下，还不及鸽子的重量。国王想到自己发出的誓言，为了拯救这只弱小的鸽子，他决定把全身都施舍给鹰，国王忍受着剧烈的疼痛，奋力坐到了秤盘上。这时，天地震动，诸天神灵都为尸毗王的舍身行为所感动，撒下无数天花，天地间的一切生灵都在歌颂尸毗王。这时，鹰和鸽子突然不见了，尸毗王正在惊奇，只见帝释天和他的大臣满面喜悦站在他面前。帝释天说："刚才我们化作鹰和鸽子特来试探大王，见到你所修苦行，果然是无上功德，以这样的功德可作天主，不知你所求是什么？"尸毗王说道："我不图世间的荣华富贵，一心只求佛道。"帝释天问道："你现在受到了极大的痛苦，将来还有各种苦难等待着你，你难道不后悔吗？"尸毗王发誓说道："我永远也不后悔，我的追求是真诚的，如果能如愿以偿的话，就让我的肌肉复原！"话音刚落，尸毗王的身体完好如初，没有一丝疼痛。这个尸毗王就是后来的释迦牟尼佛。

《尸毗王割贸鸽》的画法与前一幅故事画又有所不同，画家着力刻画了尸毗王这个被崇拜和歌颂的形象。把他画在正中，一只手托着鸽子，另一手扬起，似乎正在阻挡那只凶狠的老鹰。他的头微微前倾，表现出慈善、大度的精神，平静的面部表情体现出无所畏惧的气概。在他的左侧，一个面目凶狠的人正在一手操刀，一手用力取肉，而尸毗王神情安详，充满了信心。画面右侧一人提着秤，一边放着鸽子，一边坐着尸毗王。旁边的人物较小，着重突出了尸毗王的形象，使画面结构单纯、简练，一目了然。尸毗王的两侧对称地画出不同的人物,有的神态安详,合掌赞叹;有的表情激动,悲伤痛哭。在对称中又有变化,使这幅画具有浓厚的装饰意味。

紧靠《尸毗王割肉贸鸽》东侧的是《难陀出家因缘》,这个故事叙述了释迦牟尼的亲兄弟难陀因热恋着妻子,不肯出家。于是,释迦牟尼领难陀遍游了天堂与地狱,与他陈说过去现在的因缘,启发他悟道,终于使他出家了。这幅画也是以释迦为中心对称布局,左右下角描绘难陀与妻子分别时的情景,难陀面带忧郁,心事重重。难陀妻不忍相看,扭头垂泪,她的右手则紧紧抓住难陀的手,不肯放松,真实地表现出他们依依不舍的感情。这种极富于人间生活情趣的刻画在佛教绘画中是非常难得的。

《降魔变》讲的是释迦牟尼成佛之时,魔王波旬认为释迦牟尼成佛对自己将有很大的威胁,于是驱使手下的妖魔向释迦牟尼进攻。画面上这些牛头马面、奇形怪状的妖精,个个面目狰狞,向释迦牟尼射来千万支毒箭。

但释迦牟尼镇定自如,不为所动。波旬又派魔女来诱惑释迦牟尼,企图破坏释迦牟尼的道术,释迦牟尼运用法力,将魔女们变成了奇丑无比的老婆子。魔王波旬黔驴技穷,不得不拜倒在释迦牟尼的脚下,皈依了佛法。这幅画以强烈的对比手法,表现出正义与邪恶的斗争,通过周围魔军的丑恶、骚动、凶残来体现、烘托释迦牟尼的庄严、平静、慈悲。对各种妖魔的刻画上,充分显示了古代画家丰富的想象力。你看那妖怪马头人身,有的头上长着一对羚羊角,有的头长在肚子上,以肚脐为口,有的头似虎狼,手握毒蛇。总之,凡是怪异凶猛的东西,画家都加以组合绘入画中,许多妖魔形象在以后的一千多年的时间里,仍然在民间广为流传。

至此,读者也许已对这个洞窟有了较全面的了解。有的人见到本窟的壁画也许会感到奇怪,这些人物形象似乎是用又粗又黑的线条画成的,面部表情也很奇怪。那么,古人是怎样作画的呢?其实,古代画家绘画是非常细致的,他们先在纸上勾出一份草稿,叫做粉本,经过反复修改,直到满意为止。然后根据粉本在墙上用浅色线条打底稿。底稿打好后,就上颜色,那时多采用"西域式晕染法"表现人物面部、身体的明暗。这种方法在画史上叫作"凹凸法"。在面部凸出的部分如鼻梁等处,先涂上白色,然后用肉色由浅入深,逐渐染出,这样就显得很有立体感了。最后还有一道手续,勾定型线,在衣纹等地方用较鲜明的线条勾勒,具有装饰性。当初,壁画一定是颜色绚丽,光彩照人的吧。可惜经过1500多年的风吹日晒,第254窟的壁画已不是当初的样子了。现在,最后一道线描大多脱落,晕染的颜色也都变黑,在北壁上的说法图中,还依稀可以辨认出古代晕染的痕迹以及白色的定型线,其他壁画便成了现在所见的怪异形态。由于白色鼻梁和双眼未变,人物面部远远看去像个白色的"小"字,有的人干脆就把这种形象叫"小字脸"。有的研究者把这种变了色的壁画称为敦煌壁画的第二面貌。不少美术工作者和爱好者对第二面貌深感兴趣,认为变了色的壁画显得更为粗犷、豪放,具有现代意味,简直可以跟西方现代派美术中的"野兽派"相比。

  1000多年前的艺术当然是不能与当今的艺术相提并论的了。但壁画中的第二面貌并不是当时画家所能预料的,悠久的历史赋予了它一种神奇的魅力,使它既保持了当初创作的某些特色,又含有沧桑变化所留下的痕迹,所以它受到人们的喜爱也不是没有道理。只要是有价值的文化遗产,我们就应当抛弃偏见,从不同的角度吸收它的长处,以古为新,把它发扬光大。

二、莫高窟第296窟

  敦煌莫高窟第296窟为北周洞窟,建于公元557—581年间,与南朝的陈朝(公元557—581年)是同一时代。296窟不仅反映了北周时期的佛教和艺术的面貌,而且在整个莫高窟艺术演变过程中具有承前启后的作用。就莫高窟艺术而言,北周时期应为一个重要时期,也可以说是莫高窟艺术由西域风格转为中原风格的一个飞跃时期,这种飞跃一直持续到隋代。唐代出现了另外一种飞跃。现存北周时期的15个洞窟中,第296窟的艺术最具特色。

296窟位于莫高窟中段,坐西向东,为覆斗形顶,西壁开一龛,前室残存少部分。前室及甬道壁画为五代重修时所画,主室西壁靠内北侧弟子塑像和靠外两侧菩萨塑像为清代重修,其他塑像也都在重修时妆彩,其余均为北周时期作品。

主室窟顶藻井画斗四莲花忍冬飞天井心,千佛、忍冬、垂幔铺于四披,四周环绕忍冬、禽鸟图案与千佛。四披故事画,西披龛楣以北至北披西段事《贤愚经变·微妙比丘尼品》,北披东段画《福田经变》,西披龛楣以南至南披、东披画《贤愚经变·善事太子入海品》;下画伎乐天,天宫栏墙。

西壁圆券龛内塑一倚坐佛像、二弟子,靠外两侧为二菩萨塑像。

龛壁画火焰化佛佛光,两侧各画一飞天、四弟子、一菩萨,下南侧鹿头梵志、北侧婆仙。

龛楣画忍冬化生。浮塑龙身龛梁(龙首失)、莲花龛柱。靠外南侧上画帝释天妃(西王母)一铺,下画二菩萨。靠外北侧上画帝释天(东王公)一铺,下画二菩萨。

龛下原文题榜南侧画白虎,北侧画苍龙。

南壁画千佛,下画得眼林故事一条,底边画药叉9身。北壁画千佛,下画《须阇提品》一条,底边药叉存8身(东端残)。

东壁门上画千佛,门南侧画千佛,下面画比丘尼2身,女供养人11身,侍从一身,下画药叉3身。门北画千佛,下画男供养人存7身,下画药叉3身。

窟顶西披以北至北披西段画《贤愚经变·微妙比丘尼品》。此故事说:古印度舍卫国国流离王时代,微妙出生于婆罗门家庭。她的父亲是社会上流人物,赫赫有名。有一个梵志的儿子聪明伶俐,相貌堂堂,看见微妙长得婀娜娉婷,姿色不凡,就请媒备礼,娶微妙为妻。婚后不久,微妙生了一个男孩。没过几年,婆家父母先后死去,留下万贯家产,微妙又怀了孕,对丈夫说:"我身孕已久,产期将近,你送我回娘家生孩子吧。"丈夫就送微妙回娘家,夫妻二人带着大孩子一起上路了,刚走了一半路,微妙腹痛难忍不能行走,只得坐在荒野中的一棵大树下休息过夜。丈夫熟睡在远离微妙的草地上。夜半时分,微妙生下了小儿子。血腥味引来了一条大毒蛇。大毒蛇咬死了她的丈夫,身体虚弱的微妙在夜幕中呻吟着,呼喊着丈夫。天蒙蒙亮,微妙挣扎着站起来,伸手拉她的丈夫,看见丈夫已全身肿胀而溃烂,四肢骨节全部脱落。微妙的心碎了,这意外沉重的打击,使她昏倒在旷野草丛中。很久,微妙才清醒过来,隐隐听见孩子的哭声,冰凉的心才又颤动了,无力地睁开了眼睛。微妙的大孩子站在她身旁嚎啕大哭。微妙把孩子搂在怀里也放声大哭起来。母子俩哭了很长时间,哭干了眼泪。微妙草草地掩埋了丈夫的尸体,抱着刚出世的婴儿,手拽着大孩子,迈着沉重的步子向娘家走去。

一条大河横断了道路,既无渡船,又无桥梁。微妙愁苦满怀,想出一个办法,便对大孩子说:"你在河边乖乖地坐着等我。妈妈先把小弟弟送过河对岸,再回来接你。大孩子点了点头。微妙抱着小婴蹚水走过河对岸,上岸后把婴儿放在绿草中。她又蹚水回来。大孩子看见妈妈走过来了,高兴得拍手跳起来,走下河岸,向微妙扑过去。无情的河水把孩子吞没卷走了。微妙一边呼喊救命一边在水中追寻打捞儿子,终不见儿子的踪影。微妙呆呆地站在河水中,不知站了多长时间,又上了岸,去抱草中的婴儿。哪里有孩子呢?只见草地上血迹斑斑,白骨狼藉。饿狼把她唯一的命根子也给吃掉了。微妙痛不欲生,还想见一见父母,身孤影只地向娘家走去。

微妙走了不远,碰见了一个老梵志。他是微妙父亲的好朋友,一见形容憔悴狼狈不堪的微妙,大吃一惊,便问:"你怎么成了这个样子?"微妙把夫亡子殇的事告诉了他,打听自己父母的情况。老梵志告诉微妙:"你家失火全家老小都被烧死了。"晴天霹雳,微妙的头木了,身子僵了,心碎了,再次晕倒在荒野上,半天才醒过来。老梵志怜她无家可归,就把微妙带回了自己家中,待她如亲生女儿。微妙麻木冰凉的心渐渐复苏。

不久,一个嗜酒成瘾的婆罗门青年看见年轻貌美的微妙,就娶微妙为妻。微妙怀了孕,生孩子的那一天,恰巧酒鬼丈夫外出。微妙一人在家生孩子,产子未毕,酩酊大醉的丈夫重拳击门呼唤开门。此时微妙无法出去开门。丈夫大怒,猛踢一脚,破门闯进内室,不问青红皂白,一把抓住微妙的头发就拳打脚踢,酒醉而丧失人性的丈夫一把抓起刚出世的婴儿,用刀砍碎,扔在油锅中煎炸,捞出焦糊的碎尸块强逼微妙吃下去,微妙不忍心吃自己的亲骨肉。失掉理智的醉鬼丈夫就疯狂地鞭打微妙。微妙无奈,吃下了婴儿碎尸。

这天夜里,微妙弃家逃走流浪,流落到波罗奈国。一天,微妙走到一座大坟茔旁,坐在树下休息。一个刚死了妻子的富翁儿子也来到这座墓地,怀念他的妻子,每天黄昏都要来墓地哭祭,见微妙坐在树下,就走了过去。微妙的非凡姿色引起了青年的注目,青年走到她面前,施礼问道:"为什么你一个人坐在这里?"微妙就讲了自己的不幸。青年听了深表同情。他们互诉衷曲,渐渐都萌发了爱慕之情。无家可归的微妙就与那位青年结为夫妻。但是,好景不长,那个富翁的儿子突然得了不治之症,不久就死了。波罗奈国的风俗是男人死后,他生前所钟爱的人和物都要一起殉葬。可怜的微妙就被活活地埋入坟墓里。

当天夜里,一群盗墓贼掘墓盗宝,透入了新鲜空气,命不该绝的微妙又复活了。盗墓贼头子看见微妙娇容美貌,就把微妙拖回家中,强迫她为妻。

盗墓之事败露,盗墓贼头子被官府砍头处死。他的余党把尸体偷来,送给微妙。仍然按照波罗奈国殉葬之俗,又把微妙埋在坟茔里。野狼刨开了墓土,吃掉死人的尸体,幸亏没有吃掉微妙,只是把她的衣服撕得支离破碎。微妙活了过来,爬出墓穴,站在冷风中,久久思索着:人间世道为什么如此冷酷?这死去活来的日子有没有个尽头?赤身裸体的微妙,披头散发,无目的地向着荒野走去。从此,微妙遁入空门,削发守戒,当了比丘尼(尼姑)。

窟顶西披凫楣以南至南披、东披画《贤愚经》的善事太子入海取宝的故事。古印度波罗奈国国王有两个儿子,一个叫善友,一个叫恶友,兄弟二人虽为同胞兄弟,但秉性悬殊,善友温顺仁慈,恶友狡诈残忍。

一天,善友出城郊游,看到无数面黄肌瘦、衣衫褴褛的人,有的在田里辛勤耕耘,有的在池中捕鱼,有的杀猪宰羊;还有的在操机织布,整天忙忙碌碌。他知道,人们为了生存不得不终身操劳。

善友回宫,脑子里总是萦绕着人们那种痛苦劳累的情景,心情十分沉重。他想到父王的国库里有许多金银财宝,于是说服了父王,开库济贫。四方贫民纷纷来求施舍。不久国库施舍将空。太子想到这样不能长久地解救贫民。一位大臣向太子说海底珍宝无数,其中有颗如意宝珠,能变出人们所需之物。善友征得了父母应允,带了一名多次入海、熟知海路的盲导师,又精选了五百个壮汉随行。恶友心里想,父母本来偏爱善友,若善友取回宝珠,父母将更加宠爱他,我同去取宝,到时可伺机而行……他便向父母提出去取宝,国王、王后欣然同意。

第二天,兄弟二人告别父母,由盲导师指路,启程去寻宝。船到宝山,大家欣喜若狂,但没有找到如意宝珠。善友让恶友和五百随从满载珍宝先行返航,自己和盲导师继续寻找如意宝珠。

善友与盲导师又走了21天,到达银山。盲导师年老体弱而倒地,用最后一口气告诉了太子要走的路程,说完便去世了。太子掩埋了导师的遗体。只身前行,善友跋山涉水,走了49天,终于看见了一座辉煌壮丽的七宝城,龙女引导他进入龙宫。他向龙王述说了自己的心愿,希望能得到如意宝珠。龙王十分感动,将宝珠送给了太子。善友上岸,遇见弟弟恶友,问道:"五百随从和满船的珍宝怎么不见了?"恶友说:"途中遇到大风浪,船破宝沉,人都葬身鱼腹,只有我一个侥幸活下来。"恶友听善友说取得了如意宝珠,贪婪之心使他想出一条毒计,于是对善友说:"哥哥历尽无数艰险,你太疲劳了,应该好好休息一下,我来看护宝珠。"善友确实疲劳,一倒下就进入梦乡。恶友见哥哥熟睡了,用竹刺刺瞎了他的双眼窃取宝珠,匆匆逃去。

国王和王后见恶友只身返回,惊问善友的情况,恶友装出凄

第二章 千年辉煌之敦煌石窟艺术

惨的样子,痛哭地说:"船被风浪打翻,盲导师、五百随从和我哥哥都葬身海底,我历尽了艰险,才回来。"国王、王后听后,悲痛欲绝,责骂恶友。恶友将宝珠埋进土里。

善友被刺瞎双眼,痛醒之后还大声呼喊弟弟,他以为恶友被强盗刺死了,放声大哭。树神告诉他,刺瞎他眼睛和抢走宝珠的是恶友。善友悲愤至极,踉跄地摸索着往前走。善友来到利师跋国,两天来没吃饭,饿昏在路旁。一个牧人赶着牛群经过这里,领头的牛用舌头轻轻舔出了善友眼中的竹刺。善友慢慢醒了过来,放牛人十分同情他,把他带回家中,热情相待。善友感激不尽,但他不愿意拖累贫穷的牧牛人。善友请求牧牛人送他一张筝,想弹筝卖艺为生。善友擅长弹筝。每当他弹奏的时候,人们都静静地围在他身旁,倾听他发自内心的演奏。

利师跋国的皇宫果园守园人,同情善友,把他介绍到果园当了守园人,打铃赶鸟。闲时,善友就在树下弹琴,抒发他心中的郁闷。

利师跋国王有一个美丽的公主,从小就许配给波罗奈国的善友太子。但善友和公主都不知道此事,一日,公主来到果园,听到善友如泣如诉的筝声,深深地被感动。她非常同情这位盲人。她每天来听善友弹琴,渐渐地爱上了这位守园盲人。

国王不同意这门婚事。公主誓死爱善友,国王只得答应,婚后,夫妻十分恩爱。一天,公主外出,很晚才回来,善友怀疑她不贞。公主再三解释,善友不相信。公主哭着发誓说:"如果我对你有丝毫不忠,就让你的眼永远不复明,若我是忠实于你的,你的一只眼马上复明。"话音刚落,善友的一只眼看见了美丽的公主。他更加爱自己的妻子,把自己真实身份告诉了公主,公主不相信,太子起誓说:"假若我骗你,我的另一只眼永远不会复明,否则,马上重见天日。"果真,善友太子的另一只眼重见光明。公主惊喜若狂,拉着太子的手奔向父王报告了这一喜事。

波罗奈国国王和王后日夜思念善友,哭瞎了双眼。一天,王后将一只自幼与善友在一起的白雁绑上信放了出去,让它去找善友。白雁飞到善友身旁。善友将自己的遭遇写信让白雁送回。父母得知善友未死,非常高兴,又非常气愤地把恶友关进了监狱,并立即派人前往利师跋国接回善友夫妇。善友要求父母宽恕恶友,将他放出监狱。恶友见哥哥不念旧恶,羞愧万分,把埋在土里的宝珠挖出来归还给善友。从此,举国上下的臣民过着十分富裕的生活。

窟顶北披东段画的是《福田经变》。《福田经》曰:"佛告天帝,复有七法,广施名曰福田,行者得福郎生梵天。何谓七,一者与立佛图僧房堂阁;二者园果浴池树木清凉;三者常施医药疗救医病;四者作牢坚船济度人民;五者安设桥梁过渡羸弱;六者近道作井渴乏得饮;七者造作圊厕施便利处。是为七事得梵天福。"

南壁下方一条画的是得眼林的故事,讲的是古代南印度一个叫乔萨里的王国,有五百饥民造反了。他们占山为寨,开仓夺粮,与官府分庭抗礼。国王派出一支强大的军队征剿,五百"强盗"与官军搏杀,终因寡不敌众而被俘。

官府把这些"强盗"挖去双眼,又把衣服剥去,放逐到荒山野岭中。这五百盲人无衣无食,四处奔跑嚎叫,哀声震天。释迦牟尼听到凄惨的哭叫声,他用佛法吹送来了香山妙药,使五百盲人全部复明,看到眼前站着释迦牟尼,纷纷下跪感恩皈依了佛门,最后都修成了正果。

北壁下方画须阇提故事。佛降世以前,波罗奈奈有一个国王叫罗阇,他有三个王子,分封治理地处边境的小国。

一位大臣发动了政变,老国王惨遭杀害。叛军兵分三路捕杀三位在外的王子。大王子、二王子都惨遭杀害。神灵显圣告诉小王子,叛军即将到来。小王子善住匆忙带着王妃和太子须阇提逃跑,要到邻国借兵平叛,他们仓惶逃奔,带的少许干粮全部吃光了。在这杂草丛生的荒山秃岭上,找不到任何能充饥的东西,三人饿得倒在地上。王子为了救国报仇,想杀王妃充饥救活自己和须阇提。须阇提不让父亲杀死母亲,而要父亲割他身上的肉来救父母。就这样,须阇提每天从自己身上割下三斤肉供父母食用。

第二章 千年辉煌之敦煌石窟艺术

须阇提全身的肉割尽了,不能再走了,王子和王妃含泪离开了儿子,须阇提舍身救双亲的行为惊动了天神。天主帝释天为了进一步考验须阇提的诚意,变成一群虎狼猛扑扑过来,须阇提说:"来吧,我愿施舍我这点筋骨,让你们活下去。"帝释天知其诚意,使须阇提的身体复原。

王子和王妃到达邻国,借来军队平定了叛乱。王子去收须阇提尸骨看到须阇提不但没有死,反而皮肉完好,惊喜万分,接他回国,并将王位让给须阇提,从此国家兴旺,世代相传。

296窟的艺术也是很有特色的,如同以前几个朝代一样,既有外来艺术的浓郁庄重的情调,又有中国传统的艺术表现手法。从莫高窟艺术来看,更确切地说,296窟的艺术已是中原艺术风格了。如窟顶四披和南北两壁下方的故事画,设色纯朴简单,色调明朗雅逸。它一改前朝的用笔、设色和造型。早期细密如丝的线条层层晕染的西域画风在这里消失了。取而代之的是中国画法的大篆用笔和新的设色方法。所有勾勒线条中锋行笔,钝厚有力,而且有明显的"一波三折"之势。这在以前的绘画(包括汉代以前)是很难见的,线条多用二头尖的细线,没有明显的起势和收笔(此线条必须严格依赖形体,为形体所束缚)。296窟的这种用笔,开始了中国特有的以"笔"造型,"笔"对"形"自由化并具有独立性。宋代发展起来至今未衰的中国水墨画正是运用中国画法的"笔"来造型的,"笔"大踏步地走向独立。清初的著名水墨画大师八大山人则把这种手法推向了顶峰,他们的画全是"笔"写出来,"形"仅存于笔与笔之间了。如果八大山人再走出半步,就是水墨抽象画了。296窟第一次把形体的线化解成"笔",笔笔有稳健的起势,浑厚的中锋运笔和回锋收笔。笔与笔之间豪放自由,严而有隙,明显地摆脱了"形"对线的拖累,从而把"神"更进一步注入笔中。

该窟故事画的设色独树一帜,别开生面,以明朗轻快的白色为底色,用土红线勾出形体,分块设色。每块色彩单纯工整,如同拼贴上去的块块,又如现代的彩色版画。该窟如此强调色彩的纯度,对全局造型是必要的。如果减弱或取消这些"几乎生硬"的色块,显然会支离破碎,生气全无。设色用笔也如同勾勒一般,大笔中锋,脸部的晕染一改前朝的"染低不染高"染法,变成了"染高不染低"。晕染法传自西域,中国绘画在早期都是"素面",即不晕染。中国的远古民间舞蹈化妆喜欢在脸面高处施涂红色块。该窟染脸的高处和上眼睑,仍不放过对笔的表现,不像以前的层层叠染,而是用中锋短粗线一笔而就。下巴高处画法亦然,已没有前朝那种绕形体四周一圈的染法。这种染法虽然在莫高窟西魏时期的第285等窟出现过,但是在这里已普遍运用,而且把它提升到"笔"来运用了。表现手法更为独特的是,画者用土红线勾勒出形体,而留下大量的空白不设色,断断续续,乍看上去,给人感觉都是一些不规则的抽象色块。然而,这些色块在这里显得耀眼夺目,华丽闪光,没有一点空乏之感。轻淡的土红线和浓重饱和的色块形成了一高一低的强烈对比,这里极少用中间过渡调子,即使使用灰色块,也比红线稍浅。这正像近代伟大的音乐家贝多芬善用最高和最低两个音符组成高亢激荡的交响曲。这些悬挂在一排排土红线上的形彩各异的色块正像是五线乐谱上的音符。形体在这里显得不重要了,人们并不需要去追求每一个形体或情节就心满意足了。线条和色块已经完成了艺术的全部信息和美感。人的知觉度在这里被推到了第一位!这种知觉不正是今天的现代派艺术家们所梦寐以求的吗?我们还看到,在这些壁画中还体现了许多艺术中的"减法",不仅"减"去了许多形体不设色,而且还把多处的土红线也删除了。如在窟顶北披西端的微妙比丘尼故事中,其酒鬼丈夫痛打微妙比丘尼,又杀其子、煮子、吃子的场面,画者为了突出画面的复杂情节,用白粉作了删除减弱土红线的处理,画面虽然仅剩下一个房顶,但仍使人感到合情合理。在这里几乎没有孤立的局部,一切都是高度的整体。单独看这里每一个色块时,竟是平淡无奇,犹如在河滩上信手拾来的卵石。只有当你观看整个画面时,这里每一个色块竟是那样光彩夺目,犹如珍珠般瑰丽,"神"雾在整个画面掠动,美在人的心间

第二章 千年辉煌之敦煌石窟艺术

荡漾。整体产生了美，美在整体之中，真是神秘至极，令人拜倒！

当然，在这个窟中又不免留下了前朝的足迹，如西壁佛龛外两侧、南北两壁的千佛以及佛庭内南北两侧的供养菩萨，造型和画法基本与早期北魏时期相同，藻井图案也沿用了北魏的画法。窟顶四周下缘的天宫栏墙立体图案，是早期天宫伎乐中的栏墙演变而来的。虽然该洞有两种不同的画风，但由于作者的精心布局，在这里感觉不到不和谐。南北两壁和西壁佛龛内外两侧施以热烈的土红色，与窟顶的蓝绿冷色调形成了强烈的对比。从佛靠内两侧的供养菩萨可以看出，作者进行过反复探讨。佛龛内两侧上方各有四个弟子、下方一供养菩萨，同一画面却用两种完全不同的画法。作者虽然对外来艺术崇拜，但更按捺不住自己心中的情感，从而用更多的笔墨来表现本土艺术，这两处画法截然不同的画，都不乏其艺术性，放在一起使我们同样得到了美的享受，正像当时中国人崇拜外来的佛教一样，通融和谐。值得本土艺术一提的是佛塑像下方两侧的鹿头梵志和婆薮仙人，与上述的画同处于一个券形画面上。与其说这块壁面有两种绘画风格，倒不如说它有三种风格。鹿头梵志和婆薮仙人的造型竟是两个前所未有的大写意人物画。潇洒奔放，毫无顾忌地挥洒而成，从上方的四弟子的画面上可以看出，这两个人物是不是原先勾画的，是典型的"没骨"画法，手指脚趾均是一笔而就，十分生动有力，形体准确流畅。几笔飘逸的彩带，更带来了形体的凝重，我们在这里看到了作者炽热如狂的艺术情感和那心灵的激越颤抖，也许是作者画完上述四弟子和菩萨后，意犹未尽，最后来个情感的彻底宣泄，从而造就了这一伟大的作品。站在这幅画前，我们会想起当代最伟大的抽象派大师毕加索和野兽派大使马蒂斯的作品。使人忍不住猜想远古的艺术情感和现代派艺术情感是不是相通的呢？不然，又怎能引起古今艺术的共鸣呢？

第296窟只是莫高窟艺术的一部分，它也像其他朝代的石窟艺术一样，支撑着它那个时代的民族精神。296窟不仅是北周时期的重要洞窟，而且是莫高窟艺术的代表作之一，在这里我们看到古代艺术大师们对艺术的理解,悟到了他们的艺术天机,更加激起了我们对古代艺术的热爱。让我们虔诚地敬仰我们的远古先师吧!

第三章 佛教艺术典范：云冈石窟艺术

云冈石窟是北魏统一北中国后，在河西地区以外开凿石窟最早的一处，也就是佛教从河西东传平城，在更为繁荣的时代开凿出来的。它是佛教艺术石刻造像唐以前的代表作。因而从一开始，无论形制、题材、雕造风格都代表了佛教艺术民族形式的转变过程，也就是中国石窟艺术中典型的创作。本章将对云冈石窟艺术论展开论述。

第一节 云冈石窟艺术概述

一、云冈石窟的地理位置

云冈石窟，是中国石窟之林的一株。它与诸石窟有共性，也有个性。个性在于：它是中国早期石窟之一；是最先以皇家之实力营造的石窟；是少有的完成于一个朝代、一个民族的意识形态下的产物。所以它的文化特征更具有鲜明性。由此而决定了它是世界性的文化瑰宝。

今山西省大同市西郊约15千米的云冈沟内有古代遗存的石窟——云冈石窟。石窟雕凿于古武州山南麓的岗崖壁面，武州川流经其下。现存石窟53个，佛龛约计1000多个，佛像5万余身。现存窟区自东而西约1千米，依自然山势可分为三区，即：东区分布第1至第4窟；中区分布第5至第13窟；西区又可按洞窟规模分东西两部，西区东部分布第14至第20窟为大石窟区，西区西部分布第21至第53窟(即小窟群区)。至第53窟而西,则峰峦北向,川水南流,岗崖断绝。溯川而西北有吴官屯石窟,鲁班窑石窟,再溯川西行约距云冈三十华里处有焦山寺石窟。惜皆残泐甚重,故不列入云冈石窟范围。然这种分布足证古人所云"栉比相连三十余里"[①]信非虚语(图3-1)。

图3-1 云冈石窟部分图[②]

上述洞窟编号,是近代日本学者伊东忠太、法国学者沙畹等人的编号,颇具系统性,故而仍作沿用。古代则是按窟前所建寺院名称而排列,如通乐、灵岩等,共有十寺。随着寺建的毁灭,其称亦废。文献所载之"武周山石窟寺","灵岩石窟寺"也随着明嘉靖之际命名石窟区的山崖为"云冈",而通称为云冈石窟。至清初虽有文人雅士又作洞窟命名,如碧霞宫、西来第一山、五华洞、佛籁洞、昙曜五窟等,因无系统性,故而也未能流行。所以此处叙述也沿用现在通用的数码排列法。[③]该数码是自东向西排列的,这种排列既符合中国传统尚左的习惯,又符合佛教右旋的法则,还暗合着8月经天的自然规律,故可取。

二、云冈石窟的文化内涵

(一)民族的心态

从开大窟、造大像的现象,可以领略到拓跋鲜卑的民族性格。

---

① 见《续高僧传·昙曜传》。
② 图片来源于: https://forum.xitek.com/forum-viewthread-tid-229735-extra--action-printable-page-6.html
③ 近年云冈石窟保管所在旧编号的基础上又重作编排,西部小窟略有变动。

此前十六国时在西域、河西只开凿过一些小型禅定窟,与这里形成鲜明的对比。大窟、大像是鲜卑人首创。佛教的策略变革,石窟的帝佛合一,使鲜卑人有了精神依托,他们可以不再为边鄙蛮夷的先天不足而困惑,甚至能以救世主的身价去自诩。故而凿窟造像蔚为一代风潮,而窟像之中又无处不在意指鲜卑民族。此其为云冈石窟文化内涵之一大宗。

（二）宗教的功利

从云冈石窟的造佛无序性、宗派并容性、佛像世俗性、教义附会性、信仰功利性等方面着眼,看得出北魏的佛教是开创迎合社会的先导,并对佛教发展有极大的影响。云冈石窟的一切文化现象,无不蕴藏着标榜北魏王朝的意趣,而纯属表现佛教教义的则几乎没有,即便有一点点也只是次要的、从属的。但这种情况并不损伤佛教本身,从教义上讲,释迦牟尼出世就是为应化阎浮提芸芸众生需要拯救而来的。顺应,可以说是佛教赖以存在的一大优势。云冈石窟顺应了北魏王朝的旨趣,它诞生了、存在了。诸佛、菩萨赫然长存了1500年,谁能说它不是佛教的。正是这种巧妙的结合,云冈的佛教内容就有很大的随意性。同时在随意之中又体现着信仰与经典的依据性,从而反映出佛教诸多的内涵。

总之,宗教的功利性,是云冈石窟的开凿动机之所终,文化内涵亦浓,只因文字遗存极少,使这个文化内涵也由"显"而变"隐"了。

（三）历史的折射

云冈石窟工程,主要集中在文成、献文、孝文三朝,反映此三朝的历史是必然的。若按正常帝王统序本可较清晰地理出个头绪,可是在此三朝中却又横插入一个文明皇太后冯氏,她在献文、孝文两朝摄政,且集大权于一身,逼献文"逊位",以至"暴崩";指使孝文实施"孝文改制";很有一番业绩。这不仅给历史增加了复杂性,也给云冈石窟的历史文化增加了复杂性。而且这些复杂的历史现象又不是直接形象所能表达的,而是隐藏在石窟所有的"文化具象"的后面,所以此内涵更加隐蔽。

(四)艺术的独创

云冈石窟的艺术风格是特有的,是独创的。从雕造石像上它不同于其以后的龙门等石像(因为那里又有创造);从广义的造佛像上它又不同于敦煌等石窟的泥塑像、壁画像,以至各寺庙的种种造像;从国际对比上它与巴米扬石窟、阿旃陀石窟等早期造像风格迥异,间或有几点相似处那也是受佛教文化的局限(佛像总得有个三十二相的意思等),而不是艺术的抄袭。但是由印度首创的犍陀罗艺术风格,毕竟是佛教造像的母本,在各种佛教造像艺术中流露出一些犍陀罗的意韵也是必然的基因传承,不足为怪,更不必以母代子。

(五)民俗的反映

云冈石窟的雕琢工匠,无疑代表民众。民间的民俗习尚是他们的生活准绳,他们在创造中必然要表现。民间的乐舞,民间的杂技,民间的装饰,以至民间的伦理观念(尊卑有序),都在石窟中表现出来了。这是皇家和住持僧所无法控制的,也是不去控制的。云冈石窟艺术之所以独具一格,也正是因为它表现了真实的民间生活和民俗风情。

北魏首都平城的民俗风情,今日更是难以揣摩了。它的本来面目当然要比通过艺术形象所表现的更为直接一些、具体一些,可是"荡然无存"矣。幸赖云冈石窟中保留了些星星点点。若能以小见大,或可复原部分当年的生活片断。

近世研究者对这一层面的研究明显薄弱,或言之不及,或不屑一顾,因此失去了中国民俗历史上重要的一页,此中实有较多的文化内涵存焉。

三、云冈石窟的文化价值

鲜卑人留下的云冈石窟,蕴含着极高的文化价值。他们把1500多年前北魏兴盛时期的物质文化与精神文化,凝重地熔铸于石窟之中,使今天的人们能够从有形的实物去揣摩一个业已消逝的民族在其极盛时期的生活情景和精神面貌。

云冈石窟规模大、气派大,开创了石窟与造像全部石雕化、风格鲜明的雕琢艺术,推进宗教社会化和人神合一的内蕴,掀起全国开窟造像之风的外延,其价值何在?归纳起来,它不仅在文化自身价值上有一定的分量,在历史、考古、宗教、艺术、美学等诸方面,也有相当的价值。而它自身的文化价值又体现在这诸方面的价值之中。这个精神文化体完全寄寓于它的物质文化形式中。

就其历史价值而论:云冈石窟可谓北魏的实物史卷和形象史碑。从史学角度透过佛教形式剖析其史学内涵,云冈石窟则是北魏的历史博物馆。

就其考古价值而论,云冈石窟作为地上文物是当之无愧的。考古学界已经注视了对它的艺术考古、分期考古。再引申一步对它进行生活考古、意识考古,这将会拓宽很大的领域。比如石窟中的服饰、器物、音乐、舞蹈等,虽然是佛教的,但它的原型仍然是现实生活中的,而且是当时、当地、民族的生活原型,具有极大的考古价值。

就其宗教价值而论,云冈石窟标志着鲜卑人宗教观念的定型,并且把南北朝时期南方佛教与北方佛教的区分纪录下来。云冈石窟的宗教内容是佛教的,也更是鲜卑族的。这里蕴含着鲜卑人的佛教观念,它与同期南朝的佛教信仰就有很大的差异,研究云冈石窟能增添中国佛教发展的研究内容。

就艺术价值而论,云冈的艺术价值是高品位的。前期研究者对云冈艺术提出了许多精辟的评价,但对其艺术精髓的透视与品评,尚未达到综合完善的水平。云冈石窟艺术集中于石雕工艺,石雕工艺是中国传统文化之一。秦汉时期已有高水平的作品，到北魏在云冈石窟大兴石雕造像之风以来，石雕工艺达到一个高峰，无论是阴线刻画，还是圆雕浮雕，几乎都用大写意的手法，寓粗犷豪放于凝练，寓精细纤巧于洒脱，一派浑厚而又潇洒的手法。有外来文化的影响，又有本土文化的基调，更多的是北方民族的气质与创造。它的价值在于划时代。

就美学价值而论，云冈石窟的艺术处在一个系统、完美、高水平的品位上，它的美学价值自然也是很高的。由于过去对艺术品评的不完美，给美学评价留下空白，现在已开始起步，应当使云冈的艺术哲学有所建树。

总之，无论云冈石窟的历史价值、考古价值、宗教价值、艺术价值、美学价值，都从一个侧面表现着它的文化价值。云冈石窟的主体价值在于文化。云冈石窟的文化价值，一言以蔽之：它是一个民族在一定的历史条件下所创造的一种精神文明的财富。它是人类共有的文化遗产。[①]

第二节　云冈石窟的设计风格

一、云冈石窟的造像风格

（一）第一期石窟造像风格

云冈石窟艺术，从一开始就不像玉门关以西或玉门关以东河西一带早期石窟那样，仅以一佛或一菩萨为主，而大部分是以佛为中心，左右有较多的胁侍。第18窟正面遍身刻千佛的释迦大像，胁侍就是二菩萨，第20窟的正面也是一佛二胁侍菩萨。甚至第18窟在正壁悬崖上又加刻了十大弟子像，当然未发展以佛为中心、成系统地加刻各种护法像。至于第一期后段的云冈石窟艺

[①] 赵一德. 云冈石窟文化[M]. 太原：北岳文艺出版社，1998.

第三章　佛教艺术典范：云冈石窟艺术

术题材，就更为复杂了。它不只是发展了佛本行中各阶段的故事像，而且又增加了佛本生的故事像。尤其值得注意的是以佛为中心，不只有胁侍菩萨等辅弼的形象，而且增加了在窟顶、窟门各处的护法——天、龙、夜叉、阿修罗、乾闼婆、紧那罗、迦楼罗、罗睺罗等的形象。因而第7、8、9、10、12等窟中复杂眩目的雕刻品，实际上没有什么特殊，只不过是上面所提到的添加了许多护法的形象而已。

从各窟造像的位置，可以反映出封建的等级制度、封建政权的整套体系等。第7、8、9、10、12等五窟的主像，虽然有的风化，有的是后代补修，但是以造像的布局来看，应当是以佛为中心，左右配以辅弼的胁侍菩萨，窟顶造出供养、保卫佛的乾闼婆、紧那罗、夜叉等形象。在窟门的两侧，又雕造出侍卫佛的摩醯首罗天、鸠摩罗天、阿修罗、迦楼罗、金刚密迹力士和夜叉等像来保护佛。这样，实际就是把佛当作转轮圣王，因而造出这些人物来佐辅和保护。当然这样的封建等级制度和封建政权体系的反映，应是封建的意识形态深入人心的缘故。同时也是佛教艺术中国民族形式化，表现在全身造像的整个布局上的结果。

炳灵寺第169窟最早有西秦建弘纪年的造像的特征与风格。

佛像：磨光高肉髻，长眼角，薄唇，颧骨较低，有挺秀之容的面形，内着僧祇支，外着右臂半披由左肩斜垂成折带纹的偏衫。第17窟门西龛内佛像的僧祇支，又画出麦积山早期佛像僧祇支上的方格，格内画花瓣式的图案，有的外着通肩大衣。这与炳灵石窟第169窟一号佛像的风格相当接近，还有些犍陀罗造像的风格。很有可能是与狮子国胡沙门邪奢遗多、浮陀难提等五人到平城，带来粉本、亲自雕造有关。至于后一阶段的衣饰，虽然相同，但是面形更为圆胖一些，不那么挺秀和劲健，这又应是民族形式化过程中的新创作。

菩萨像：高宝冠、胸前着宽颈圈，圈下悬五个铃状物。短璎珞挂胸前，并有蛇形饰物，下着羊肠大裙，臂上着钏。许多胁侍菩萨，胸前不挂璎珞及蛇形饰物而是斜披络腋。后段的菩萨，即使作为主尊供养,也多是上身斜披络腋而不是有短璎珞及蛇形饰物了。

在雕造技法上,表现衣纹的线条,有以下四种:

线条的剖面作半圆形,中间刻阴线一道(第20窟大佛);

线条剖面作浅直平阶梯式的线条(第18、19窟内大佛);

凸起宽扁线条中刻阴线一道(第12窟东侧立佛像、第17窟东西二佛像);

完全用阴线(第8窟门上层摩醯首罗天与鸠摩罗天)。

此外还有佛像衣边的折带衣与缠枝忍冬的图案等边饰,也都是这期衣纹雕造的特征。

从以上各种造像的特征,我们可以知道,尽管云冈开窟晚于河西陇右各窟群,但是由于北魏统一北中国,由印度、西域来中原的沙门,直接到了平城,他们带来的粉本和雕造的技法,也影响了当地的工匠们。因而第一期前段的造像特征与风格,有些方面还是直接渊源于印度和犍陀罗。第20窟大佛像的面形与有须的样式是相当接近犍陀罗造像的。但是后一段的那种圆胖的面形,就与前段那种挺秀的风格多少有些不同了。事实上第12窟造像中那种方圆适中、略有笑容的面形,与第二期前段的相接近,这又充分地说明融合转化的过程。可是衣纹方面,没有一种是犍陀罗的,而是在中国自己传统雕塑艺术的基础上,吸收外来艺术,融合成为自己民族形式的新创作。

(二)第二期石窟造像风格

第二期石窟的形制主要有以下几种:

方形平面,正中凿中心方柱或塔形柱,四周开一层或多层龛,门上刻明窗(第1、2、11窟);

方形平面,分为前后二室,室中有两个四角形柱,前室又有四个檐柱,左右壁开多层龛(第14窟);

马蹄形平面,后壁造大像,像后开隧道,四壁开多层龛,门上有大明窗,门外左右有崖壁,正中造多层大阁窟檐(第5窟);方形平面,正中作塔柱,后壁开盘顶形天幕式大龛,龛前正中刻二石柱,左右壁开两重佛龛。门上开明窗,门外左右有崖壁,正中造多层大阁窟檐与第5窟相连(第6窟)。

这期造像的特征与风格,是承袭前期的特征与风格。

佛像:面相丰圆适中,既秀丽又温柔而庄严,改进了第一期前段过分挺秀而无雍容之感,又改进了第一期后段丰腴雍容而无挺秀之态。在衣饰上,反映太和服制改革后的样式,外着汉式大衣,有的是双领下垂,右领边带由胸前甩向左肘上(第11窟外中区悬崖第三窟的释迦、多宝像,第11窟明窗西侧尖拱双塔龛内的结跏趺坐佛像);有的是双领下垂,右领边带甩向左肘上,大衣由内引出双带作结下垂,甚至下裙向外飘扬,完全是"褒衣博带"的样式(第11窟西壁,第13窟明窗的七佛像,第5、6窟内的佛像)。

菩萨像:有的上身着短璎珞交叉于胸前,外面斜披着络腋,下着大裙(第11窟东壁太和七年,第17窟明窗东侧太和十三年造的菩萨像);有的外着帔巾,由颈下向外折,胸前作小结,下着大裙(第11窟东壁龛);有的胸前着宽颈圈,帔巾交叉于腹际,然后上卷(第11窟西壁下层龛,第5、6窟中各龛的菩萨);有的着短衫长裙(第5窟西壁第三层盘形方格龛内胁侍菩萨)。但头上大多戴着花鬘冠、化佛冠或者是高发髻。

从这期有太和七年、十三年题记的造像特征与风格来看,它给我们一个标尺,就是在太和七年时,造像风格与上一期还没有多大的变化。太和十三年造像有两种特征:一种如第17窟明窗东侧的造像,基本上可以说是没有什么变化;一种是如中区悬崖第3窟内造像,开始了中国民族形式化。这是太和十年"帝始服衮冕、朝飨万国""制五等公服"等政策颁布后,在石窟造像上的一种反映,当然这样的变化还是不够普遍的。第1、2窟中心柱造像的特征与风格,好像是第一期时创造的。但以四壁未风化的造像,如褒衣博带、双领下垂、胸间束带的佛像。高发髻、短衫长裙、不露足舞人的装束,应是第二期变化后的作品。固然我们还无文献可以证实第5、6两窟是什么时候开凿的,但是以造像中装饰的特征来看,应是太和十三年到太和十九年,北魏未迁出平城以前这一阶段内所创造的。它不只是完全民族形式化,而且是在学习汉文化的倡导下,反映到造型艺术上,开始出现汉化后的时世装束以及秀丽挺秀的风格。从而,第5、6窟成为云冈石窟群造像中最突出的高峰阶段。

(三)第三期石窟造像风格

北魏的迁都,直接影响了云冈石窟的开凿,由于最高统治者——皇帝、贵族、官僚地主阶级等人物多不在平城,就很少见到前两期那样大规模的凿窟。因而这些中小型窟造像的布局上,就不能像大窟那样能充分地反映出当时社会意识或者是完整的佛教思想。只不过雕造出当时想供养的佛、菩萨的一些形象而已。

这一时期造像的特征如下。

佛像:前一段的面相虽稍瘦削而双颊尚丰圆,双肩固然不齐亭,但是也不过分紧窄,外衣垂于座前成为密褶若菩提叶式而不是大面积地下垂。后一段的面相瘦削、长颈,完全有秀骨清像之风。衣饰形式与前期同,不过密褶更为增多,外衣下垂座前全面展开,而立像大衣的下裙,又更向外飘扬了。

菩萨像:面形与佛是一样的。衣饰上与前期的菩萨也大致相同,只不过帔巾下垂交叉处穿壁的形式,更为普遍而已。

在雕造技法上,是更为普遍地应用了直平阶梯式的衣纹,不过在前期正始时期造像突出的特征,是没有衣纹的表现。

"面如恨,刻削为容仪""秀骨清像"作为美的标准,在南朝普遍地盛行,最末是在宋、齐时期。从成都出土梁武帝纪年的造像和广元皇泽寺萧梁时期的造像来看,已不是"秀骨清像",而是"顾得其肉"的样子了。但是正在解决民族与阶级矛盾的北朝,施行汉化政策时,延昌以后的造像,就充分地反映了南朝前期的艺术风格,因而这期后段的造像,在面形与衣饰上,都充分地反映了代表时代风尚美的艺术风格。这样"面如恨削""臂胛瘦窄"的人像,一直延续到北魏的灭亡。

第三章 佛教艺术典范：云冈石窟艺术

（四）北魏以后的造像风格

云冈石窟北魏以后的造像，固然寥寥无几，但是这少许的造像，究竟属于什么时代，还有许多不同的看法。其中主要的如下：

第 11 窟中心柱南面下层龛的胁侍二菩萨像；

第 3 窟内的一佛二菩萨大像；

大阁上层第 9 窟内的造像。

第 11 窟中心柱南面下层的胁侍二菩萨像，究竟是什么时代的？首先要找出它各方面的特征，然后再进行比较，就可得出它确切可靠的年代。

在这中心柱的上层，既然完全是北魏第二期前段的造像，当然这下层也不会不造像了，因为下层岩石疏稀，完全风化。其他各佛像，都是明代改装的，看不出本来的面目，只有这胁侍二菩萨，还可以说是原来的雕造。

从这两个菩萨的面形上看，不是北魏瘦削的"秀骨清像"，而是椭圆秀丽的样子，颇有隋代的风格，当然那种长颈，又是北魏造像的手法了。至于上身着僧祇支，帔巾由肩部下垂压肘下。大裙衣褶疏稀规则，裙带下垂作蝴蝶结的刻风，又与益都云门山隋代的菩萨像相当接近。在衣纹雕造手法上，晚唐到辽，都是屈曲自如的样子，正如画史中所说"勾绰纵掣"的风格。下华严寺辽代菩萨像，就是清楚的实例。它与这两个菩萨雕造的手法是完全不相同的。这样疏稀而规则的衣纹，裙带下垂作蝴蝶结的形式，帔巾压肘下的样子，完全可以列入周、隋这阶段以内，因而这两个菩萨像，应当说是周、隋这一阶段所雕造的。

第 3 窟内的一佛二菩萨是全窟群中面积最大的一个窟，后室东西为 42.78、高 13.68 的一个大窟，西殿开门，门内北壁摩崖，凿善跏趺坐佛像和胁侍二菩萨像。这三身像的面相丰圆而肥腴，鼻筋不高，准头较大，嘴唇较厚，颈有三道纹，肌肉感十分清楚。菩萨高发髻，额上戴小花鬟冠，衣纹作圆线条和反直平阶梯式的雕造手法，所有这些，都是盛唐后期，开元（742 年）以后石窟造像的特征。前室更要宽于后室,开四个门,两端深入后壁,好像是毗诃罗式窟。窟外有广场,东西崖壁凿大龛,可惜内部造像已风化无余了。

上层广场较下层小,东西各凿一座两层仿木结构的石塔,以塔内仿木建筑的华拱、人字拱、狮子形坐斗的形制,与第1、2窟中心塔柱的结构相同。再以塔中龛内的造像风格看,又与第三期造像的风格相同。北壁正中伸进开一横长方石室(第3窟之一窟)。石室北壁大龛内刻第三期造像风格的莲花跏趺坐菩萨和胁侍二僧二菩萨像。左右壁龛内也各造第三期风格的佛像。乐舞天人,又都是短衫长裙、不露足的时世妆。

从以上所说全窟整体构造上看,上层的石窟和双塔,是北魏第三期(延昌前后,公元512年前后)时开凿的,没有第一期造像的丝毫特征。

《广弘明集》卷二《释老志》中所说的东为僧寺,名曰灵岩,可能是指这里,或者是山顶上的遗址。下层盛唐后期开凿的大窟及广场,山顶、崖壁上的12个方形直径近1米的大洞眼,以及东塔西边北壁上明窗处的卯眼等遗迹,又可能是有大建筑物在窟前。这又与唐道宣《续高僧传·昙曜传》中"东头僧寺,恒供千人"的说法,相当符合。当然山上的寺院遗址,也必定与这第3窟相通了。[①]

大阁上层第9窟窟内的许多造像,都是后代改妆的。只有东壁菩萨像未完全风化,还可看出面形方圆,高发髻,着低花鬘冠,胸前有宽颈圈,下有粗璎珞由两肩斜下到胸腹前交叉,然后上卷,下着大裙,紧贴腿上有密褶,衣纹作圆线条,与天龙山五代时雕造的大菩萨像的风格相同。根据造像的风格与雕造手法,这窟开创的时间,约在晚唐、五代时期。

辽、金、元、明、清,虽续有修整妆銮,但没有开窟造像的遗痕,无显著的时代风格,因而不再作专门的叙述。

---

① 阎文儒.云冈石窟研究[M].桂林:广西师范大学出版社,2003.

第三章　佛教艺术典范：云冈石窟艺术

二、洞窟壁面布局设计

洞窟壁面布局与洞窟形制及其规模的大小有着直接的联系。所以,窟内壁面布局建立在洞窟形制及其规模大小的基础上,同时决定着壁面布局的最后格式。

（一）早期平面椭圆形洞窟的壁面布局

昙曜五窟以及第13窟和第5窟等洞窟均是平面为椭圆形的大型洞窟。由于这些大型洞窟均是以有计划性开凿为前提,所以其壁面的设计布局也体现了强烈的总体统一性。

例如壁面千佛像布局。云冈昙曜五窟平面椭圆形洞窟之造像,除三世佛题材外,最显著的题材就是千佛像了。表现在石窟中,就是在以平面椭圆形连为一体的四壁雕刻排列整齐的无数小型坐佛像作为装饰。佛教以为,在佛国世界的三劫之中,每劫都有千人成佛。因而,在石窟艺术中多有"千佛"题材出现。昙曜五窟千佛像雕刻是与洞窟内三世佛题材相匹配,体现同样佛教意义的题材。同时,这种排列整齐的无数小型坐佛像又与大型佛像形成强烈的大小对比,强化了视觉冲击力,使人们既清楚地看到了大型佛像之伟岸宏大,也看到了千佛造像的精巧繁密,从而产生无尽的遐想和对宗教的无比虔诚。这种充分利用视觉力量所展示的艺术创作,无论在宣传佛教思想上,还是在设计装饰上,都是上乘的表现手法。

再如主像两侧胁侍形象的布局。在平面椭圆形的洞窟中,一些洞窟还在主佛像两侧的位置雕刻胁侍形象作为进一步的宗教意义阐释和装饰手段。如第18窟立姿主佛像两侧就雕刻了胁侍菩萨和佛的十大弟子形象,这种设计装饰手法与东西两壁的佛像起形成了整个洞窟的壁面装饰（图3-2）。

图 3-2　第 18 窟壁面展开示意图

此外，第 20 窟主佛像与两侧之立佛像虽然距离非常接近，但还是观察到了风化坍塌了的菩萨像痕迹。

(二)中期平面方形洞窟的壁面布局

这种形制的洞窟与早期平面椭圆形洞窟在壁面表现上的最大区别在于四壁间产生了明确的 90° 直角分界，形成了各个壁面间的自然分离，同时也为艺术装饰设计创造了新的条件。由于云冈中期是石窟艺术发展最活跃、雕刻内容最丰富、形式变化最迅速的时期，出现了大量洞窟装饰设计的新思想新创作，因而在洞窟壁面的设计装饰上，也表现出丰富多彩、形式多样的特点。这里以正壁上下结构设计装饰为例进行论述。如第 7、8 窟后室北壁布局（图 3-3）。双窟下层均为圆拱坐佛像龛，上层东西通栏塑造了高约 5.1 米的大型盝形帷幕龛。在表现形式相一致的前提下，雕刻了内容有别的佛教形象。下层：第 7 窟形象为二佛并坐，第 8 窟为坐佛像。上层：第 7 窟中央交脚菩萨，两侧倚坐佛像，再两侧舒相坐之思维菩萨；第 8 窟中央倚坐佛像，两侧交脚菩萨，再两侧为思维菩萨。这种相同表现形式塑造不同内容的设计模式是云冈双窟中经常出现的创作手法。与此同时，装饰上层佛教形象的大型盝形龛也雕刻得异常绚丽多姿。又如第 12 窟后室北壁布局。下层圆拱龛，造像风化无存。上层盝形帷幕龛，现存倚坐佛及二菩萨为后世补塑。显然，这是一个完全仿照第 7、8 双窟正壁的形式。第6窟北壁布局。第6窟是云冈石窟雕刻中设计最精细、雕刻最华丽、内容最丰富、造像最多的精华洞窟。虽然北壁由于水蚀严重而漫漶风化,但其宏大的雕刻设计还是表现了非凡的艺术影响力。一方面,它的规模很大,所采用的手法多样,富有装饰意味;另一方面,壁面布局具有与本洞窟内其他壁面在层次上相连接的形式表现。

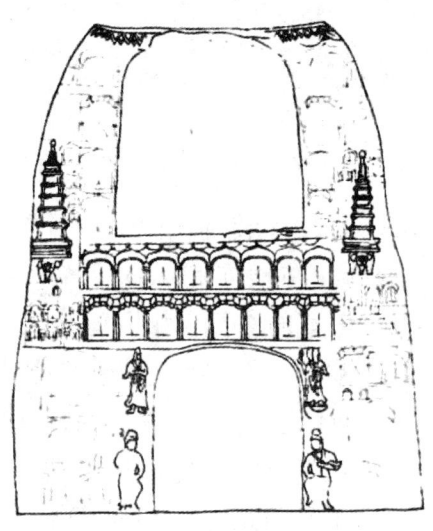

图3-3　第5窟南壁示意图

此外,以窟门和明窗为中心的壁面设计装饰,有窟门和明窗的壁面,有两种位置表现:一是前后室洞窟的前室北壁和后室南壁;二是单室窟的洞窟外壁和窟内南壁。其中单室窟外壁雕刻多已风化不存。所以,我们这里主要介绍前后室洞窟中前室北壁的设计装饰。保存较好的是第9、10窟前室北壁和第12窟前室北壁。

第9、10窟前室北壁的设计装饰。由于是双窟,两个窟北壁设计装饰完全一致。横向看,上层明窗两侧布置了二佛并坐圆拱龛,下层窟门两侧布置了由盝形龛装饰的交脚菩萨或倚坐佛像,龛下为佛经故事连环画面。纵向看,以明窗两侧的方形层塔为界将壁面分为三组,各组最上层雕刻天宫乐伎,中心组的主体内容是明窗和窟门,东侧组和西侧组为内容完全一样的二佛并坐圆拱龛和由盝形龛装饰的交脚菩萨像或倚坐佛像(图3-4)。

图 3-4　第 9 窟前室北壁示意图

第 12 窟前室北壁的设计装饰。这是一个继承第 9、10 窟相同位置的壁面设计装饰。在横向和纵向完全对称形式不变的前提下，亦出现了一些变化了的东西：相同的位置和装饰形式表现了不同的佛教内容，圆拱龛内二佛并坐像改变为佛传故事坐佛像，盝形龛内交脚或倚坐像改变为坐佛像；下层窟门柱两侧增加了屋形龛形式，呈现出更多的中国传统艺术装饰意味；一改纵向分为三组的设计形式，在壁面最上层设计雕刻了一排共 14 个天宫乐伎连续式圆拱龛，使壁面的一体化程度大大提高。

（三）晚期洞窟的壁面布局

公元 5 世纪末期，虽然北魏都城由平城迁往洛阳，皇室在云冈的大规模营造工程中辍，但大批留居平城和冬住洛阳夏回平城的皇室亲贵、中下层官吏及佛教信众，仍充分利用平城原有的佛教雕刻之技术力量，继续着云冈石窟的营造工程。这些工程虽然在规模上比以往大大缩小了，但其艺术发展变化却呈现了较强的势头。窟龛类型复杂，式样变化明显是其主要特点。

其中洞窟内的壁面设计布局也随之产生了明显的变化。以往大型洞窟宽阔的壁面不复存在，由于壁面面积较小，造像龛或宗教形象不仅龛式之个体单元变小，能够容纳的龛像数量也大大减少，与早中期洞窟内的壁面设计布局相比较，壁面的设计布局

第三章 佛教艺术典范：云冈石窟艺术

呈现出简略的特点。

例如平面马蹄形小型洞窟的壁面设计布局。这种形制的小型洞窟比较集中地出现在第11窟的外壁上。如果将大型洞窟较平整的外壁视为壁面，那么，它们就是一个个雕刻在壁面上的造像龛。所以，也有将这些小型洞窟称为"壁龛"的说法。事实上，这些"壁龛"与雕刻在洞窟内壁面上的造像龛还是有着明显的不同：一是云冈多数大型洞窟内之壁龛是有计划的设计布局，而这些雕刻在外壁的"壁龛"则表现了无计划的零散状态；二是雕刻在洞窟内的壁龛尽管其造像不乏高浮雕作品，但也没有雕刻在外壁的这些"壁龛"那么大的进深度。所以将这些所谓"壁龛"称为小型洞窟则更加合适。

与云冈早期马蹄形（平面椭圆形）大型洞窟一样，由于窟内三个壁面（东西北）没有非常明确的界线，所以其设计者往往将三个壁面合为一体进行设计布局。从这一点上看，这些洞窟正是早期平面椭圆形洞窟的小型化。我们以第11-7窟（图3-5）为例：主像为头顶接近窟顶位置的坐佛像，两侧依次布局了立姿胁侍菩萨和盝形交脚菩萨龛。其设计形式与早期平面椭圆形洞窟如出一辙，即从北壁中央主尊造像到两侧对称设计布局不同的佛教形象，只是在雕刻内容上各个洞窟的表现有所不同罢了。如有的洞窟主像不是坐佛像而是二佛并坐龛；有的主像两侧除了胁侍菩萨外，还雕刻了供养菩萨；有的东西两壁没有开龛造像而雕刻了千佛像龛；等等。

图3-5 第11-7窟壁面展开示意图

再如三壁三龛式设计布局。这种设计布局形式出现在平面呈方形的洞窟中。所谓"三壁",多指居于中央地位的北壁和左右两侧的东西两壁。"三三龛",即是指三个壁面每个壁面雕凿一个造像龛所组成的三龛。我们看到,虽然这些壁面布局之龛像在佛教人物形象上不是绝对对称布局,但其龛式形制在东西两壁的布局却经常表现了对称的特点,并且其造像形式也表现了一定规律的宗教信仰格局。如较多"三壁三龛"式洞窟北壁多置坐佛像或二佛并坐像,东壁多出现交脚菩萨,西壁多出现坐佛像。当然,也有一些洞窟出现了龛式与造像完全一致的对称布局。

例如壁面多龛设计布局。这种形式也出现在有计划开凿的平面呈方形的洞窟中。这些洞窟的三个壁面依旧保持了以中央北壁为中心,两侧壁面对称布局的特点。同时它们(如第16-1窟、第27窟、第29窟、第30窟等)的壁面布局都表现了以下特点。

(1)以北壁为中心,东西两壁对称布局。在洞窟的整体设计安排上,为了突出正壁,开凿者有意减小洞窟的进深,使得北壁面积大于东西两壁的面积,从而有条件安排较多的造像龛。而东西两壁则保持相对一致的壁面面积,使其可以安排两者统一对称的造像形式,形成以北壁为中心,东西两壁对称布局的窟内壁面形态。

(2)布龛纵横整齐。为了求得上下左右的整齐效果,所有造像龛的高宽均保持了相互照应的大小尺寸,其中中央正壁的这种特点表现得更加强烈。这种壁面上整齐划一的表现,反映了晚期洞窟在较小范围(某个洞窟)的有计划性和较大范围(所有洞窟)的民间性特点。

(3)龛式多样对称。为了弥补壁面造像龛布局上由于纵横整齐而显死板单调的不足,开凿者采用龛龛之间不同龛式的对称组合方法加以克服。这一点,突出地表现在一些洞窟的北壁。如第28窟、第29窟(图3-6)和第30窟的北壁,龛式布局均为二层三列的六龛结构:上层三龛,中间盘形龛,两侧方形龛;下层三龛,中间圆拱龛,两侧盝形龛。这种龛式多样对称的设计布局,使原本死板单调的视觉效果得到了一定程度的改善。

图 3-6　第 29 窟

（4）供养人列像居壁面下层。供养人列像于壁面最下层的布局方式，早在中期洞窟的开凿中就已经运用了。其中在相邻壁面上布局同样形式的供养人列像表现最突出的中期洞窟为第 6 窟。从此，这种将供养人列像置于壁面最下层的布局方式，就被广泛地运用，并在晚期洞窟内的壁面上也得到了最充分的使用。不仅在北壁和东西两壁中使用，有的洞窟甚至在东西南北四个壁面的下层均雕刻了供养人列像。这一形式已然成为晚期洞窟壁面布局上最明显的特征之一（图 3-7）。

图 3-7　第 35 窟东壁龛像即下层供养人行列

三、洞窟壁面浮雕塔设计

洞窟壁面浮雕塔有两种表现形式，即方形层塔和瓦顶层塔。

（一）方形层塔

这种塔形首先出现在第7、8双窟之中,以后在第9、10双窟和第1、2双窟均有所表现。整个塔形主要由塔身、塔顶两部分组成:塔身每层由两根立柱支撑一个雕刻下垂三角锯齿纹的横向长方形石块,在两根立柱支撑的空间,雕刻坐佛像或舞人形象,一般为3至5层。塔顶雕刻着蕉叶出化生形象或出宝珠形象。这些方形塔往往被用作盝形龛或屋形龛的龛柱,也有时被用作平行龛间的间隔装饰。在使用时,有时还在塔底雕刻托举的力士形象。依照使用中的不同情况,我们将其划分为坐佛像形式方形塔和乐舞人(护法)形式方形塔。

1. 坐佛像形式方形塔

第7、8窟坐佛像方形塔表现形式。在第7、8双窟后室东西两壁,整齐布置了两列四层坐佛像龛,隔行分别以双圆拱龛和双盝形龛布局,其中的一、三层双盝形龛间就雕刻了坐佛像形式的方形塔。由于壁面宽度下大上小,第一层的塔形较宽而第三层的塔形较窄,形成宽窄两种不同的雕刻样式。一是雕刻样式较宽的方形塔。以第7窟西壁的第一层双佛像龛间方形塔(图3-8)为例,这个方形塔的塔身分为四层,每层均雕刻带有圆拱龛楣的禅定坐佛像两尊。塔顶雕刻着蕉叶出化生童子形象。同时,两龛的南北两侧均应雕刻同样形式的方形塔,只是由于壁面风化我们不能完整地看到这些雕刻。二是雕刻样式较窄的方形塔。以保存较好的第7窟西壁的第三层双佛像龛间方形塔(图3-9)为例,此方形塔底为一个身挎飘带、双腿正面下蹲、臀部着地、双手臂向上弯曲、以双手和头顶支撑托举的力士形象。塔身同样分为四层,但由于塔身比第一层的方形塔窄,所以两尊并列坐佛像没有雕刻圆拱龛楣。塔顶为蕉叶出宝珠形象。同时,我们清楚地看到在两龛的南北两侧分别雕刻了同样形式的方形塔,但由于紧靠壁面尽头且所留位置狭小,故没有中间的塔完整,南面的塔甚至只雕刻了半个，塔底的托塔力士也雕刻为一个较为瘦小的形象（图3-10）。这种既表示半个塔身隐没于墙壁，又将力士形象缩小使人物形象完整的雕刻设计，体现了云冈石窟艺术家创作审美取向的极大灵活性和实用性。

第9、10窟坐佛像方形塔表现形式。第9窟前室西壁和第10窟前室东壁上层三间式屋形宫殿龛均以坐佛像方形塔为龛柱，第10窟前室北壁明窗两侧和东西两壁南侧的盝形龛柱也雕刻了同样形式的方形塔。与第7、8窟后室雕刻的同样形式的方形塔相比较，有如下不同：首先是使用上的不同。不同于龛间的装饰作用，第9、10窟前室东西两壁瓦顶下将坐佛像方形塔作为龛柱使用。其次是作为龛柱使用的坐佛像方形塔每层只雕刻了一个圆拱坐佛像龛（图3-11），而非两尊坐佛像的并列形式。再次是塔底力士形象的灵活多变。第10窟前室东西两壁盝形龛柱雕刻了力士形象，但不同于第7、8窟的下蹲姿势，而是站立为"金鸡独立"式或二力士共同托举的形式（图3-12）。最后是层间的坐佛像雕刻了包括龛柱在内的完整圆拱龛，其中雕刻在第10窟前室北壁明窗两侧的层间并列坐佛像龛为共用龛柱形式（图3-13）。因此说明方形塔在壁面中的运用更加广泛，在雕刻上也更加细致，同时，追求形式上的变化也成为一个重要特点。

图3-8　第7窟西壁第一层双佛像龛间方形塔

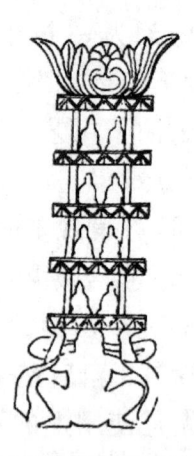

图 3-9　第 7 窟西壁第三层双佛像龛间方形塔

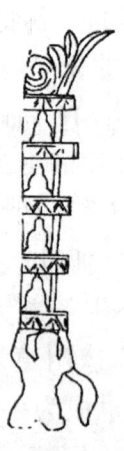

图 3-10　第 7 窟西壁第三层佛像龛南侧半个方形塔雕刻

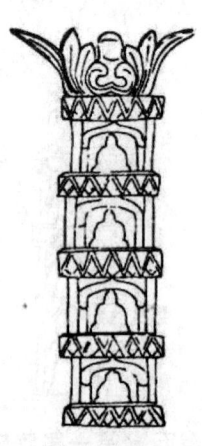

图 3-11　第 9 窟前室西壁上层屋形龛方形塔龛柱

图 3-12　第 10 窟前室东壁盝形龛二力士托举方形塔

图 3-13　第 10 窟前室北壁明窗两侧坐佛像方形塔

此外,第 12 窟除了在规模上略小外,其形制结构和第 9、10 窟相同,特别是它的前室的结构布局几乎就是第 9 或第 10 窟的翻版。第 1、2 双窟中的西壁亦均在圆拱龛和盝形龛之间雕刻了坐佛像方形塔的形象。

2. 乐舞人形式方形塔

乐舞人形式方形塔即在方形塔塔身中置坐佛像的空间雕刻了乐舞人(护法)形象的方形塔。在第 7 窟、第 9 窟等出现了这种表现形式的浮雕方形塔。

　　第7窟乐舞人形式方形塔。此窟后室南壁窟门两侧各雕刻一座乐舞人形式方形塔（图3-14）。窟门东侧塔一个面位于窟门东壁北侧，另一个面位于窟内南壁窟门东侧；窟门西侧塔一个面位于窟门西壁北侧，另一个面位于窟内南壁窟门西侧。与多数浮雕塔不同，该双塔是以相邻呈90°直角的两面墙壁各雕刻一面的形式出现，因此，于两个壁面45°的角度分别观察，该双塔表现为完全立体形状，而从各个墙面分别观察，该双塔则表现出与其他方形塔同样的壁面浮雕塔形式。此双塔的这个特点是云冈石窟目前发现的唯一特例。这里总结了以下特点：①不同壁面塔底力士动作不同。位于窟门东西两壁的力士形象均以单手托举塔身，而位于窟内南壁的力士形象则以双手托举塔身。②塔身层中舞姿夜叉形象不同。位于窟门东壁的三层夜叉形象均没有托举姿势，其他位置的舞蹈者均表现了不同程度的托举动作。③塔顶雕刻内容不同。窟门东西两壁为蕉叶出双手合十化生童子形象，窟内南壁为蕉叶出宝珠。④塔顶蕉叶雕刻根据壁面位置形状的变化而变化，表现了雕刻者灵活多变、适用性强的高超技艺。

　　第9窟乐舞人形式方形塔。第9窟这种形式的方形塔位于前室北壁明窗的两侧，是装饰性非常强的典型作品（图3-15）。与第7窟乐舞人形式方形塔相比较，第9窟的雕刻有以下的特点：位置在正壁的明窗两侧，双塔均为壁面浮雕形式；无塔底承托塔身的力士形象；塔身为五层，层间横向长方形块雕刻为下垂双锯齿纹饰，每层中的二舞者形象动作姿态变化多样。

　　（二）瓦顶层塔

　　瓦顶层塔这种极具中国传统建筑风格的层塔雕刻出现在第1、2窟，第5、6窟及第11窟等洞窟中。以中国传统瓦顶作间层的阁楼式建筑，有着悠久的历史。

　　云冈石窟中雕刻的中国传统瓦顶浮雕塔的主要形制构成为：塔基、塔身、塔顶。塔基一般雕刻为须弥座式。塔身的各层间均以呈梯状形的瓦垄瓦顶装饰。塔顶也经常使用须弥座,并在上方雕刻蕉叶出覆钵,最上层为塔刹部分。这种形制的浮雕塔与方形塔最大的区别就在于塔身中的间隔部分,即由长方形块上雕刻下垂锯齿纹饰变化为雕刻上小下大的梯形瓦垄。

图 3-14　第 7 窟南壁窟门西侧方形塔

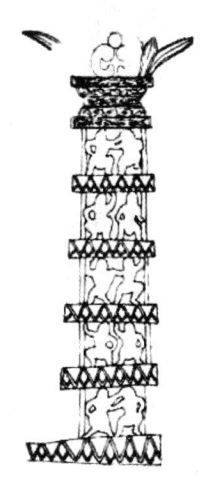

图 3-15　第 9 窟前室北壁明窗西侧方形塔

1. 壁面大龛间的瓦顶层塔

与方形塔在洞窟中壁面上的间隔使用一样,浮雕瓦顶层塔也被运用于洞窟壁面大龛间的装饰。表现最突出的是第 6 窟,在第

1、2窟也有一定程度的表现。

第6窟在窟内四壁中层最显赫的位置,安排了释迦成就佛道前后最重要阶段的故事画面龛。这些以圆拱龛和盝形龛装饰的画面之间,均雕刻了云冈石窟最精美的中国传统瓦顶浮雕塔(图3-16)。

塔基:五层须弥座,坚固沉稳。

塔身:分为五层,层间由下至上逐渐收分变小,同时间隔距离也逐层递减。五层瓦顶均为上小下大梯形,瓦顶两侧角缀挂较长形状的风铃,层中以二柱支撑瓦顶,形成横向长方形空间。五层空间内置三种造像:底层圆拱龛内为二佛并坐,龛外为二双手合十供养菩萨。第二层为三间式盝形龛,明间交脚菩萨端坐方座上,两梢间各置胡跪式供养者形象。第三、四、五层均为圆拱龛内说法印坐佛像,龛外两侧各雕刻立姿供养者形象。

塔顶:须弥座山花蕉叶中出覆钵,蕉叶两侧缀风铃下垂流苏雕刻,覆钵上竖立"山"形塔刹,塔刹层叠相轮,顶端为宝珠。

三个壁面(东、西、南)共雕刻同样形制的层间瓦顶式样浮雕塔十座(东西两壁各雕四座,南壁雕两座),其中保存完整者五座,其余有不同程度的风化。除此之外,在实际雕刻中发生的操作上的变通使西壁最南端浮雕塔之覆钵和塔刹的位置被一个坐佛像龛所取代,这是一个较为特殊的壁面雕刻变化,这个变化虽然对于整个洞窟,或是某个壁面来说并不是非常重要的,但显然这种变化是人为因素所造成。

2. 壁面独立形态浮雕瓦顶层塔

在第11窟的西壁和南壁各有一座这种以塔本身为主要供养对象的浮雕瓦顶层塔。第11窟西壁的独立状态瓦顶浮雕塔。在这个设计雕刻较为杂乱的壁面上,我们从一个个无序排列的佛像龛中,发现了这座雕刻在壁面中层最南侧紧靠南壁的七级浮屠(图3-17)。该塔高约2米,雕刻了包括塔基、塔身和塔顶的全部内容。

第三章　佛教艺术典范：云冈石窟艺术

塔基：雕刻为须弥座形式，座的左右两侧各雕刻了一个作举手托扛状的力士形象。座的正面前方留出一面竖长方形状的铭记位置，看似从座的上面披下的布帛。铭记两侧各雕刻双手合十的供养人形象。显然，出资造塔者将自己的形象雕刻在其中了。

塔身：这是一个云冈石窟中雕刻最为复杂的塔身了。整个塔身分为七层，谓"七级浮屠"是也。由于是高浮雕形式，各层间的瓦垅顶雕刻为凸出状的写实形态，除第一层瓦顶两侧角不垂吊"风铃"外，其余各层瓦顶两侧角均垂吊着竖长方形状的圆筒形风铃。在七层空间中，各自雕刻了不同内容的造像。

塔顶：须弥座上蕉叶出覆钵，覆钵上为层叠相轮之塔刹，顶部雕刻宝珠，两侧各飘飞着长幡。

图 3-16　第 6 窟壁面中层大龛间瓦顶浮雕塔　　图 3-17　第 11 窟西壁中层南侧七级浮雕塔

四、装饰纹样设计

云冈石窟作为世界上最大规模的佛教石窟寺，莲花使用的频繁和形式变化的多样是可想而知的。

(一)顶部团莲纹样

这种莲花纹样为圆团形的,是莲花的平面观察形象。但作为纹样,已经完全脱离了莲花的实物形态,造型上的艺术化使花的形象具有强烈的图案性,因而可以称之为纹样了。在云冈,这种具有强烈图案性的团莲纹样最多地被装饰在洞窟内的顶部,并且往往居于中心位置。这样一方面强调了莲花在佛教意义上的重要作用,另一方面也渲染了莲花在洞窟美术装饰中不可替代的位置。此外,这种图案性极强的团莲还被雕刻在洞窟内的地面上。毫无疑问,雕刻莲花图案的洞窟代表了最神圣的佛国净土。

当石窟的开凿进入雕饰富丽的中期阶段时,洞窟形制发生了明显的变化,不仅洞窟平面逐渐方形化,窟内顶部也变化为方形平基格式,为顶部设计创作新的形式创造了有利条件。只有在这个时候,在顶部装饰的团莲才成为真正意义上的团莲纹样。

中期洞窟中的顶部团莲主要有以下四种。

(1)宝装单层团莲纹样(图3-18)。第7、8双窟后室顶部均在平基枋上和藻井内雕刻了这种单层团莲纹样。这种样式的团莲留有较大的素面花盘,单层莲瓣雕刻宝装,瓣之间下衬荷叶尖角,形成规整的圆形图案式莲花。

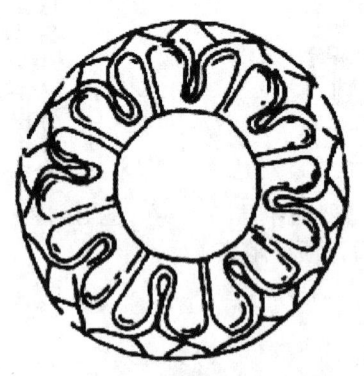

图3-18　第7窟后室顶部团莲

（2）宝装双层团莲纹样（图3-19）。第9、10窟明窗顶部雕刻的大型团莲就是双层团莲纹样。这种样式的团莲是在单层团莲基础上再加上一层莲瓣而成，使得团莲形象更加饱满华丽，具有更加强烈的装饰意味。

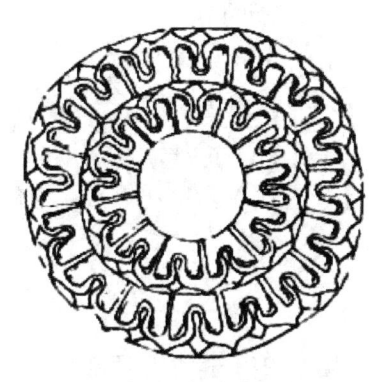

图3-19　第9窟明窗顶部团莲

（3）无宝装单层团莲纹样（图3-20）。第9、10窟前室顶部均在平棊枋上和藻井中雕刻了这种无宝装的单层团莲纹样。这种团莲纹样依然雕刻了较大的素面花盘，只是单层莲瓣没有雕刻装饰性的宝装，使得莲花形象略显朴素，也较为接近真实的莲花瓣形状。

图3-20　第9窟前室顶部团莲

（4）雕刻莲子的浅浮雕团莲纹样（图3-21）。第1、2窟顶部南侧各雕刻了三朵这种形式的团莲纹样。此形式团莲分为三层雕刻：最外层为宝装莲瓣，瓣间衬尖角荷叶；中间层为雕刻细密的无宝装莲瓣；内层中间的花盘雕刻了若干表示莲子的阴刻小圆圈。莲子的出现同样增强了莲花的写实性。

图 3-21 第 2 窟顶部团莲

晚期的顶部雕刻团莲纹样就较为普遍，多数形制为平綦格的顶部多装饰有不同数量和格式的团莲纹样，并且其形式又有了新的变化，主要有以下两种。

（1）花盘凸出的团莲纹样（图 3-22）。第 30 窟雕刻的这一形式团莲，处于无平基格的顶部中央。团莲分为三层，花心为圆形乳状突起，第二层用阴刻线刻出双层瓣莲花，最外层为云冈常见的宝装莲瓣。三层雕刻没有雷同是这种团莲纹样最重要的特点，这种富于变化的形象设计表现了云冈晚期雕刻创作活跃的时代特征。

（2）化生团莲纹样（图 3-23）。第 33-3 窟顶部团莲分为四层：中心为小型乳钉。第二层向下突出，上饰单层莲瓣共 8 瓣。瓣中出四化生童子，另四瓣中为二化生童子双手高举状。第三层与第四层均为宝装式单层莲瓣。

第 38 窟顶部团莲纹样是云冈石窟设计最精细、雕刻最复杂的上乘作品（图 3-24）。此团莲纹样置于中间二格之间，除中央乳状花心非常突出外，四周开放的花瓣多被雕刻在上方的人物形象覆盖。可以清楚地看到了两层人物雕刻：第一层为四个半身化

第三章 佛教艺术典范：云冈石窟艺术

生形象，头向外，背后雕莲瓣纹，头梳双丫髻，着双领下垂衣，右手上举；第二层为四身双手合十坐于莲中的化生童子形象从四头身躯柔软、快速奔跑的兽之嘴中飘出，兽背骑天人形象。如果将这两层人物雕刻隐去，将雕刻于人物之间隙和最外层的莲花瓣用虚线连接起来，就看到了一个花瓣层叠互压有序的团莲形象。在团莲上雕刻化生、天人，并使他们在圆形花盘之中运动盘旋，不仅使这一团莲设计雕刻成为云冈石窟中最为别致突出的一例，而且亦描绘了一幅佛国天宫净土无限美好的景象。

图 3-22 第 30 窟顶部团莲　　图 3-23 第 33-3 窟顶部团莲

图 3-24 第 38 窟顶部团莲

云冈晚期顶部团莲除部分继承早中期莲瓣雕刻式样外，其主要特点有两条，一是团莲中央多雕刻突出的乳状花心，二是莲瓣间有序的层叠互压成为最为流行的雕刻方式。这些表现亦是云冈晚期雕刻变化多样的特点在莲花雕刻中的反映。

（二）横向式忍冬纹

横向式忍冬纹主要有单列忍冬纹、波形忍冬纹、环形忍冬纹等。由于篇幅的限制，这里仅论述单列忍冬纹。

这种忍冬纹是以单体形象排列而成的纹饰。其形象大致可以分为两种，一种是叶角向上排列的单列忍冬纹，另一种是叶角向下排列的单列忍冬纹。

叶角向上排列的单列忍冬纹多作为边饰出现在门拱身光和头光中，因此其样式并不是横向式而是弧形结构。笔者将其归类于横向式忍冬纹之列，是因为它在排列组合上与横向式忍冬纹完全一致。无论门拱边饰，还是身光、头光边饰都是以上侧中心为集中点作对称装饰的，所以单列忍冬纹在雕刻时，每一单列纹饰的弯曲长叶，必然向上和向中心靠拢，形成两侧单列对称排列并同时向中心靠拢之势，两侧叶片达中心顶部相会时，雕刻为一朵五叶忍冬。在早、中期洞窟中，装饰这种单列忍冬纹较为普遍。有代表性的是第7、8窟后室门拱下沿（图3-25），第9窟前室西壁中层北侧坐佛像身光外边饰，第17窟西壁立佛像头光外边饰（图3-26），第20窟东胁侍佛头光边饰，第6窟四壁上层立佛像两侧之胁侍菩萨的头光边饰等等。

图3-25　第7窟后室门拱下沿单列忍冬纹

图3-26　第17窟西壁立佛像头光外边饰

第三章 佛教艺术典范：云冈石窟艺术

叶角向下排列的单列忍冬纹表现为纹叶向下并且呈单向排列的直线状态，但它并不是叶角向上排列忍冬纹的简单反向，而与其有着明显的区别：叶角向上单列忍冬纹的"三叶"状形态是由邻近两个单列形式组合而成，而叶角向下单列忍冬纹的"三叶"状形态是每个单列形态忍冬所固有的，所以，此忍冬纹的三叶形态显得更加完整一些。当然，叶角向上的单列忍冬纹也有着衔接好、连续性强、过渡自然的特色。

在云冈，叶角向下排列的单列忍冬纹出现了两种使用方式：第一种是在壁面中起隔离装饰作用。在第7、8窟后室东西两壁和南壁第一层佛像龛与第二层佛像龛之间，就雕刻了这种形式的单列忍冬纹。第二种是作为纹饰的一种与另外几种纹饰同时出现在一个画面中。如第9、10窟前室北壁二佛并坐须弥座最下层雕刻的就是这种忍冬纹饰。

然而，出现在第7、8窟同样用于在壁面上起隔离作用的单列忍冬纹，在两个洞窟中则表现了不同的设计雕刻式样。第8窟的雕刻设计式样是我们经常可以在其他洞窟中看到的叶角向下排列的单列忍冬纹（图3-27），上面提到的第9、10窟前室二佛并坐须弥座装饰的单列忍冬纹亦是这种样式。但在第7窟，雕刻在与第8窟同样的位置上的单列忍冬纹（图3-28），并没有显示向下的叶角，而是将向下的叶片弯曲回卷至相邻的忍冬叶片之处，形成叶角隐藏的局面，好似连续式的螺纹雕刻。

图3-27 第8窟后室东壁第二、三层佛像龛之间的单列忍冬纹

图3-28 第7窟后室西壁第二、三层佛像龛之间的单列忍冬纹

（三）窟内顶部龙形纹样装饰

云冈石窟雕刻的龙，多出现在洞窟门拱顶部和窟顶圆拱佛像龛楣尾和明窗上沿以及门柱上等部位。此外，第9、10窟雕刻的二龙王缠绕须弥山的佛经故事也将龙形较突出地表现出来。这些龙形雕刻不仅反映了佛经故事情节，表达了龙护持佛法的宗教意义，还起到重要的艺术装饰作用。

这里的顶部，一是指窟内之顶部，二是指窟门之顶部。云冈石窟的此两种顶部均有以龙形纹样作为装饰素材的情形。

云冈最大型的窟内顶部龙形纹样出现在第11窟和第13窟中。第11窟顶部设计以塔柱为中心，由塔柱东南、西南、西北、东北四角伸向壁面四角的斜侧支条，在东西南北四面均组成一个梯形结构的四边形，在这些四边形中，统一雕刻了二龙缠绕的形象，组成了佛教中的八大龙王。第13窟之顶部则是二龙缠绕的形式，在龙的身躯及腿爪之间，雕刻了圆形或椭圆形的似海中"珊瑚"的自由飘浮物，在这些飘浮物间，时有两臂展开的天人在飞翔。整个窟顶似二龙王翻江倒海而"天人"出世。

在第1、2双窟的顶部也呈现了龙形纹样雕刻，只是这些龙形纹样是由中心塔柱顶部向上缠绕伸向窟顶的。在这里，龙形纹样起到了过渡和承启的作用。

晚期洞窟顶部平基格内的二龙缠绕形象同样表现出色。保存较好的是第11-16窟和第25窟（图3-29）。这两个窟顶均为九格平基的设计形式，其中的龙形纹样雕刻于中心格内，表现为二龙缠绕的形式：二龙头对面雕就，有长而弯曲的独角，长耳，大眼，宽扁前颚，双爪相拥一圆珠，龙躯对称交缠，表现了强烈的装饰意味。

（四）圆拱龛楣尾的龙形纹样装饰

这是龙的形象在云冈石窟出现最为频繁的形式。早中晚期的圆拱龛楣尾都有反顾龙形的雕刻。最早期的圆拱龛楣之反顾龙形雕刻得很小,并且只是雕刻了一个"蛇头"式的龙首(图3-30),其装饰意义仅是圆拱龛楣下沿于两侧楣尾结束时翻卷后的点缀。但这种轻描淡写式的点缀很快就被新的形式所取代了。雕刻于同一壁面上的另一个早期圆拱龛楣尾的反顾龙形,就发生了极大的变化(图3-31)。这时的反顾龙形不仅整体形象扩大了许多,彻底抛弃了反顾龙形的"点缀"面貌,而且增添了有力的龙爪立于龛柱之上。这是一个非常突出的表现,这点对于佛教中龙"无脚"的描述是一个不小的变化,却与中国传统龙的形象更加接近了。到中晚期,圆拱龛楣尾的反顾龙形在这一基本形象的基础上,雕刻得就更加细致生动了(图3-32)。与此同时,为求得形式上的变化,一些反顾龙形的双爪没有着地,而腾起在空中(图3-33、图3-34),成为美术创作上的一个亮点。

图 3-29 第 25 窟顶部平棋格内二龙缠绕

图 3-30 第 17 窟南壁东侧圆拱坐佛像龛楣尾反顾龙形

图 3-31　第 17 窟南壁门拱上端二佛并坐圆拱龛楣尾反顾龙形

图 3-32　第 25 窟西壁圆拱龛楣尾反顾龙形

图 3-33　第 6 窟南壁东侧圆拱龛楣尾反顾龙形

图 3-34　第 7 窟后室南壁明窗西上角反顾龙形

第三节　重点洞窟赏析

云冈第一期前段共五个窟,以造像的风格来论,是全窟群中最早的。大家公认为昙曜时所开凿的。从造像的风格和创作的技法,都属于云冈全窟群中最早的作品,现在分别叙述如下。

一、第 16 窟

全窟四壁,只有南壁有几处较大型龛,上部刻有 13 行千佛像(图 3-35)。除在门口的东西两侧一些小龛为第二期造像,门拱内西侧有第三期菩萨披帛交叉穿环的造像(已残)之外,其余均为第一期造像。

在门楣上正中的尖拱龛,龛中刻一佛二胁侍菩萨像,佛的面形方圆肥腴适宜,磨光高肉髻,短颈,鼻筋高,准头小,颊瘦,眼角长,薄唇,两肩齐亭。内着僧祇支(掩腋衣),外着袈裟,右臂半披,由左肩斜披下垂至胸腹间,衣领作折带纹。半结跏趺坐,右掌向外置胸间,左手扶左膝上,作"施无畏印"。菩萨头着高宝冠,斜披络腋,环绕下身,下着羊肠大裙。尖拱中刻七佛,龛两端作龙头状,佛座下刻束腰莲花座,可惜下层莲花座已大多风化。

图 3-35　第 16 窟南壁供养人行列

此龛左右两侧有二龛,均作盈顶形,顶上加屋形龛,龛内刻一高宝冠莲花结跏趺坐菩萨,左右各一思维式菩萨,下面左右各刻一狮子像。座下正中刻一摩尼宝珠饰物,左右刻供养人像。西龛最外还有夜叉像。这样的菩萨像、弥勒菩萨像,可能是根据《大智度论》卷九"放光释论之余"中的故事而造出的。[①] 根据这段书的论述,可以发现顶上加屋形龛是兜率天宫,而龛内的菩萨应是弥勒菩萨。

第四号天幕尖拱大龛,龛内刻半结跏趺坐的佛像,东西二胁侍菩萨,对于西边菩萨还可看出其手中提净瓶,下面刻出束腰莲花狮子座。座下正中一夜叉托摩尼宝珠,左右有供养人行列。天幕下八部护法,手中持各种乐器的乾闼婆音乐神,以及作舞蹈的紧那罗歌舞神像。

这个龛的佛座为莲花跏趺坐,胁侍菩萨,其一手持净瓶,应系阿弥陀佛与观世音,对面为大势至二上首菩萨像。这完全说明当时佛教徒们宣传、信仰阿弥陀净土,从十六国时起,就非常盛行,因而可以认定云冈早期窟,就雕造了所谓"西方三圣"的形象。

---

① 佛在彼石窟中一宿,(月氏国西降女罗刹)于今佛影犹在,有人就内看之,则不见出孔。遥观光相,如佛有时……人与佛同国而生犹不遍见,何况异处,以是故不可以不见十方佛而言无也。复次弥勒菩萨有大慈悲而在天宫,不来此间,可以不来,故便谓无弥勒耶?

第三章 佛教艺术典范：云冈石窟艺术

供养人就是指宣传佛教出家的比丘、比丘尼，以及各阶层信仰佛教的男人（优婆塞）和女人（优婆夷）等人物。唐道世《法苑珠林》卷四十一《供养篇引证部》有论述。①

这些菩萨和亲属，或在家的男女，出家的比丘、比丘尼，供养佛及寺院，布施贫苦等，都属于供养的对象。出钱造像的人们，又把自己的形象雕在佛龛下，称之为供养人像，也就是"自作供养"的意思。

第四号龛天幕下的伎乐神（乾闼婆），手执横笛、细腰鼓、曲颈琵琶、钹、排箫、箜篌等乐器，以及舞神（紧那罗）等造像，就是反映阿弥陀净土中的快乐生活。

所以天幕中的伎乐造像，可以说是反映阿弥陀佛在幸福天国的一种情况。不过表现最清楚的还是第18窟西壁的大坐佛一组造像。在南壁及明窗和窟门两侧的龛内，都刻有释迦、多宝对坐说法像（图3-36）。这是依据《法华经》（见《宝塔品》中叙述宣传《法华经》）。

窟顶上13行千佛小造像，也是宣传佛的神通。佛教经典中，有《过去庄严劫千佛名经》《现在贤劫千佛名经》《未来星宿劫千佛名经》。三劫之中，都有千人成佛。

图3-36 第16窟明窗西壁静穆的菩萨

---

① 若菩萨于如来及支提四手自供养，不依懒情，令他施住，是名菩萨自作供养。若菩萨于如来及支提不独供养，普令亲属，在家出家，秀共供养，是名自他共供养。若菩萨有少许物，以慈悲心，施彼贫苦，薄福众生，令供养如来及支提，令得安乐而不自为，是名他作伕养。

一般石窟中雕造的千佛像，大多是现在贤劫中千佛像，由拘留孙佛、拘那含尼佛、迦叶佛、释迦牟尼佛到最后的楼至佛。这13行千佛像，大致是贤劫千佛像了。

　　至于正面的大佛像，窟门内壁东西侧下层的立佛像，与上面第八号龛中莲花跏趺坐的菩萨像，则是第二期的典型作品，这里就不对此论述了。

二、第17窟

　　第17窟主要造像为第一期前段的风格。全窟的主像是后壁雕造高15.6米的大弥勒菩萨像。长圆的面形虽然大部风化，但还可看出头着高宝冠，由两肩下垂的龙头形饰物及短璎珞，右臂袒，左肩斜披络腋，边作折带纹，臂着钏，下着羊肠大裙和莲花跏趺坐，佛座为狮子座(已残)。

　　弥勒是云冈造像中主要题材之一。东西两壁各刻"盝顶形天幕式"大龛。西壁龛内刻高肉髻、面形双颊较瘦、鼻筋高、嘴唇薄、通肩式大衣的立佛像。东壁龛内刻有与西壁大佛同样的面形的大佛，着通肩式大衣半结跏趺坐，大佛两侧刻胁侍菩萨像(图3-37)；北侧菩萨像头着高宝冠，冠正中有化佛；南侧菩萨的宝冠，正中刻宝瓶。这组造像是西方净土的阿弥陀佛与观世音大势至二菩萨像。阿弥陀净土与弥勒净土同样是麻痹人民，使他们向往另一天国的极乐世界。在阿弥陀净土中有两个上首菩萨，一是观世音，一是大势至二菩萨，即所谓西方净土中的"西方三圣"像。

　　在阿弥陀佛的佛座下，正中刻摩尼宝珠，北半部刻比丘尼与女供养人像，南半部刻比丘与男供养人像。可见东西二大佛像的造出，可能是统治集团中地位较低的另一批人，与正中弥勒大像，不是一个造像主。值得注意的是东壁的大坐佛，在雕造技法上，表现衣纹是宽扁线条中刻阴线两道至四道，雄浑有力(图3-38)。虽然印度、抹菟罗(Mathuna)、卡特拉(Katza)出土的半结跏趺坐佛像，表现衣纹也是在较宽线中刻阴线一道，但那种线条较圆浑，

第三章 佛教艺术典范：云冈石窟艺术

并不是"减地平钑"的刻风。这个大像的衣纹刻法，完全是在汉画像石"减地平钑"的基础上，吸收抹菟罗佛教造像的刻风而创造出的新技法。

图 3-37　第 17 窟西壁胁侍佛全照　　**图 3-38　第 17 窟明窗东壁的大坐佛**

特别值得提出的是窟门顶偏东和偏西两侧的两个较大型龛内的造像。两个龛开凿的时代和造像的风格是相同的。龛作尖拱形，龛内刻出半结跏趺坐的佛像，面形长圆，双颊较瘦，而有劲健之风。佛像内着僧祇支，上面画出方格式的花纹，与麦积山早期西秦时代佛像的僧祇支的纹样相同，外着袈裟，右肩半披，左肩斜披至胸腹间边作折带纹。左右刻胁侍菩萨像，面形较为肥腴。座下刻摩尼（离垢、如意）宝珠，左右刻有男、女供养人行列。

明窗两侧，各凿出几乎是第一期型特征的造像，东侧仍保存着造像题记，根据上题记：其一，可以看出当时造像的原因，是由于比丘尼惠定得过重病。她坚信造像可以得福，因而发愿造《法华经》中的释迦、多宝佛像和兜率净土中的弥勒菩萨像。在佛教教义的麻醉下，她希望通过造像的功德，使七世父母、累劫诸佛、无边众生，都可得同样的幸福。

其二，可以看出太和十三年虽然是孝文帝（拓跋宏）改革服制以后，但在新旧斗争中，这几个龛的造像，依然保存着旧的（印度服装）粉本形式，而没有改变。

不过明窗两侧与窟门两侧雕造的各龛，以造像的面形特征来看，比正中的大像应较晚一些。

三、第18窟

后壁正面全部造像，有佛、十大声闻弟子、菩萨等像，是云冈早期五大窟中造像最复杂的一个窟。

正中大像高15.5米，遍身刻千佛的释迦牟尼像，内着僧祇支，由左肩斜披绕右肋下，边刻连珠纹，外披袈裟，缠绕全身，再刻作折带纹（图3-39）。上身胸、腹及肩袖部，俱刻出千佛。大佛两侧雕出胁侍二菩萨像，西边菩萨大部风化，仅可看出高宝冠、短璎珞及龙头形饰物，东侧菩萨较为完整，在高宝冠中刻莲花式三法轮，中间法轮内刻坐佛像。佛与菩萨之间，左右各刻五声闻像，上层三身还可看出着方格百衲式的袈裟。东边一比丘头，深目高鼻、面容苍老的样子，是大迦叶或目犍连像。

图3-39 第18窟大佛俯视

这组大立佛与胁侍菩萨的雕刻技法，全部用浅直平阶梯式剖面表现衣纹，与印度出土有迦腻色迦王纪年铭文露足结跏趺坐于

第三章 佛教艺术典范：云冈石窟艺术

狮子座的佛像刻法大致相同。至于僧祇支边的连珠纹，法国哈金（J.Hackin）等人认为是受到波斯萨珊式艺术的影响。大衣袖下作折带纹，又与塔克西拉占利安（Taxila-Janlian）发现的残半身犍陀罗后期造像的形式相似。这三身大像的粉本，完全可能来自印度或犍陀罗，因而衣饰与雕刻技法都与之相近。但具体折带纹的衣饰与浅直平阶梯式剖面的衣纹，与上述的佛像，仍然有汉民族形式的区别，是不完全一致的。

第18窟后壁这一组造像，正中为释迦牟尼像，左右胁侍为十大弟子，次为二大菩萨像。这样的题材，是按照佛经中所说的次序而雕造出的。

明窗两侧的各龛，窟门两侧以及南壁部分小龛，有的菩萨外着帔巾，在胸腹间交叉。从面形和衣饰特征来看，比其他各龛开创的时间，要较晚一些，已进入云冈第三期。

这个窟门西侧中层，所雕造的释迦、多宝佛说法像，是"蠕蠕"可汗之妻造的。

四、第19窟

这是昙曜五窟中最大的一个窟，窟外又开有东西二耳洞。1940年日本人水野清一率领的云冈调查团，曾在第19窟前凿东西纵沟、南北横道，发现有北魏时的瓦波状的平瓦当。在大坐佛的前面，又发现有辽代的铺地砖，可证北魏时昙曜五窟前有窟檐建筑，辽代又继续有所修建。

在窟内的后壁，雕出高17米、半结跏趺坐的大佛像（图3-40），佛座宽15.4米，盘膝露出上面的脚长4.3米，一个中指长1.6米，是云冈石窟群造像中最大的一身佛像。右手当胸，掌向外举，左手仰伏膝上作"施无畏印"。其他衣饰特征与前二窟的大佛像相同。

图 3-40　第 19 窟主相[①]

在题材上值得提出的,是南壁西上角,雕出一半圆形着通肩式大衣第一期形式的立佛像,悬于石壁的中间,右手上扬,左手下伸抚摩一合掌胡跪状的人像。这种造像题材,可能作两种解释:一是表现佛神通的罗喉罗因缘像;一是佛摩读诵《法华经》的信徒。

有人说,这身佛像是反映笈多式的造像。这种说法是非常笼统的。因为笈多(Gapta)是印度摩揭陀帝国的一个王朝(320—650 年)。这个王朝统一了南北印度,使印度成为次大陆中世纪文化昌盛的国家,而笈多王朝的各王,也是佛教的保护者。当时大乘佛教敬信弥勒者、无著、世亲等人,都是笈多王朝时出现的人物。弥勒系统的"瑜珈派",龙树菩萨系统的"中观派",也在这时传入中国。佛教艺术同时也大为昌盛起来,在恒河中上游出现了抹菟罗派,下游出现了摩揭陀派。影响中国更多的是古代北印度的犍陀罗派与笈多王朝同时出现的抹菟罗派。这两派造像在雕刻技法上表现衣纹,都用圆线条,摩揭陀派则不用线条表现衣纹。而这身造像是浅直平阶梯式剖面的线条。尽管佛像粉本是来自笈多王朝,但雕刻风格应是在汉代画像石"减地平钣"的基础上,吸收犍陀罗、抹菟罗的造像风格而创造的新刻风。它与犍、抹二流派的雕刻风格是有所区别的,当然更不能笼统地以笈多王朝之

---

① 图片来源于:http://you.big5.ctrip.com/travels/datong275/2941238.html

名来代表一种作品的流派。

在第 19 窟中还有如下两种不同的题材。

其一，在窟门东边雕出一尖拱天幕龛，内刻第一期的半结跏趺坐的佛，但胁侍不是二菩萨像而是龛内为二菩萨，龛外为胁侍二比丘像。这样题材是早期造像所少见到的。

其二，西壁雕刻大多风化。下层能辨识出三座顶上有三刹柱相轮，山花蕉叶形七层楼阁式的塔，塔内应是造的佛像。塔，梵语是 Stapa，汉译作塔婆、窣堵坡。"译者谓之坟，或方或圆，厥制多绪，乍琢乍璞，文质异宜。并以封树遗灵，扁铃法藏。"（日照译《佛说造塔功德经序》）。

在印度的塔，大多是覆钵式，上面安置相轮和摩尼珠等形象。传到中国以后，就改成楼阁式，最高的到十三层，上顶仍置相轮。所以东西壁浮雕出许多楼阁式的塔，不是舍利塔，而是无舍利的法舍利塔。这与造像是同样的作功德，可以享受到上升天国的好处。其余部分，完全雕有千佛像。至于窟门两侧的各龛，是第一期后段所开凿的。

第 19 窟东耳洞，窟门南偏西 48 度，窟形与第 19 大窟相同。窟顶刻出半个伞盖的形式，还可清楚地看出四周刻交角帐，正中刻紧那罗舞神。

窟的后壁正中雕出善跏趺坐，高 10 米的大佛像。北侧胁侍菩萨，左手提净瓶。宝冠飘带不翘起，天带绕颈后作半圆形由肘后压下，与其他早期菩萨特征稍有不同。南侧胁侍菩萨面部残毁，右手捧花蕾。两壁其余部分则完全刻千佛。

窟门与天窗之南有 9 个龛，北有 7 个龛。大多是释迦牟尼佛像，释迦、多宝佛对坐说法像，莲花跏趺坐的弥勒菩萨像，等等，此外就是千佛像。以上各种造像特征，都属于第一期前段，或者稍晚一点。

在窟内南壁满刻着佛龛，其中北侧器顶形华绳天幕龛。龛内刻莲花跏趺坐菩萨像，座下一坚牢地神托菩萨脚。胁侍左右二思惟菩萨像，龛外左右各一善跏趺坐的佛像。下层尖拱龛所刻的胁侍菩萨像，外着帔帛交叉上卷而面形又不太长，是云冈第三期的创作。龛外下层西一立佛像，身边有小儿作摩肩接踵状，为阿输迦王施土缘的故事。龛下刻汉装的供养人像，正中刻博山炉，左右各刻二比丘像。整个门两侧的造像，应属于第一期后段或第二期的作品。

大窟西耳室的大佛，从造型及服饰分析，应属于第二期作品。但第19窟的布局应是统一的，西耳室可能是由于工程没有按时完成而拖延到第二期。

五、第20窟

第20窟是第一期前段造像中的典型窟。由于窟顶崩塌，后壁正面的半结跏趺坐的释迦牟尼像，耸立于窟外，面向游览的人群，因而称之为"露天大佛"（图3-41）。实际这个窟的窟形与第16窟至第19窟的形制完全相同，只是在胁侍菩萨身后，开出一个东西相通的隧道，与第9、10窟后壁凿一隧道的形制相同。与新疆克孜尔早期第17窟后壁凿隧道的形制亦是相同的。

图3-41 夜光中第20窟大佛

第三章　佛教艺术典范：云冈石窟艺术

1940年，日本人水野清一氏率领的云冈调查团，在第20窟大佛前发掘。在大佛座下半圆形莲花座的东边发现北魏的五铢钱一枚，窟前五米发现木炭及黑褐色土层，北魏木建筑上的瓦和重瓣莲花纹的圆瓦当，等等，在大佛前面还发现铺地的辽代方砖和长方砖，并在东部发现一有"□统四年"的刻字残石。据推测，此可能为辽天祚帝耶律延禧的纪年——乾统四年（1104年）。现在第20窟号残窟的东北上角，还有辽代砌起的沟文砖。由此可见，从北魏时起，第20窟窟前即有木建筑，辽代续有修建。根据文献记载，辽天祚帝于保大二年（1122年）为金兵所追，因仓皇从云中府由石窟寺入天德军。第20窟窟前木建筑，完全可能是金军陷云中时所焚毁的。

露天大佛高13.7米，高肉髻，面形丰瘦适宜，颧骨不高，鼻筋隆起，而准头较小，眉眼细长，薄唇有八字须，仍有雅利安人的面形。颈有两道纹，内着僧祇支，绕右肋下，衣边刻连珠纹，外着袈裟，右肩半披，左肩斜披至胸腹前，衣边作折带纹，两手作禅定印，佛座几乎全风化。项光内层作莲花瓣纹，中层刻敷搭双肩袈裟的小坐佛，最外层刻火焰纹。身光内层刻许多袒右肩作胡跪状的供养菩萨像，中层刻结跏趺坐的小佛像。背光外左右上角刻有袒右肩的供养菩萨像及比丘等四众像。从雕造特征与艺术风格来论，确是全窟群中第一期前段的典型作品。

大佛胁侍二菩萨像全部残毁，西菩萨像仅可看出胸部前挂着宽颈圈，圈下系铃，上部斜披络腋，下部赤足。东菩萨像只能看见足下雕出一坚牢地神作托扛的姿势。

东西两壁又各雕造出一身立佛像，东壁的大立佛还完整，可以看出全部面貌及外着通肩式的大衣，作"施无畏印"。一切衣饰特征与第18窟两壁的大佛完全相同。当然这样的题材，也可能与第18窟全窟的布局相同。

有人说东壁大佛像是抹菟罗式的造像，因为这身大佛像细腻而匀称的衣纹，是相当接近抹菟罗派风格的造像。但抹菟罗派造像的衣纹是圆线条，这身造像的衣纹是扁平线条，中有阴线一道，尽管匀称的线条相同,但雕刻的技法不同。这显然是在汉代画像石"减地平钑"的基础上发展出中国民族形式的一种创造。

西壁的大立佛,几乎全部风化,今只能看到最下部的赤足及莲花座而已。

在大立佛项光火焰纹之上,北壁大坐佛外层背光焰纹之西,供养天人及四众供养人像下刻有释迦、多宝佛说法像。(尖拱龛)东有二供养人,一人高发髻,手捧花,像前有铭文。

其后一供养人作跪状,长跪头俯下,双手作抱果供养状,像前有铭文。

此外东壁大立佛项光上面,还刻出两个小尖拱龛:一刻半披肩的释迦牟尼佛像;一刻释迦多宝佛对坐说法像。两胁侍菩萨像,足下东西也开龛雕造释迦、多宝佛对坐说法像,开凿时间,较大像要稍晚一些。

昙曜五窟的窟形,大致是相同的。而第16、17、18三个窟,又可看出窟顶都刻有华盖。第19窟窟顶已风化。第20窟窟窟顶因崩塌,不能看到原形,推想也可能同样刻出华盖,这样造型也是为供养佛的。

总之,云冈初期佛教造像,主要是昙曜时所开凿的五个窟,题材大多是依据小乘经为纪念释迦牟尼佛而造出的一组以佛为中心,配以胁侍菩萨、声闻弟子等的形象。又由于佛教入玉门关后,为了大肆发展,必须迎合中原上层士大夫阶级的心理,与统治阶级相结合。魏晋以来上层统治阶级的思想是玄学,以"贵无"为本,佛教徒们为了与统治阶级结合,因而提倡大乘般若"空"的学说,发展两个净土世界。而法华部的《法华经》又用许多神行故事比喻说明"空",以及人人都有佛性的道理。根据这些经创造了"三佛",释迦、多宝佛说法,佛摩诵读《法华经》人顶等的形象,用以麻痹人民,使之敬信佛与崇拜佛。

第四章 气势恢宏之龙门石窟艺术

龙门石窟规模宏大,气势雄伟,是我国石窟艺术中一颗璀璨的明珠,而且佛像雕刻都具有较高的艺术价值,是不可多得的宏伟之作,它的巨大的艺术魅力不仅吸引着中外游客,也吸引了众多学者进行研究。本章将对龙门石窟艺术展开论述。

第一节 龙门石窟艺术概述

一、龙门石窟的地理位置

龙门石窟位于河南省洛阳市区 12 千米处的伊河畔,伊水在镇南由南而北劈山而过,形成"龙门",是一处规模庞大的佛教石雕艺术宝库。

龙门石窟是在云冈石窟之后,大约在北魏太和年间前后开凿的,历经五百多个春秋才营造成如此大规模的石窟群。其中,在东魏与西魏、北齐与北周、隋、唐、五代、北宋、明等时期都有扩建或重修,但在北魏和唐代的扩建活动最为频繁。其中,唐代时期的窟龛占大部分,而北魏时期的窟龛则占少数。

大部分石窟开凿在西岸山崖。根据窟群的分布情况,可分为五区。其中一、二、三、四区在西岸,五区在伊水东岸。西岸石窟区长 800 多米,从北而南,依次如下。

一区——61 窟龛,其中主要的有潜溪寺、宾阳三洞等窟龛。

二区——97 窟龛,其中主要的有敬善寺、摩崖三佛等窟龛。

三区——386窟龛,其中主要的有双洞、万佛洞、狮子洞、老龙洞、莲花洞、赵客师洞、破洞、魏字洞、唐字洞等窟龛。

四区——共399窟龛,其中主要的有奉先寺、药方洞、五祥洞、古阳洞、火烧洞、石窟寺、八作司洞、龙华寺、路洞、极南洞等窟龛。

五区——在伊水东岸,由南而北,依次编78个窟龛。其中主要的有擂鼓台三洞、看经寺、万佛沟等各窟龛。

总计是1021个窟龛,其中残破的、空的,或者更小的、没有什么价值之窟龛,仍有一些。但是依窟龛之数目来说,应是全国石窟群中最多的一处。

龙门石窟虽然是继云冈石窟之后开凿的,但从艺术水平上讲,要高于云冈石窟,而且东汉、三国魏及以后的西晋、北魏、隋诸朝先后把洛阳作为国都,武则天在位时也把洛阳作为陪都,因此,洛阳的经济在那一时期一直都比较发达。龙门石窟也一直得到皇室的重视,从造像的水平和艺术上讲都有很高的价值。不过,龙门石窟的窟形与云冈石窟相比,却少了几分丰富的空间形式,龙门石窟的窟形都比较简单,大体上没有什么变化。

图4-1 龙门石窟部分远景[①]

二、龙门石窟的艺术特征

龙门石窟的每一个窟龛,每一尊造像,都是工匠艺师一锤一

---

① 图片来源:http://www.dianping.com/photos/165334431

第四章 气势恢宏之龙门石窟艺术

凿开发创造出来的。在当时社会条件下,能营造如此宏伟规模的艺术宝库,充分反映了古代匠师的高度智慧和创造才能。龙门石窟艺术归纳起来,大约有如下特点。

第一,龙门石窟是魏唐皇室贵族发愿造像最集中的地方,换句话说,主要是皇家经营的皇窟。其兴废变迁,受当时的政治、信仰变化左右。古阳洞、万佛洞、惠简洞以及未完工的摩崖三佛龛,都是为帝王树碑颂德的。但由于政治历史的变迁,使一些大型营窟造像工程中途夭折。例如中尹、宦官刘腾与领军元义(《魏书》作叉)发动宫廷政变,幽禁孝明帝和灵太后胡氏,执掌国柄。刘腾死,灵太后返政,她挖了刘腾的坟墓,连刘腾主持过的宾阳三洞工程,不等南、北二洞告竣就废弃了。再如旨在树立武则天至尊地位的摩崖三佛龛,由于武则天病逝,不信仰"弥勒下生"的中宗,遂将其废弃,再也无人问津。

第二,鲜卑、匈奴、羯、氐、羌、柔然、乌丸、高车、突厥等少数民族都在龙门有造像活动。除北魏鲜卑族皇室贵族造像外,鲜卑族丘穆陵亮夫人尉迟在古阳洞造像;唐代鲜卑后裔达溪静在双窑北为越古金轮圣神皇帝(武则天)造像;北魏匈奴族武卫将军赫连儒在古阳洞造像;北魏羯族盖定王在古阳洞参加高树造像;唐净土堂《菩萨诃色欲法经》后有盖思义题名;氐族杨大眼在古阳洞为孝文帝造像;北魏羌族尝法端在古阳洞造像,等等。

第三,龙门石窟窟型比较单纯,少有变化。只有毗诃罗窟和露天摩崖大像龛,没有支提窟(内有中心塔柱)。像古阳洞、莲花洞等洞窟,看来基本上都是利用原有天然岩洞即喀斯特溶洞加以扩张而成。奉先寺大卢舍那像龛则是利用一山腰凹地的自然地形,就山势开凿露天摩崖像龛。造像题材内容趋向简明集中,大都突出主像。北魏洞窟诸如古阳洞、宾阳中洞的圆雕护法蹲狮,至隋唐退到洞外,或消失或变为窟龛外两侧龛内诸如万佛洞、龙华寺的高浮雕狮子。唐代窟龛内开始出现护法天王(神王)。

第四,龙门石窟造像艺术呈现了中国化、世俗化的趋势,较之早期佛教艺术那种宗教的神秘色彩越来越淡薄了。无论是造像的神态气质、衣着装饰,还是雕刻手法,都出现了面目为之一新的气象。可以说龙门石窟造像艺术,是外来的艺术种子根植于中华民族传统艺术土壤中所培育出来的典型的中国式的佛教石窟寺艺术的奇葩,它具有鲜明的民族特点和民族风格,并且达到了艺术上的成熟期和鼎盛期,成为中国古代美术史的一个相当重要的组成部分。

总而言之,外来的影响在北魏迁洛以后至隋唐,外为中用,不可能改变佛教石窟寺艺术中国化、世俗化的总趋势。拿龙门宾阳中洞与昙曜五窟相比,主尊已经嘴角上翘,微露笑意,衣饰变成汉化的褒衣博带式,感到与人世间的鸿沟缩小了。这也是孝文改制在石窟造像上的反映。在刀法上的变化,也略微可以感觉到。再经北齐、隋到唐初的演变,就出现了像奉先寺大卢舍那佛那种丰颐秀目、仪表堂堂、有血有肉、栩栩如生的典型形象。它不仅是美化了的武则天的形象化身,也是大唐帝国繁荣昌盛的时代象征。弟子阿难,胖头圆脑,俨然一位聪明睿智而且虔诚温顺的小和尚。菩萨盛装艳服,头戴宝冠,身披璎珞宝珠,宛如一位雍容华贵的唐代贵妇。至于保存完好的神王,身着铠甲,手托宝塔,足踏夜叉,孔武硕壮,与唐墓中的三彩天王俑相似,实乃唐代将领的形象。难怪有人说它是唐开国名将士李靖。金刚赤膊袒胸,蹙眉怒目,如闻其声,实乃唐代武士的写照。可以说这组群像好似当时的封建统治者披上神圣的外衣,从宫廷走向佛场,不是以政权的面貌出现,而是以神权的面貌出现罢了。由于佛教艺术世俗化的趋势,必然要求造像的写实和逼真,因而在雕造手法上以圆刀取代了平直刀。不管是形象本身,还是衣褶的变化,以往那种明显的转折和棱角都也已消失了。

第五,龙门石窟集聚了佛教各宗派的造像,甚至还有道教和外国僧人造像。佛教在中国的传播和发展过程中,南北朝时形成"三论宗""成实宗"等诸多学派,各派讲授佛教经论,各有师承、家法。这一时期虽有"宗"的名号,实际上仍是学派。隋唐时期的佛教宗派,模仿世俗的封建宗法制度,把师徒关系看成父子关系,并依照封建宗法制度的方式,建立了自己的一套传法法统,制定自己的谱系,即所谓"法裔""法嗣"衣钵相传制度。这也是南北朝以来,门阀士族制度在中国佛教各宗派中的反映。

总体来说,就其社会、民族、宗教、文化的内涵和文化特征而言,北魏至隋唐时期,五胡等少数民族及其文化艺术与中原汉族及其传统汉文化艺术的大融合,外来印度佛教和域外其他教派文化艺术与中华民族文化艺术的大融合,形成胡汉一家、中西合璧、国际大开放、大交流的历史局面。龙门石窟艺术从一个侧面,反映出这一历史时期的时代风貌。

三、龙门石窟的艺术价值

(一)是中国民族传统艺术与佛教艺术相结合的产物

在面部特征上,龙门石窟诸佛像都是中原人面貌的再现,甚至有的就是以某个具体帝王为模特而塑造的。如众所知,佛教产生于印度。佛徒们所崇拜的偶像都来自于佛经故事。既然佛经产生于印度,那么,佛经中的人物就应当是印度人的形象,这是不难理解的。然而,出现在龙门石窟中的佛教却是中国人的面型,而且随着营造者的变化,面型也发生变化。比如,北魏统治者主持开凿塑造的佛像,其面容造型都是脸形略长,眼若纤月,眉如半孤,鼻翼丰满,嘴角略向上翘,呈微笑状,显然这是鲜卑族人的形象。唐朝时期塑造的佛像就不同了。唐朝的统治者是汉人,所以,其石像面部就成了典型的汉人型。如奉先寺中的卢舍那佛。古往今来,人们几乎一致认为,这是以武则天为模特塑造的,该像面容丰满秀丽,微露笑容,双目宁静含蓄,眉弯似新月,是典型的汉族中年妇女。

在服饰上,龙门石窟诸石像的穿着一直随着营造者服饰的变化而变化。早在云冈石窟石像的塑造中就表现了这个特点。云冈石窟是北魏人迁都洛阳之前营造的。昙曜五窟是云冈石窟的第一期工程,也就是北魏人最早开凿的石窟。这些石窟中的佛像或者袒露右肩,或者是两个肩膀对称地满披着袈裟。从衣纹看,似乎是毛质衣料。这是当年犍陀罗国(今巴基斯坦和阿富汗一带)和中亚一带民族的服装。这说明,北魏早期塑造的佛像还较多地保留了外国的佛教艺术,改造的程度不如之后。而自从孝文帝提倡汉化,连服装也要求淘汰鲜卑样式以后,云冈石窟中第5、第6窟的释迦牟尼佛像和诸位菩萨便率先"响应",穿"起了当时南方汉族地主阶级穿的所谓"褒衣博带式"的礼服。有的菩萨则上着帔帛,下穿大裙,穿的明显是汉族地主阶级的便服。石窟雕塑的供养人及赞助者的芸芸众生的形象也是这样。早期,石窟中供养人皆穿着夹领小袖的胡服,在佛面前唯唯诺诺。到了后期,供养人都身着长袍,雍容华贵,前呼后拥了。北魏在龙门石窟中塑造的佛像同云冈石窟后期基本相同。

在造型上,龙门石窟中的石像仿佛都是现实中的君臣,更加世俗化了。石像雕刻既然以佛经故事为题材,似乎就应塑造佛的世界。然而,事实上许多群像雕造却与现实十分相近。

总之,龙门石窟的营造艺术,虽然是源自印度,但它从一开始就不是印度石窟寺艺术的模仿或翻版,而是融汇中外雕塑艺术、有自己民族特色的再创造。它从一个侧面表现出中华民族自古以来善于学习、吸收其他民族的优秀文化精华,从而不断地创造、发展民族新文化、新艺术的优良传统。

(二)在雕塑艺术发展史上具有重要地位

龙门石窟前后共营造了1000余年。其中集中营造时间为150余年,亦即北魏进行的第一次营建高潮,历时40余年,和唐太宗、唐高宗、武则天、唐玄宗在位时期进行的第二次营建高潮,历时110余年。1000余年的营造史俨然就是一段雕塑艺术的发展史。

首先,在刀法上,龙门石窟石像的雕塑经历了一个从平直刀法向圆刀雕刻的演变过程。云冈石窟的石像,多是雕工们采用平

第四章 气势恢宏之龙门石窟艺术

直刀法雕刻而成的。这种方法,概括洗练,但形体衣褶棱角生硬,似乎与人世还隔着一条不可逾越的鸿沟。龙门石窟营造的前期,仍然保持着这种手法。但后期则不同了,在后期,雕刻的手法已由平直刀法演化为圆刀刀法。圆刀雕刻使形象本身和衣褶的生硬棱角转折消失。这就给人以亲切的世俗化之感,似乎与人间的鸿沟已经缩小。

其次,在造像风格上,龙门石窟完成了从粗放洗练向入微写实艺术境界的过渡。云冈石窟,以及龙门石窟早期石像的雕刻,多带有奔放粗犷、大体大面、概括洗练的风格。有人分析这或许是鲜卑少数民族本身固有特点的反映。但后期,造像风格有了变化。粗放洗练的风格逐渐为精细入微、一丝不苟、趋向写实的风格所代替。例如,宾阳中洞的佛、菩萨造像就体现了这个风格特点。用这个风格雕塑的中央坐佛,神态自然生动,流露着神秘的浅笑,于严肃中表现出和蔼慈祥的神态。特别是两只手的雕刻,令人感到与真手一样,使坚硬的顽石变成了活的肌肉。这一变化可以看作是北魏统治者推行汉化政策,并有意接受汉民族艺术传统的结果。

再次,在总体构思上,龙门石窟存在着一个由想象走向表现生活的发展轨迹。石窟是佛教地庙的一种形式,所以石窟石像的组合自然要反映天国境界,具有一种想象的神秘色彩,早期的石窟构思即反映了这一特点。后期,特别是唐朝的石窟构思就变得与现实生活接近了。比如前文曾分析过的奉先寺卢舍那佛实际是武则天的化身,弟子阿难、菩萨、天王、力士等都能在现实中找到影子。就是说,表面上它也仍然是天国世界,但实际上却是现实的反映。

龙门石窟的这些艺术成就,使其成为典型的中国式佛教石窟艺术,并影响到了周围的石窟营造,甚至波及边远地区,成为中国石窟寺网的中心点。诸如巩义石窟寺、浚县千佛洞和摩崖大弥勒佛、新安鸿庆寺、陕县温塘石窟、伊川石佛寺以及偃师水泉石窟等,都是受龙门石窟雕塑艺术直接影响的产物,甚至可以说是龙门母窟的子窟。其中巩义石窟寺的伏填王像,基本上是按照龙门伏填王的模式营造的。浚县大伾山善跏趺坐的摩崖大弥勒佛也是龙门期弥勒佛的模仿。四川乐山大弥勒佛和甘肃炳灵寺大弥勒佛也是如此。敦煌莫高窟248窟是北魏末或西魏的洞窟,窟顶飞天颇似龙门古阳洞的风格正因为龙门石窟在雕塑艺术发展史上具有如此成就,所以,龙门石窟艺术一直受到国外艺术界的重视。

最早注意到龙门石窟艺术成就的是法国人鲁勃兰斯·兰格。光绪二十五年(1899年),兰格访问龙门。回国后第三年,兰格发表了访问龙门的报道。该报道立刻引起各国的注意。法国人沙畹借了几份照片、拓片,参照《魏书》《河南通志》《金石萃编》等史籍,写成了龙门石窟的概要,发表在《亚细亚学报》上。光绪三十二年(1906年),日本人伊东、冢本和平子来到中国,对龙门石窟进行了为时40天的调查。冢本的报告在《东洋学艺杂志》第二十五、二十六两卷上发表。光绪三十三年(1907年),法国人沙畹也来到龙门石窟,考察12天,写成报告发表在《北中国考古图谱》上。稍后,日本人关野贞和常盘大定也游访龙门,后在合编的《中国佛教史迹》一书中,介绍了龙门石窟的概况。1918—1921年间,瑞典人阿斯瓦德·西兰考察了龙门石窟,其考察报告收入在他的《中国雕刻》一书中。1923年,日本人泽村和岩田也曾对龙门石窟做了较详细的调查。

1936年,日本人水野清一和长广敏雄等,也来到龙门石窟,调查6天。他们回国后,综合日本、欧美学者的报告,并参照我国的有关史籍文献,完成了《龙门石窟的研究》一书。这是外国人研究龙门石窟的一部著作。

外国学者对龙门石窟广泛注意和考察研究本身,表明了龙门石窟在世界雕塑艺术发展史上占有重要地位,并产生了深远影响。

(三)在书法艺术史上具有里程碑意义

清人武亿《伊阙诸造像记》曾说:"龙门不仅为石镌佛场,亦古碑林也。"就是说,龙门石窟不仅有大量雕塑精美的石像,也有

第四章　气势恢宏之龙门石窟艺术

大量的记述修建石窟和雕琢佛像时间及缘由的碑碣石铭。据统计,龙门造像题记和其他碑碣约3600多块。这当中有相当一部分都是书法珍品。特别是北魏时期的碑碣石铭。它们不仅本身具有极高的观赏价值,更重要的是,它们在书法艺术之园,开辟了新的天地,也就是创造了一种新的字体——端正大方、刚劲质朴的魏碑体。

龙门石窟所形成的魏碑体以"龙门二十品"为代表。所谓"龙门二十品",就是指古阳洞和老龙窝崖壁上的20块造像题记(其中19块在古阳洞)。"龙门二十品"的字均为方笔书写,字的转折、撇、捺都见棱见角,字形朴拙,结构紧密,极其硬挺有力。康有为曾对魏碑大加赞赏,他说:"魏碑无不佳者,虽穷乡儿女造像,而骨血峻宕,拙厚中皆有异态;构字也紧密非常。"他还给魏碑总结了"十美":魄力雄强,气象浑穆,笔法跳越,点画峻厚,意态奇逸,精神飞动,兴趣酣足,骨法洞达,结构天成,血肉丰美。

以"龙门二十品"为代表的魏碑体,虽说不像南朝楷书那样代表了书体发展的方向,但它也毕竟顺应了北方历史发展的必然趋势,比较缓慢地在隶书特别是晋隶的基础上有所改进,形成了具有独特风格并且相当成熟的魏碑体。尽管魏碑体保留了较为浓厚的隶书味道,但也孕育着楷书的新因素,显示出向楷书体过渡的兆头。

(四)为研究提供了珍贵的资料

龙门石窟为研究北魏至唐宋这一时期的服饰、乐舞、医药、建筑的历史提供了珍贵的资料。

首先是服饰。龙门石窟石像中,既有佛经故事中的人物,也有现实中的俗人。而现实中俗人形象的出现,就给后人留下当时的服装样式。比如,宾阳中洞有两幅著名的浮雕作品,即帝王礼佛图和帝后礼佛图。这就出现了皇帝和皇后的形象。有学者对画面作了这样的描绘:"画面上分别以孝文帝和文昭皇太后为中心,前簇后拥,组成南北相对的礼佛行进队列。前者南向,二侍者执仪仗前导，孝文帝戴冕旒，持薰炉，泰然自若，一双髻童子添香，二侍者扶侍，左右又二侍者执羽葆，中一侍者擎宝盖，缀以旒苏。孝文帝身后10余侍臣紧紧跟随，延伸至北壁的队伍中，一侍臣手持莲花，后者北向，文昭皇太后头饰华冠，迎面一女侍捧薰炉，身侧有持莲侍女，身后有随从女侍10余人。队列最后，即延伸至南壁中分，尚有二女侍持羽葆。"图中，皇帝、皇后以及侍者、侍臣、童子形象的出现，就成了后人研究北魏服饰的重要资料。

　　古阳洞还有一幅贵族妇女礼佛图。其画面的内容是：前导的披袈裟的比丘尼之后，跟随着长裙曳地的贵族妇女二人，前者捧薰炉，后者捉香袋，背侧依次有双手擎宝盖的双髻侍女，身后依次有拱手的双髻侍从9人，皆长裙曳地，鱼贯行进。

　　龙门石窟中也提供了唐代武将和武士的形象服饰。中原墓葬中的三彩武士俑显示：唐代将士戴的胄即兜鍪，类似现在说的头盔。唐代将士身甲的前胸和后背左右，各有一面大圆护，在腹部还专设一面护脐的圆护。此外，颈有颈护，肩有披膊。身甲下缘，中间垂缀一片鹘尾，护住下腹和前裆；左右各垂着一片膝裙，护住两条大腿。在小腿上，则缚有吊腿。这种甲饰，大体上是沿袭魏晋南北朝以来的铁铠——明光铠的形制演变而成的。由于编缀起来的甲片颇似动物的鳞甲形状，唐代诗人李贺曾以"甲光向日金鳞开"的诗句加以形容。在龙门石窟中，唐代所雕塑的天王形象恰恰反映出了这番装束。正如有的学者指出的那样，"龙门的天王形象实际上就是唐代高级将领的写照。"当然，也不是完全相同。雕塑者为了标明天王有别于世俗将士，也附加一些装饰。例如奉先寺大卢舍那像龛的天王，除了身着铠甲的特点外，无胄，有束发头饰，腹部饰一铺首，左右肩和两臂各饰一飞禽形象。也就是说，雕塑中的天王与世俗中的将士的区别只是在于有无头盔和头光。有头盔无头光者为武士，无头盔有头光者为天王。

　　龙门石窟还提供了唐代胡人的服饰。莲花洞外壁唐太宗贞观二十年（646年）张世祖造像小龛的西侧有三个供养人。前头一男供养人头戴幞头，身着圆领长袍，革带束腰，足穿长靴，手持

第四章　气势恢宏之龙门石窟艺术

薰炉。两个女供养人皆窄袖襦衫,齐胸长裙曳地,与今朝鲜族妇女衣裙相似。资料显示,这三个人都是胡服打扮。所有这些服饰都为后人研究当时的服饰提供了参考资料和例证。

其次是乐舞。我国的乐器历史比较悠久,也比较发达。但由于王朝更替频繁,每代统治者都有其不同的倾向、好恶,所以,有些乐器都已经失传。但从龙门石窟的造像中,还可以见其形象。唐代营造的万佛洞南北二壁万佛以下的壁基部位,各有一条高35厘米,长540厘米的伎乐装饰带,并且各有五乐伎,一舞伎。南壁自东向西,依次为吹奏(破损难识)、吹笙、击铜钹、弹琵琶、弹筝的坐部乐伎和伸臂踮足、翩翩起舞的舞伎。北壁自东向西依次为跽坐奏乐(乐器半残)、吹笛、击腰鼓、击铜钹、弹竖箜篌的坐部乐伎和长裙曳地、扭腰抚首的舞伎。《文献通考》卷129说:"元宗初……分乐为二部,堂下立奏谓立部伎,堂上坐奏谓之坐部伎。"可见,万佛洞伎乐图是参照唐初以来的坐部乐伎而雕刻的。在此造像中,留下了现已失传的箜篌等乐器的形象,为今天人们研究古代乐器提供了真实的资料。

再次是医药。龙门石窟中的药方洞洞口过道两侧刊刻了140个药方。这些石刻药方记录了我国古代医药学的成就,对于研究医药史具有重要价值。

我国古代石刻药方,见于名家著录的有西岳莲峰的《固齿方》,广西刘仙岩的《养气汤方》,邕州宜化厅的《疗病方书》、桂州馆驿的《集验方》,陕西耀县五台山的《千金宝要碑》等。但这些都是宋、明时代的刻石,远不及龙门石窟药方洞的石刻药方年代久远。

据考证,药方洞开凿于北魏晚期,历经北齐,至唐代初年还有小型龛像雕造,共约200年。洞内药方基本为北齐时期刊刻的。

最后是建筑。龙门石窟中,还有丰富多样的古代建筑资料。如形态各异的佛塔,各有千秋的龛额结构以及歇山式、庑殿式、四阿式等的营造法式。以佛塔为例。龙门石窟有为数众多的佛塔。据统计,两山至少有40余座。除了唐代的圆雕四层方塔和三层圆塔外,其他北魏到唐代的佛塔,均为浮雕。

塔源于印度,最初的塔是埋葬佛体或僧尼的纪念性建筑物。中国的佛塔最早出现在三国时期。从北魏到宋、辽、金,这六七百年间是我国造塔风最盛的时期。我国早期的佛塔为木制结构,后逐渐为砖制结构代替。但不管是木制塔,还是砖塔,这一时期所建佛塔存在至今的已寥寥无几。然而,从龙门石窟的浮雕塔中,人们却能窥知这一时期塔的风格、塔的形态。因此,龙门石窟为后人研究古代佛塔提供了丰富资料。

龙门石窟中营造最早的佛塔当为古阳洞南壁的三层浮雕塔。这是一座仿木结构的楼阁式塔。从一层到三层都有一个小佛龛,即释迦牟尼坐像、释迦牟尼和多宝二佛并坐以及交脚弥勒佛。每一龛外,又各有二菩萨胁侍。这座塔是象征埋葬遗骨的墓塔。

龙门佛塔几乎都是唐代的,从塔型来看,有二层塔、三层塔、四层塔和五层以上的多层塔,有楼阁塔和密檐塔。宾阳南洞北壁和东山香山寺下方崖壁都有三层塔。石牛溪北侧有一座四层塔,还有两座五层塔。破窑与魏字洞之间上方以及清明寺洞口外南壁,也各有一座五层塔。石牛溪上方崖壁有三座六层塔。破窑北壁和药方洞洞口外南壁各有一座七层塔。此外,石牛溪北侧,有一座雕饰华丽、规模较大的三楼阁塔。双窑洞外龛壁中央和奉先寺大卢舍那像龛下方崖壁,各有一座七层的密檐塔。北市丝行像龛(王祥洞)北面一洞窟两侧,也各有一座七层的密檐塔。龙门石窟关于塔式建筑的历史资料正是通过这些塔体现出来的。

第二节 龙门石窟的设计风格

龙门石窟主要开凿在北魏迁都洛阳以后至盛唐年间,此间的龙门造像可初步分作四期。其中一期和四期是盛期,三期是过渡期,二期是衰期。龙门中唐造像大为减少。晚唐以后,造像活动基本上一蹶不振,是龙门石窟的尾声,故作为五期,与二期同类,

第四章　气势恢宏之龙门石窟艺术

这里不做论述。龙门石窟的设计风格归纳起来如下。

一、第一期的设计风格

第一期为北魏孝文帝太和十二年至孝明帝时期（488-528年）。

这一期似乎还可以分为孝文、宣武以及孝明两个阶段。

孝文迁洛之前——太和十二年的古阳洞比丘慧成为亡父始平公造释迦像龛，以及魏字洞和破窑之间无纪年的交脚弥勒像龛，无论就造像的内容、样式还是造像背光的高浮雕而言，其艺术作风都明显地保留着云冈石窟的特点。迁洛后的孝文、宣武这个阶段，主要开凿了古阳洞主像一佛、二菩萨和南北壁上中层列龛，还有宾阳三洞。

孝明这个阶段，继续开凿了古阳洞下层交脚弥勒列龛，完成了宾阳中洞，还开凿了火烧洞、莲花洞、皇甫公窟、魏字洞、普泰洞、药方洞、唐字洞、赵客师洞等。

这一期洞窟的形制和造像题材内容，大体上继续云冈一期昙曜五窟那种马蹄形平面、穹窿顶的草庐形式，且多为莲花藻井；造像主要是二世佛或释迦一铺。其组合多为一佛二菩萨或一佛二弟子二菩萨二力士。前者如宾阳中洞、慈香窟、六狮洞等。

这一期飞天大体上有三种类型，一类如露天交脚弥勒像龛背光伎乐天、宾阳中洞窟顶藻井供养天，皆身胖壮、笨拙，袒上身，帔帛，短裙裤贴体，赤脚，有飞不动、飘不起之感，似云冈一、二期；一类如宾阳中洞窟顶伎乐天、古阳洞飞天和莲花洞供养天等，皆束发，佩戴项饰，裸上身，身躯拉长扭动变形，帔帛飞舞，长裙贴体裹住腿脚，飘曳若飞鸟羽尾，似云冈二期靠后和三期；还有一类，唯独古阳洞南壁孝明时期佛龛盝形龛楣浮雕飞天，长裙张开作喇叭状，裸露出双脚脚掌。

龙门还出现汉魏以来分层分段附有榜题（或者说题名）的壁面布局，以及我国传统的建筑形式和装饰图案，这与云冈二期也基本上是一致的。特别是宣武、孝明时期，佛像衣褶层叠稠密，龛楣诡形奇制。

龙门北魏造像的逐渐汉化、世俗化，一方面直接继承并发展了云冈一期的孑遗；一方面又受到中原地区和南朝汉文化艺术的影响和陶冶，像民族融合一样，各方的文化艺术也相互融合了。

这一期在雕刻手法上，迁洛后明显地看出从云冈一期的平直刀法向龙门圆刀刀法过渡的趋势，并且艺术风格从云冈的奔放、粗犷、大体大面、概括洗练、富于幻想的神秘色彩向龙门的精细入微、一丝不苟、趋向写实的艺术境界过渡。

二、第二期的设计风格

第二期为北魏孝庄帝至东魏孝静帝、西魏恭帝时期（528—557年）。从这一期的造像看，规模显著变小，数量显著下降，没有一个有纪年的洞窟。就其造像风格看，普泰洞有可能是北魏晚期续成其功的，路洞有可能是东魏开凿的。有纪年者，均为小龛，并且大都是在龙门一期营造的洞窟壁面上增刻。龛的形制和一期大致相似，但不如一期的龛饰富丽豪华。龛的尺寸一般也较之一期为小。

造像题材内容，除了基本上继续一期较多的释迦、交脚弥勒和观世音菩萨外，也还有多宝和无量寿。路洞内仍有似宾阳中洞的护法天形象。值得注意的现象是，观世音菩萨处在本尊位置的小龛开始出现。

这一时期，洛阳几遭战乱，北魏分裂，国都分迁邺城和长安。尤其是侯景之乱，使洛阳受到浩劫。在极度动乱的条件下，由于东、西魏交互控制洛阳，皇室贵族无暇也无力再营造大型窟龛，随着国势的衰败，龙门石窟的造像活动也黯然失色了。能够看到的是东、西魏交互的小型造像遗迹。

三、第三期的设计风格

第三期为北齐文宣帝至隋炀帝时期(500—618年)。这一期的龙门纪年造像却是屈指可数。从北齐纪年造像看,基本上都是释迦。因北齐纪年造像均为就旧有洞窟增开小龛,雕造三世佛这类较为复杂的造像也确有困难。不过,今观药方洞的主像释迦一铺(一佛、二弟子、二菩萨、二力士)的形象特点,有可能是北齐的遗迹。

四、第四期的设计风格

第四期为唐高祖至玄宗时期(618—756年)。

这一期是龙门造像时间最长、规模最大、题材内容也更为丰富的重要时期。可划分为三个历史阶段。

第一阶段为唐高祖至高宗永徽年间(618—655年)。从这一阶段的大量纪年造像龛看,反映出宗教信仰的明显变化:一是阿弥陀显著增多,释迦却显著减少;二是善跏趺坐、着佛装的弥勒显著增加,交脚弥勒消失。其衣着大多为褒衣博带式袈裟,通肩式袈裟也有一些,而右袒式偏衫极为少见。

这一阶段本尊的衣着,结跏趺坐佛多为着双领下垂袒胸褒衣博带式袈裟,也有少数着通肩式袈裟。善跏趺坐的弥勒佛,着双领下垂袒胸褒衣博带式袈裟或通肩式袈裟。

此时佛像衣饰较前三期更为写实,衣褶层叠的密度也大为减少,圆刀刀法的使用已相当普遍,只是造型、比例还不够成熟适度。除善跏趺坐佛为简单的高方座和叠涩方座外,结跏趺坐佛贞观时为高方座,有刻板的单尖莲瓣。永徽时出现叠涩束腰八角座,饰以双圆莲瓣。立佛和立着菩萨为低圆覆莲座,或雕出刻板的单尖莲瓣。总之,从永徽始,佛座演化已呈现出束腰化、圆座化的趋势。尤其是结跏趺坐佛座将变成仰覆莲束腰须弥座。

这一阶段的窟龛形式,大窟仍为马蹄形平面,小龛则为半月形。

第二阶段是武则天立为皇后至武周时期(655—704年)。此间龙门开窟造像的热潮达到顶峰,也是龙门石窟在规模上和艺术成就上的鼎盛期。

这个阶段的纪年大、中型窟龛较多。另外,还有一些三世佛、千佛、释迦、观音、药师和地藏菩萨窟龛。此外,这个阶段还出现东山的四雁洞。这个中型洞窟窟顶莲花藻井环绕四个飞天和四只飞雁。雁腿长似鹤。佛经中曾有以五百雁比喻五百罗汉的故事。这里雕刻四雁,大概也是用寓意手法,以雁比喻罗汉的。洞内无佛造像,后壁为一高坛。或许坛上原有可以移动的圆雕佛像,或许空而不置。

这个阶段本尊的衣着,结跏趺坐佛许多着袒胸双领下垂褒衣博带式袈裟。这一阶段的菩萨,立式类均袒上身或着内衣,下身着裙。大体上咸亨至上元前仍戴宝冠,嗣后宝冠被高发髻取代。由部分袒上身到多袒上身,下身皆着裙。帔帛由两肩下垂于腹、膝部形成两道弧形下垂再上卷搭臂肘外垂之。

总体来说,这个阶段是龙门造像的成熟期,代表了唐代中国雕刻艺术的最高水平,达到形神兼备的艺术境界。圆刀刀法的运用得心应手。结跏趺坐佛有叠涩束腰八角须弥座,饰以较写实的双圆莲瓣。有些束腰八角部分还浮雕负重力士或天王。还有一种华丽的仰覆莲束腰须弥座也相当普遍。在一些小窟中还出现有梗一莲佛、三莲佛和五莲佛。

第三阶段是唐中宗至唐玄宗时期(705—756年),造像的规模和数量远不如一、二阶段,从这个阶段的纪年造像龛看,弥勒大为减少。阿弥陀(无量寿)、三世诸佛、释迦、地藏、观音都有一些。造像的类型、风格特点和窟型大体上延续第二阶段的作风。

这一阶段最突出的现象是密宗颇盛。擂鼓台北洞是典型的密宗洞窟。窟作穹窿顶,有莲花藻井,造像为三佛二菩萨。主佛毗卢舍那佛(大日如来)着菩萨装,头戴有化佛的宝冠,右袒,佩戴项圈、璎珞、臂钏、脚环等装饰品,结跏趺坐于束腰须弥座上。左右两侧倚南北二壁二坐佛胁侍。洞口内南侧为八臂观音,北侧为四臂观音。擂鼓台北洞也有可能开凿在武周时期。陈列在擂鼓台院内石刻长廊里的几尊圆雕毗卢舍那佛像,造型、装束与北洞主佛相同,据说是后来从附近木结构寺院迁移来的,曾放置在擂鼓台中洞与南洞内。

安史之乱以后,龙门造像已是屈指可数。唯独德宗贞元七年观音菩萨龛,规模比较大一点,除继续武则天、玄宗以来的服饰特点外,形象显得臃肿笨拙,说明龙门石窟已是日暮途穷了。

第三节　重点洞窟赏析

龙门石窟中的众多窟洞,大多分布在伊河西岸的龙门山上,其中,最有代表性的窟洞有古阳洞、宾阳洞、莲花洞、药方洞、万佛洞、奉先寺大像龛,等等,这些著名的窟龛分别是在不同时期开凿的。

一、古阳洞

古阳洞古阳洞坐落于龙门西山南部的崖壁上,是在一个天然石灰岩洞的基础上开凿而成的,是龙门石窟群中开凿较早的一个窟。古阳洞也是北魏皇室集中开窟造像的一个区域,先后有多名皇帝、妃子以及将军和官吏在此开龛造像,这也造成洞内佛龛和各式造像多种多样,是一处集中展示我国古代石窟造像的艺术宫殿。

从北魏迁都洛阳,到唐高宗时其间约190年的时间,是古阳洞由一个天然溶洞到一座艺术殿堂的历史。在龙门石窟大大小小的所有窟中,内容最为丰富多彩的就是古阳洞,而且洞窟的规模也很大,高10米多,进深10米左右,宽约7米多。

古阳洞,本名"石窟寺",明、清时期改名为"古阳洞",又因洞内的本尊释迦牟尼佛被道徒包泥改塑成太上老君的形象,又称

"老君洞"。在表现手法上,窟中的石雕比丘慧成造像龛和露天交脚弥勒像龛,与云冈后期雕刻相连接(图4-2)。

图4-2　古阳洞中的石雕[①]

呈马蹄形平面的古阳洞,为穹窿顶,里面没有设莲花藻井。本尊释迦牟尼佛结跏趺坐在方台座上。释迦牟尼佛,面相长圆,略带微笑。内穿僧祇衣,外披双领下垂式袈裟,衣褶层叠,右膝部分残损。背后是莲瓣形背光和圆形头光。火焰纹莲瓣形身光,直抵窟顶。左右两侧分别有一个站立的菩萨,头戴花蔓宝冠宝缯斜向上复又折下,面相较清秀。袒上身,下穿裙子,裙褶层叠,纷披而下。披帛自两肩头斜下交叉于腹前圆环中,再下垂然后又上搭于肘部,光着脚站在覆莲座上。左边的菩萨左手上举,右手拿宝瓶。两尊菩萨仪态风度均庄严、文静。都有内圈莲花纹外圈有许多飞天,以联珠纹为界的圆形头光,还有莲瓣状火焰红背光。

图4-3所示为古阳洞中的主尊释迦牟尼像,高约6米,左右各有一尊约4米高的胁侍菩萨,大约在北魏孝文帝太和年间修造完成。主佛虽然身着双领下垂的宽大衣襟,但其两旁胁侍菩萨却袒露上身,可见当时造像风格还在一定程度上受西域风格的影响。

---

① 图片来源于:https://www.sohu.com/a/202541236_154879

第四章 气势恢宏之龙门石窟艺术

图4-3 主尊释迦牟尼像[1]

二、宾阳洞

宾阳洞位于龙门西山北部，它是龙门石窟中继古阳洞之后所开凿的第2大窟，是北魏时期开凿的窟洞，开凿时间在北魏孝文帝迁都洛阳以后，因此，属于龙门石窟中的早期洞窟。同时，宾阳洞也是北魏在龙门石窟开凿的最有代表性的洞窟之一。

魏孝文帝在太和十年（494年）迁都洛阳，在伊阙开凿石窟寺，也就是今天所说的古阳洞。500年宣武帝即位，当年便在石窟寺附近为父母（孝文帝和皇后）营造洞窟。据考证，洞窟原本计划凿在现宾阳洞的上方，但因位置过高无法短期完工，故而改在现宾阳洞位置开凿，但直至宣武帝死也只完成了宾阳中洞。后来，胡太后（宣武帝妃）专政，负责开凿宾阳洞窟的刘腾等人将她幽禁，但太后在刘腾死后重新得到权位，不但将刘腾暴尸，还将刘腾经营多年的宾阳三洞也废弃了。

隋代时继续开凿南洞。唐代初年才最终完成南北二洞。不过，

---

[1] 图片来源于：http://www.mafengwo.cn/poi/11848.html

现今所说宾阳洞主要是指宾阳中洞。

洞窟外门楣的上方雕有尖拱火焰纹,下方则是在弧形装饰带内雕忍冬纹,忍冬纹下边还有龙形装饰物,龙的两只爪子正站在古希腊式的柱子上。可惜柱身早已塌毁,现在只剩下了南侧的柱头。洞口两侧的屋形龛内,各有一个高浮雕的力士,南侧力士已经风化剥落,北侧的力士现在保存较为完整。

20世纪70年代末,宾阳洞的清修砖券门洞被拆除,洞口过道的原貌便显现出来:过道顶端有两朵浮雕莲花,南北两侧自上而下有一供养天和二供养菩萨浮雕,其下为三头四臂的护法天浮雕。

其中的护法天浮雕南北各一。南侧的护法天,头戴铺首盔,左上手按三股叉,下手拿摩尼珠,右上手握宝剑,下手操金刚杵。胸腹部分的左侧有兽面护和人面护,右侧身体残损。护法天的脚下踩着一个夜叉,不过风化剥蚀过多。而北侧的护法天,因为风化剥蚀过多,只剩下铺首盔和左上手握的金刚杵,以及下手所持的一个残损的棍状的法器,另有残存的部分披帛可以辨认。从这些仅余的残迹上看,这尊护法天的形象与南侧的相仿。宾阳中洞的两个护法天形象,是八部护法中的"天"与传统艺术中的神怪相结合的产物。

宾阳洞中窟洞的平面大体是马蹄形,洞窟的深度约9米多,宽约11米,高约9米多。主尊造像释迦牟尼坐在须弥座上,脸形上下略有点长,眼睛像纤月,眉作半弧,嘴角略上翘。两肩宽厚,身穿衣博带式袈裟。这种造像艺术风格和服饰上的变化,是孝文帝改制的结果。这是中国佛教艺术进一步民族化的表现。释迦佛的左右是摩诃迦叶、阿难陀两个弟子。释迦佛座前左右各有一只蹲狮,蹲狮侧着身子面对护法,形象也有残损。释迦左侧的迦叶是一个持重的老者形象,正拱手站立在莲台上;而右侧的阿难,则是一个活泼开朗的青年人。两弟子的外侧是文殊、普贤两位菩萨,也是手拿法器站在莲台上,他们面带笑容,头戴宝冠,身

第四章 气势恢宏之龙门石窟艺术

饰璎珞宝珠。洞窟的南北二壁各有一佛二菩萨像,佛是过去世燃灯佛和未来世弥勒佛,佛与两侧的两位胁侍菩萨像,其服饰和前边所说的释迦佛与菩萨相仿。

图4-4所示为释迦牟尼坐佛。此佛为隋代像,可见佛像已经初具唐代那种圆润而饱满的风格特点,其实这种转变早在北魏时期就已经出现了。在宾阳洞中所雕刻的主佛释迦牟尼是孝文帝迁都洛阳之后的作品,此时的大佛已经同图示大佛一样身着宽大衣袖的袈裟,而且佛像的头部、肩部也更加健美,显示出佛像的世俗化倾向。

图4-5所示为宾阳洞主尊佛手印。宾阳洞主尊为三世佛,即过去的燃灯佛、现世的释迦牟尼佛和未来的弥勒佛。这三佛的雕刻技法细腻而写实,通过放大的手部可以看到,就连佛像的手纹也进行了逼真的演绎。除此之外,佛像后部的岩壁上还刻满华丽的火焰状头光和背光,并以莲花和千佛装饰,将佛像映衬出雄伟的气势。

图4-4 释迦牟尼坐佛[①]

① 图片来源于:http://travel.qunar.com/p-oi719605-binyangdong

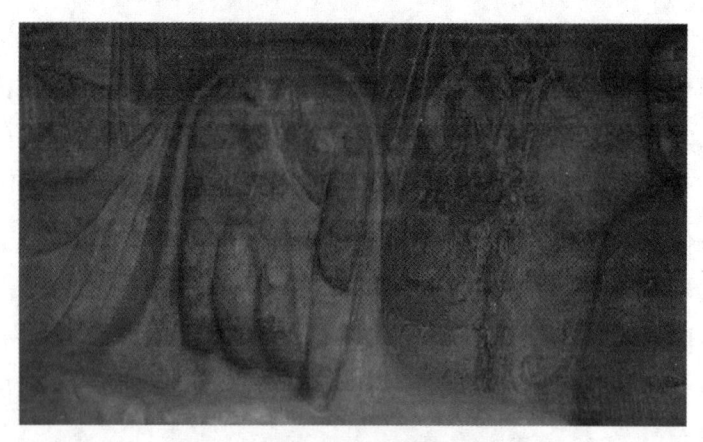

图 4-5　宾阳洞主尊佛手印[1]

图 4-6 所示为胁侍菩萨。这是宾阳洞主佛右侧的胁侍菩萨和弟子形象,菩萨与弟子的面部都敦厚而饱满,从脖子处的肉纹可以显见唐时风情。此时的菩萨与弟子像都穿着宽大的汉式服装,菩萨周身还挂着精美的璎珞。虽然胁侍菩萨与弟子所采用的雕刻手法很简洁,但左右胁侍菩萨与弟子全都嘴角微翘,露出和善的笑容,使佛像霎时生动了起来。

图 4-6　胁侍菩萨

---

[1]　图片来源于:王其钧,谢燕.石窟艺术[M].北京:中国旅游出版社,2006.

窟口内壁崖面上雕有上下四层浮雕,这些浮雕非常富有绘画特征。浮雕的最上层是维摩变,画面有二人对坐,维摩居洞口上方南侧,半卧在矮榻上,手拿着蒲扇,前后有妻妾侍女。文殊居洞口,上方北侧,唯合掌静听。前后有比丘、力士。维摩的形象虽然有所毁损,但从残存遗迹看,那逍遥自在的情态,显然是东晋、南朝时贵族的形象写照。

第二层浮雕为本生故事,有须达那太子本生、萨埵那太子本生,大多已毁损。第三层是皇帝礼佛图,几乎不存。最下层是十神王浮雕像,北南各有五个,雕像有些部分残损,只能从大体上辨认左为风神王、龙神王等,右边是山神王、珠神王和火神王等,他们的造型各不相同。这些神的形象是由人们想象出来,并把各自的特征加以强化、夸张而成。

总体来说,宾阳洞的雕像作品几乎占满了窟内壁面,非常完整,加之色彩艳丽,显得富丽堂皇。而这种浮雕风格是在大方中寓有精巧。

三、莲花洞

莲花洞是龙门石窟中开凿于北魏后期的大型洞窟,大概的开凿时间是在北魏孝明帝孝昌(525—527年)前后。莲花洞的位置在龙门西山中部偏南。

莲花洞窟的平面呈长方形,窟洞顶部较为平圆。窟顶藻井是一朵高浮雕的巨型莲花,非常精美,其型、其美堪称举世无双。在洞窟内的窟顶藻井以莲花作为装饰,在别的石窟里也有较多的表现,但是像龙门石窟莲花洞里这样硕大,而又使用高浮雕莲花图案的却是极少见。因此,说它是举世无双并不过分,也因此,这个洞窟能被后人直接以"莲花洞"来命名。

图 4-7　莲花洞内景①

如图 4-8 所示，莲花藻井以窟内巨大的石雕莲花藻井而得名莲花洞。巨大的莲花藻井共分为三层，最里层是带有齿轮装饰的莲蓬，莲蓬上还有水波纹状装饰。第二层围绕莲蓬四周雕刻双层莲瓣，而在莲瓣之外还雕刻了颇具西域风情的忍冬纹饰，给整个洞窟增添了一丝域外风情。

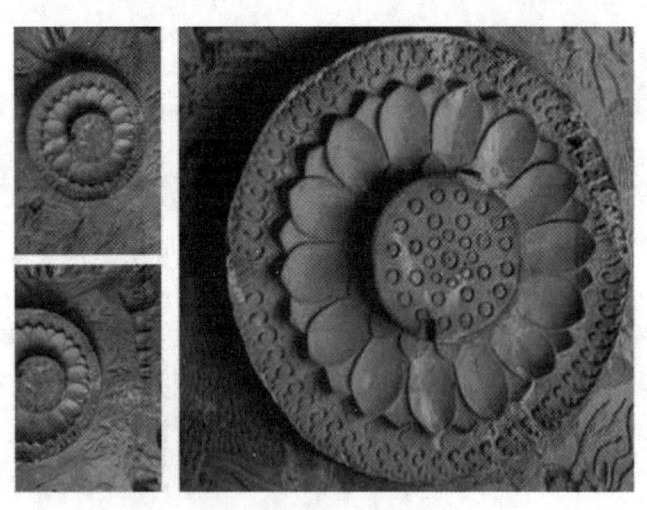

图 4-8　莲花藻井

在这朵巨大的莲花图案周围，围绕有六个供养天，也就是飞天的形象。飞天身体飞舞，衣袂随风飘动，他们优美的飞舞动作，

---

① 图片来源于：http://bbs.zol.com.cn/dcbbs/d167_84634.html

第四章　气势恢宏之龙门石窟艺术

与莲花一静一动,相互映衬,也使这个典雅的宝莲藻井生气盎然起来。这六个飞天是莲花的最外圈,飞天内是莲花瓣,双层,放射状展开,而莲瓣内则是凸起的莲蓬,是整朵莲花的轴心,莲蓬表面莲子纹粒粒可见。由飞天到莲瓣再到莲蓬,图案层层增高,也就是说中心渐渐突出,使莲花自然成为窟顶的焦点。这种阴刻的飞天形象还是比较新颖的。围绕中心的莲花藻井的六个飞天裙带飘逸,如悬浮于空中一般,而且由于采用了阴刻的独特手法,使其与突出的莲花形成对比,因此并没有被精美的藻井所覆盖,反而成为继藻井之后的第二个视觉重点。

莲花洞洞窟高 6 米多,宽度与高度相仿,进深则达 9.6 米。洞窟内的主要雕像是一组以释迦牟尼为主的群像,除了释迦牟尼外,还有二弟子和二胁侍菩萨。

主尊释迦牟尼像为立像,高 5 米多,跣足倚立在一个低矮莲台上,身穿褒衣博带式袈裟,衣褶明快,线条流畅。佛像雕刻的整体感颇强,在雕刻手法上近于圆雕。释迦的两侧立着二弟子迦叶和阿难。在二弟子的两侧,则是胁侍菩萨,菩萨头戴花冠,肩披帛带,并且肩上还有圆形饰物连缀着璎珞,一菩萨手执摩尼珠,一菩萨手拿莲花蕾。

五尊雕像的头光都是内饰同心圆双莲瓣,外饰火焰纹。但五尊雕像中,主尊和二菩萨都是近似圆雕,而之间的二弟子则采用薄浮雕手法,这是为了追求雕像在统一中的变化。

在莲花洞的造像中,释迦佛二弟子之中的迦叶的形象最富有特色。他的头向左侧,左手紧握禅杖,右臂抚膺,身穿一件厚重宽大的袈裟。他的额头出现层叠的皱纹,脖子上青筋暴露,裸露的前胸露出肋骨,这昭示了苦行高僧经过非凡的经历。而他那略上翘的嘴角挂着一丝微笑,这进一步烘托出了他的刚毅性格。

莲花洞两壁的龛楣、龛额装饰得非常丰富多彩。其中应属南壁下层自东向西的第二个佛龛最为突出。

这个龛的龛额是启开的帷幕,两侧是维摩变相图。维摩诘坐在床榻上,文殊坐在房舍内,外面有许多的比丘观看聆听。帷幕中央靠下是尖拱龛楣,尖上有四个供养天和四个伎乐天。尖拱中央有一个摩尼珠,二个供养天从天而降,会晤窃语。那飘扬的裙带和两侧弯曲的忍冬纹样,构成一个两边对称的图案。供养天和伎乐天两两相对,裙带当风,向中央靠拢。作者巧妙地使飞天有凌空飞舞的广阔空间,在构图巧妙的同时,画面又富有装饰图案的意匠。尖拱两侧下端,分别有一条前爪撑地的龙,嘴叼一枝莲花,形式基本相同,并且也基本对称。

这个龛内的中央是一个圆雕释迦佛坐像,背光两侧有佛传故事和飞天浮雕画面。其中,左侧树下刻有悉达多太子像,太子裸着上身,翘着右腿,坐在金刚宝座上,他的左手抚着右脚,而右手二指则指着鼻子,一冕服帝王在悉达多面前跪拜;右侧树下也是悉达多太子,且动作与左侧相似,一冕服贵族手捧熏炉跪拜在悉达多的面前。画面两侧还雕有舞动的飞天,极好地衬托了佛传故事,让画面更富有生气。这些浮雕形象,虽然被雕刻在坚硬的石壁上,但却被刻画得非常细腻生动,可见是颇有功力的。

此外,莲花洞还有几处造像碑记值得一提。一是在南壁靠近洞口处,刻有造像碑记的石碑碑头上还雕有蟠龙,可惜唐代开凿部分小龛时,将碑石破坏;二是在洞口北侧上方,有一块平面下凹的碑石,碑上刻《陀罗尼经》,字迹工整,但大部分被破坏,现存后刻的"伊阙"二字倒还能见到;三是在莲花洞北壁中央部位、北魏孝明帝时造的十六释迦像西侧,有镌刻《般若波罗蜜多心经》的石碑,而十六佛下偏东位置也有镌刻《般若波罗蜜多心经》的石碑。

此外,莲花洞中雕刻有以释迦成佛之前经历为题材的壁画,这是最为著名的一幅(图4-9)。图中释迦翘腿坐于树下,右手指鼻,左手抚脚,在他前面有头戴皇冠的国王带领一班侍从跪拜在他脚下,在他后面则有一个插莲宝瓶。关于这幅壁画所反映的情节,至今仍存在许多争论。

第四章 气势恢宏之龙门石窟艺术

图 4-9 佛传故事壁画[①]

四、药方洞

药方洞坐落在古阳洞北侧。因为这个洞口过道两侧刻有治疗疾病的药方而得此名。药方洞药方洞高约 4.1 米，进深 4.3 米，宽约 3.6 米，最早开凿于北魏孝明帝时期，至武周时期修造活动还在进行。药方洞窟内保存了大量各个年间开凿的小佛龛及佛像，但最有价值的还是北魏年间雕凿于洞窟内的 140 个药方，这种方法不仅将大量的古药方保存了下来，也为研究我国中医药的发展提供了重要的参考。据统计，药方洞中现有 147 个药方，其治疗范围涉及 30 多种病，而且这些药方中所使用的药材几乎都为当地常见和很容易便能找到的。有时针对一种病症还同时雕刻有几种药方，百姓可以依据病情和经济能力自己到药方洞中找到药方。这也可算得上是最早的公共服务性设施了。

窟内题记的造像小龛四十多处。药方洞本尊释迦牟尼佛结跏趺坐在高台座上，身穿褒衣博带式袈裟，袒胸，衣褶层叠下垂，不露脚。左臂弯肘前伸，右臂弯肘抬起前伸，手残毁。佛座中间有香炉，两侧分别有一只蹲狮。二位站立的弟子双手合十，二尊

[①] 图片来源于：王其钧，谢燕. 石窟艺术[M]. 北京：中国旅游出版社，2006.

菩萨显得很呆板。整体形象给人以臃肿笨拙的感觉，失去了北魏造像内在的美，同时又缺乏唐代造像的形体曲线美。

洞口外两侧两个护法力士姿态雄伟。窟楣上方正中，有两位金刚力上肩扛蟠龙碑首的摩崖巨碑。碑两侧分别有一飞天凌空飞舞。从艺术风格看，负重力士、飞天与窟内主像是同期造的。只有碑文是唐代重刻。但也有人认为药方洞主像也是唐代时期雕刻的。药方洞口两侧分别有一根分成四节的仰覆莲六角华柱，尖拱状的窟楣。这种华柱与响堂山的柱式毫无差异。北齐洞窟很重视窟檐、廊柱、窟楣和洞口的建筑装饰。药方洞的洞口的建筑装饰也很华丽。

这种装饰华柱，在我国传统建筑和印度阿旃陀石窟中早已出现过。

五、万佛洞

万佛洞位于龙门西山中部。它是一座分内外龛或者叫做是内窟外龛的洞窟，窟洞为方形平顶。这里所谓的"龛"和"窟"，本无严格差别，只是后人为了记叙方便而进行的区分：洞口小、洞内大的称为"窟"，而敞口的洞窟较浅的称为"龛"，这与用来设置佛像的龛是不同的概念。

万佛洞是一个唐代开凿的石窟，以其洞窟内南北两壁雕刻的15000尊小坐佛而得名。万佛洞内既有生动的佛像、精美的菩萨像，还有各式浮雕。此外洞内还有许多小龛和组群式造像，而且佛像背光、头光等处还有彩绘装饰，洞内繁多的佛像和生动的姿态、鲜艳的色彩，充分显示了大唐盛世富丽的造像风格。

万佛洞内的主要雕像群为一佛二弟子二菩萨二天王和二力士，此外还有二供养人和二狮子，这种造像的组合方式是典型的唐代式样，因此说万佛洞是一座典型的唐代造像组合窟。

主雕像群中的"一佛"是本尊阿弥陀佛，位于万佛洞窟内西

第四章　气势恢宏之龙门石窟艺术

壁的中央（图4-10）。佛像结跏趺端坐在束腰八角莲花须弥座上，高达4米。佛像左臂弯肘，手掌抚左膝，右臂弯肘上举，五指伸开，掌心向外，施无畏印。佛像的面庞丰满圆润，身穿褒衣博带式的袈裟，袒胸。整个形象显得格外安详、端庄。佛像背后有圆形头光，带有两重环纹，内环是绽开的莲瓣，外环是坐在莲花座上的七个小佛。

主佛像两旁分别有迦叶、阿难、观音和大势至菩萨四尊胁侍。但更为特别的是，在佛弟子与菩萨之间，左右还分别设置了一尊较为矮小的女供养人像，造像为唐代贵妇形象。将供养人的位置设置在如此显眼的位置上，也许跟这座石窟是由宫中女官主持建造，而且当时武则天与高宗并称二圣的历史背景有关。

阿弥陀佛端坐的须弥座的束腰部位，有四个接近圆雕的高浮雕负重力士，正用头顶和手托举着仰莲座。负重力士身体微微弯曲，两腿叉开，一脚踏地，一脚跟抬起，充满力量感，仿佛他们真的在用力气。因此，尽管力士被压得快要抬不起头，伸不直腰，但是却具有男性的阳刚之美。只可惜对应阿弥陀佛的左侧的一个负重力士的额头被砸去一块。

阿弥陀佛左右侍立着二弟子迦叶和阿难，站在仰莲束腰的须弥座上，头顶圆光，身穿褒衣博带式袈裟。阿难双手合十，神态安静，迦叶则曲双臂，双手置于胸前托着摩尼珠。二弟子两侧各有一尊身形较低矮、双手合十的女供养人像，也站在仰莲瓣须弥座上，身着宽袖大襦，长裙曳地，肩垂披帛，正是盛唐时贵族妇女的形象。

女供养人的两侧，就是南北壁西端的观音、大势至二菩萨，他们也立在仰莲瓣须弥座上，两尊雕像的头部与拿宝瓶和摩尼珠的左右手，有较为严重的毁损。

内窟东壁洞口内两侧，则立着脚踏夜叉、身披铠甲的天王各一尊。而外龛西壁，即内窟的外洞口两侧，则分别立有一个金刚力士，力士头部硕大，面现愤怒之相，并且握拳扭腰，给人感觉正有一种咄咄逼人的气势压来。力士身材短粗，浑身肌肉凸起，非常符合艺术解剖学的原理，这说明当时的雕塑艺匠对于人体的比例结构已有相当的了解。

内窟外龛除了这些主要的群体组合雕像之外，在内窟的南北两壁上还雕刻有多达15000尊的小坐佛，排列得密密层层，极有规律，似乎有千篇一律之感，实际上却有千变万化的意味。这上万尊的小佛，就相当于主尊阿弥陀佛的万千化身，当面对着阿弥陀佛的这万千分身化佛时，人们自然会产生对佛祖变化无穷的崇拜之感。这些南北壁上的万千小佛，同时也是"万佛洞"这个名称得来的原因。

另外，在南北两壁中央偏上部位，各有一个优填王像龛，这是唐高宗时期对优填王信仰、崇拜的遗痕。南北龛均有造像题记。

在万佛洞众多的龛像中，有一尊非常值得一提，这就是外龛南壁狮子浮雕龛上方的观世音像龛。根据龛侧的造像题记"许州仪凤寺比丘尼真智敬造观世音菩萨一区"等字样来看，这尊造像与万佛洞本身没有关系，但之所以特别一提，是因为造像非常精美。这是一尊观世音的立像，高不足1米，但身材比例适度，姿态曼妙生动，略微扭动的身体与微侧的头部，形成优美的曲线，左手执净瓶自然下垂，右臂上抬、弯至胸前，并持拂尘搭于右肩，造像在端庄含蓄中有变化，但不夸张，观音脸庞丰满圆润，体态丰腴，是龙门石窟唐代龛像的代表。

万佛洞的内窟顶部雕有精美的莲花藻井（图4-11），环绕有八个舞动的飞天。除了顶部的这些飞天之外，在阿弥陀佛坐像后上部的壁面上，还有52尊莲花供养菩萨像，姿态各异。他们与南北壁下部欢快舞动的乐伎和舞伎一起，让佛国净土变成了真正的"西方极乐世界"。

第四章　气势恢宏之龙门石窟艺术

图 4-10　阿弥陀佛像

图 4-11　莲花藻井①

在万佛洞西壁上雕刻有生长在几枝莲茎上的 54 朵盛开的莲花，除佛像背光两侧的莲花设置飞天外，其余 52 朵莲花上均有造型各异的菩萨一尊。这种一莲生多尊菩萨像的形式被称之为五通曼荼罗，其题材来自于古印度的佛寺当中，也是同类题材造像历史最为悠久的作品。

---

① 图片来源于：王其钧，谢燕. 石窟艺术 [M]. 北京：中国旅游出版社，2006.

六、奉先寺大像龛

奉先寺大像龛坐落在龙门石窟西山南部的山崖上,它不仅是龙门石窟的精华所在,而且也是唐代石窟艺术中的精华,可称得上是中国窟寺中艺术水平最高的一组石雕作品。

奉先寺是现存龙门石窟建筑群之一,也是龙门石窟的主窟,前临伊水,北倚西山。龙门石窟现存洞窟1300多座,佛龛近800个,佛塔39座,所造大小石像97000多尊,另有题记、碑碣等3600多块。相对来说,其中的奉先寺窟龛中所存并不多,却特别闻名,这主要是因为其中精雕细琢的佛像(图4-12)。而且奉先寺的环境非常优美,水崖相连,绿树拂岸,这样优美的环境也是这座窟龛闻名的重要原因。

图4-12 奉先寺窟龛一角[①]

奉先寺是为唐高宗李治、皇后武则天拜佛所修。因此工匠在设计时,专门为他俩祭祀的方便做了考虑。卢舍那佛前面的广场有30多米深,广场外是宽达9米的三道台阶,每一阶的高度仅十多厘米。据说,平时武则天到哪里都要有人给抬轿子,是不会轻易自己走路的,但唯独在拜佛时特别,一定要步行而绝不坐轿子,大概是为了显示她向佛的真诚之心吧。于是工匠便把龛洞前方的台阶设计得平缓一点,让她在上面行走时抬脚方便,不被磕碰,

---

① 图片来源于:王其钧,谢燕.石窟艺术[M].北京:中国旅游出版社,2006.

第四章 气势恢宏之龙门石窟艺术

免得伤着了女皇的凤体。

唐朝时,各种社会艺术活动都异常活跃,而初唐、盛唐又是唐代的鼎盛期,可以说这一时期也是各种艺术活动最活跃、最有成就的时期。那么,这种艺术氛围自然也表现在了雕塑上,即,反唐以前的呆板、僵硬,而变得生动写实,奉先寺这组佛像也表现出了这种特色。

唐代以前的石窟雕像比较呆板、僵硬,有的看上去就是一点儿也没有生气的石头或泥团。唐代以后,石窟寺艺术开始模仿现实生活中的人物,佛教石窟艺术呈现出世俗化的趋势。由于唐朝经济繁荣,丰满健壮、雍容华贵是美的标准,所以石窟雕像也表现出了当时人的这种形象特征。因此说,奉先寺这11尊雕像形象地反映出唐代人们的审美观。

奉先寺石窟中的主要造像是一组11尊的雕像群。其中的中心雕像是大卢舍那佛像,它是龙门石窟群中规模最大的一个。这11尊雕像为庄严的奉先寺增添了几分神秘的色彩。

奉先寺11尊雕像的配置是正面五座,两旁各三座。正中间的大像是释迦牟尼的报身像,称为卢舍那佛,高达10米多,仅耳朵就长达1米多。由于长年风吹日晒、热胀冷缩,卢舍那佛的双手双腿都已经塌毁了。卢舍那佛微微低着头,当你抬头看大佛时,会觉得大佛的视线随着自己而移动。加上看大佛像的人是仰视,而大佛是俯视,所以膜拜者会觉得自己的目光同大佛的目光连成线而产生错觉,觉得大佛格外亲切,使膜拜者更加敬慕大佛。

奉先寺主佛左右还雕刻有阿难、迦叶两大弟子,以及文殊和普贤两位菩萨的形象。立在大佛左侧的是迦叶,他的上身和头部虽然有所毁坏,但从残存的局部面容可以看出这位佛门大弟子是一位严谨持重、饱经世事的老和尚。大佛的右侧是阿难,他是一位温顺文静、天真可爱的小和尚。二弟子的两侧是文殊、普贤二位菩萨。现除迦叶像毁损严重以外,通过保存较好的三像可以看出此时造像的人物身材挺括而饱满,尤其是两位菩萨,头戴宝冠,表情凝重而平静,身着的天衣满挂璎珞,充分体现了唐代"菩萨如宫娃"的造像特点。

在 11 尊雕像中，服装最华丽的就是这两位菩萨的服装，璎珞珠宝盛装全身，但他们的表情宁静，丝毫没有炫耀的神态。

除各种佛像和菩萨像以外，最为精美的还有天王及力士像，天王手托宝塔，身着盔甲，脚下踏地鬼，呈现出一种勇猛无畏的气势。而力士则裸露着上身，显现出紧绷的肌肉，其面部表情狰狞。这些雕刻生动的天王与力士像与主佛和菩萨像形成了鲜明的对比，使整个大佛龛更加生动。

文殊、普贤外侧，两尊大将军模样的雕像是护法天王，他们分立在南北两侧，手托宝塔，脚底下各踏一个地鬼。地鬼在天王的脚底下还不善罢甘休，仰头咧嘴，用力挣扎。

南北两侧崖面的最外边的两尊雕像是力士，一般也称做"金刚"，他们俩南北遥相对应。力士像与天王像不同，首先是没有胄甲装束，其次表情是张口呼喝，双手握拳，肌肉隆起，表现了无坚不摧的气概。袒裸赤膊，更显得不修边幅。

此外，在菩萨与天王的中间，分别有一尊尺度较小的女性雕像（有学者认为是供养人）。她们头梳双髻、身着长裙、脚穿唐代流行的云头鞋，含睇微笑。

这 11 尊造像各自独立，但组合起来又是完整的一体，就像中国传统戏剧，四个打旗的兵卒可以代表千军万马，这 11 尊雕像则代表了佛国各阶层的人物。从艺术造型来说，这 11 尊雕像对称地分布在两边，中间是大佛，因此卢舍那大佛在这组群雕中显得格外突出。以卢舍那佛为中心，左右十尊雕像陪衬着高大至尊的这尊主佛，犹如众星捧月一般。

大佛后面的背光以及胸前道道的环形衣纹，构成了无数个圆线围绕在佛头周围，而每个圆的圆心都在佛像正中央，这是工匠高明的地方。

与其他佛窟的雕像不同的是，奉先寺中的这 11 尊雕像被设置在露天处，不仅光线好，而且外面的空气也新鲜。现在的人们要是去游览参观，就不会像在其他窟内欣赏造像那样，觉得闷得

第四章 气势恢宏之龙门石窟艺术

慌,这也是它的独特之处。而且这种前面大开敞的形式,其中的雕像也因此而显得更加壮观、气魄宏伟。

为了让这11尊雕像如真人一样活灵活现,当时的工匠在雕大佛时,据说是特意模仿武则天的神态和威仪;迦叶、阿难两位弟子则显现官宦虔诚的模样;观音像是宫中的仕女,既富态又温顺;天王表现出大将军的威武;力士像则凸显了皇家卫士不可一世的强悍。就连天王脚下的小鬼,也是唐代奴仆的写照。所以奉先寺的雕塑虽然是佛像,却会让人情不自禁地联想到唐代的宫廷生活与宫中人物,这也是奉先寺艺术水准高超的一个表现。

这11尊佛像最初都在眼眶中镶嵌了黑色的琉璃珠,以增加佛像的生动性与真实感。不过,部分黑色琉璃珠已经脱落不见了,卢舍那大佛眼眶里镶嵌的半球形黑色琉璃珠就早已脱落,没有黑色琉璃珠的大佛尚且如此真实动人,想象着当年那大佛两眼中嵌着琉璃珠时,眼睛给人感觉一定是能放出炯炯光芒的。

佛弟子左右的两尊菩萨的眼睛里,倒还嵌有黑色琉璃珠,但是因久被灰尘遮盖,不注意已经看不出来了,更别说产生明亮与光感了。不过,其整体形象之美,似乎也并未因此少几分,这大概是因为这组雕像与其他雕像相比太过突出了,而从另一方面来说,也许是嵌有黑色琉璃眼珠的佛像的美与神令今人无法想象。

奉先寺的11尊雕像至今已有一千多年的历史了,尽管有些残破,总体来说都能看出模样,有的甚至还很完整。佛像历久不衰的主要原因在于像龛的设计。露天的石雕虽然采光好,下雨的时候,难免会被淋湿。在设计这一佛龛时,当时的工匠已经考虑到了保护的措施,这些石雕上面有向外凸的山石作顶。奉先寺的龛檐很深,大佛后面的像龛深度超过五米。从大佛正前方仰望,感觉这些雕塑是露天的;到了雕像下面抬头看,就能看出来这些石雕其实在像龛里面。

不过,就算是雨淋不着,但如果有风,雨还是会被吹打到石雕上面。令人不解的是,奉先寺里面没什么风。原来,龙门石窟是在两山相夹的河谷里面,风顺着河谷走,奉先寺凹在山里,吹进寺内的雨自然就很少了。

外界的风雨可以阻挡,但石雕自身是会风化的,那么自身的风化又是如何处理的呢?原来,是一层涂料保护了雕像、阻止了风化。至于这种涂料的成分,如今却是一个谜。即使是现在,这些历经千百年历史的石雕,有些也还保留原始的涂料色彩,不能不令人惊叹。

卢舍那大佛的视线设计得非常用心。当你爬山特意为了看大佛的时候,你自然是想赶快看到大佛像,随着你的步步登高,你渐渐看到了像龛的上边缘,而在你看到佛头像的同时,佛也看到了你,双眼对视着你,嘴唇和面容流露出一点微笑。这似乎是你刚才爬山的一番苦心终于感动了佛,让佛对你展颜而笑,而佛的微笑又让你爬山的疲惫顿时消失。当你再继续登攀,整座像便全部呈现在你的面前。

奉先寺雕塑的艺术成就,不仅在于艺术家雕凿群像的高超技艺,而且在于创造了一个进深、宽度分别达30多米的巨大、开敞的空间。以大佛为中心的11尊造像以完整而对称的布局,以及对自然环境的合理利用,保证了奉先寺在艺术上的完整性,显示了无可比拟的魅力。

唐代佛像雕刻的造型理念是写实主义的,艺术家开始关注人体艺术的表现,这与南北朝时期佛教雕刻的抽象化造型风格有明显的区别。其实从南北朝末期至隋代就逐渐萌发关心人体的意识,但到了唐代才迅速发展。不过初唐时期的艺术人体表现尚不成熟,到了盛唐才出现了观察准确、富于人体生命力的佛像雕刻。这些佛像雕刻揭示人性、人情,表现着人体之美,是中国雕刻艺术史上高峰时期的作品。奉先寺的雕像正是这个时期的前卫作品。

尽管一般说来石雕不及彩塑那样栩栩如生,但是就龙门石窟奉先寺的石雕群像来说,艺术性比起敦煌之类的一流彩塑作品却更为出色。龙门石窟地处唐代文化的中心,洛阳当时云集了一批不亚于都城长安的优秀石窟造像人才。再说是唐高宗和皇后武则天要建奉先寺,因此可以推测当时社会上的佛教、美术、土建等

第四章 气势恢宏之龙门石窟艺术

行业的专家都参与了奉先寺的营造。

不仅奉先寺,包括龙门石窟的潜溪寺、敬善寺等洞窟也都是皇室成员发愿开凿的。唐皇室是当时独一无二的最高统治集团,他们集中经济与技术来参与造佛事业,他们关心的寺窟成为唐朝美术的代表作也就不足为奇了。因此,奉先寺造像是当时中国最高水准的艺术作品。其后,也很少有现存雕像的艺术水准超过它。

第五章 麦积奇观：麦积山石窟艺术

麦积山石窟是中国著名的石窟寺之一，与敦煌莫高窟、大同云冈、洛阳龙门石窟并称为中国四大石窟，在中国石窟寺发展史以及佛教艺术史上具有非常重要的地位。麦积山石窟中的佛教造像，造型优美，形象生动，技艺精湛，具有极高的艺术和历史价值，是我国石窟雕塑艺术的杰出代表之一。本章将对麦积山石窟艺术展开论述。

第一节 麦积山石窟艺术概述

一、麦积山石窟的地理位置

麦积山石窟在甘肃省天水市东南45千米的天水县麦积山乡南侧，因山的形状十分像堆积的麦垛而得名。和云冈、龙门以及敦煌石窟相比，麦积山石窟为世人所熟知得较晚。这其中很重要的一个原因是：在近代，这里由于地处偏僻地区，因而土匪猖獗，来此调查石窟就会受到威胁。因此，直到20世纪五十年代初，麦积山的石窟艺术才随社会的安定而逐渐被普遍关注。

麦积山，又称麦积崖，它是秦岭西端万山丛中的一座巨大的石峰。麦积山石窟就是古代艺术家们经过千百年来的辛勤努力，在这个几百米的悬崖峭壁上架木凿石，开窟造像，最终创造出壮观的"麦积奇观"。

第五章 麦积奇观：麦积山石窟艺术

麦积山石窟是在距今大约1500多年前的后秦时期(384—417年)开凿的,历代不断都有开凿扩建,逐渐成为今天所见的规模,其中,在北魏时期开凿得最为频繁。麦积山石窟现存洞窟约有100多个,石雕、泥塑像多达7000尊,现窟内的多数塑像都是唐宋以来改塑的。此外,还有壁画1000多平方米,大型崖阁八座。

石窟位于山峰南面的峭壁上,这里原本是一个完整山体上的完整石窟群,后来由于发生了强烈的地震,使崖面中间部分崩塌,将窟群分为东西两部分。东部主要以北朝时期开凿的上中下三层和七佛阁组成；西部主要是以很密集的十几层窟组成,栈道与窟内外相互连通。

麦积山石窟不仅本身是著名的旅游胜地,而且附近还分布着许多令人心驰神往的文化古迹和风景点,每当人们来到这里,都不禁被这些独特的艺术所感染、陶醉。

二、麦积山石窟的文化及艺术价值

(一)麦积山石窟的文化价值

麦积山石窟保留有大量的宗教、艺术、建筑等方面的实物资料,丰富了中国古代文化史,同时也为后世研究我国佛教文化提供了丰富的资料和史实。

麦积山艺术以泥塑见长,艺术家们扬弃了以往的细部讲究,而把感染力提到了统率一切的高度,使石刻神情动人,富有生活气息,使人感觉佛国世界的可亲可爱,从而虔诚信奉。

麦积山石窟开凿在悬崖峭壁之上,洞窟"密如蜂房",栈道"凌空飞架",层层相叠,其惊险陡峻为世罕见,形成了一个宏伟壮观的立体建筑群,其仿木殿堂式石雕崖阁独具特色,雄浑壮丽,真正如实地表现了南北朝后期已经中国化了的佛殿的外部和内部面貌,在石窟发展史上具有重要的意义。

（二）麦积山石窟的艺术价值

麦积山石窟最重要的艺术价值是精湛的雕塑。麦积山和敦煌莫高窟都是以雕塑为中心内容并装饰陪衬着丰富的壁画的石窟。但麦积山塑像的精美却有过之而无不及，而且在国内众多石窟中，麦积山保存早期雕塑特别是泥塑最多，因而获得"东方雕塑馆"之美誉。麦积山石窟雕塑的意义还在于它从一个侧面反映着中国古代雕塑艺术史的线索。北魏时期已是麦积山石窟的繁荣时代，现存造像80多个，题材多为三世佛。前期造像的面相方圆，深眼睛，高鼻梁，带有西域塑像风格。后期塑像逐步汉化，塑像内容题材多样化，塑像多等身大小，人物体态秀美，形象亲切，传神动人。出现秀骨清像和褒衣博带式，很多作品以瘦为特征，以突出人物俏健的典型气质，反映出雄健的气魄与秀骨清像的相互融合。西魏造像，前期风格沿袭魏晋以来的"秀骨清像"的特点，潇洒清俊，稍后则渐转丰圆。服饰趋于富丽和装饰性，注重壁画和雕塑的结合。北周造像题材以七佛为主，主佛旁有菩萨与弟子，整体造型敦厚、简练，体形饱满，面部渐趋丰颐，表情生动自然，衣纹趋于简洁，着重写意和表现人物内心世界。隋代造型结构单纯，删除了人体表面过多的细微凸凹变化，避免琐细之弊，在强调自然美的同时，对人体结构进行简化、夸张，充满生命力。麦积山雕塑在艺术风格上逐渐形成自己的特点，与犍陀罗艺术相比，麦积山泥塑有从装饰性雕塑向写意性转化的趋势，形神兼备、动静相生，形成中国佛教雕塑的特有风格，与国内其他佛像雕塑相比，不同于云冈石雕的宏伟粗犷，龙门石雕的圆润雄健，敦煌泥塑的艳丽精工，麦积山雕塑显出清新秀丽的风格，加上浓郁的人格化、世俗化精神，反映人神合一的特点和个性化民族化的风格特征。

三、麦积山石窟的历史意义

麦积山最早窟龛的塑像艺术形式，吸收了外来佛教的艺术特色,但都是在继承秦汉以来我国雕塑艺术的简洁、生动、朴实的传统风格基础上,吸收外来造像艺术的有益成分,而创造和发展起来的一种崭新的形式。其艺术形式渐趋"秀骨清像"与"褒衣博带"中国式的造像特征,没有使人感到神秘、高不可测、敬而远之。相反,却给人以平易近人、和蔼可亲的感觉。

麦积山石窟在中国佛教石窟史和艺术史上具有重要意义。麦积山不但是我国早期最重要的石窟之一,具有悠久的历史和丰富的内容,而且它是难得的与皇家石窟相映衬的民间石窟。在中国的著名石窟中,大同云冈石窟和洛阳龙门石窟是典型的皇家石窟,由皇帝倡导、出资开窟造像,因此透出皇家气派和风格。而麦积山石窟是典型的民间石窟,体现更多民间文化意蕴和普通僧众心理。这不仅表现在洞窟的形制主要是窟、龛及崖阁等,而且体现于塑像和壁画在精神内涵上具有的强烈的生活气息甚至现实情怀,佛教艺术家将对世俗生活的理解,对人世间美的追求和热烈的向往,注入令人神往的宗教艺术形象之中,在某种程度上冲淡了宗教艺术的神秘成分而反映出普通人的心理,且充满青春活力。所以有人说,麦积山雕塑是宗教的、神学的,但同时又是世俗的、人学的。宗教与世俗、天上与人间融为一体,神与人之间的距离消失了,既是佛、菩萨、弟子,又是高原庄稼汉、村姑和农妇的形象。

第二节　麦积山石窟的设计风格

一、不同时期的麦积山窟龛设计风格

(一)北魏窟龛设计风格

根据史书记载,麦积山石窟开凿于16国后秦时期,但目前究竟那些窟龛是后秦开凿,学术界还有很大争议。但一致看法是开

凿于麦积山西崖中下部的第51、57、74、78、90、165号等窟应是现存最早的窟龛。由于北魏建国于公元386年，这里权且将其归入北魏早期窟龛。窟龛形式与造像题材有密切关系，与同时期许多以弥勒造像为主的石窟不同，麦积山石窟在整个北朝阶段造像主要以三世佛为主，这在很大程度上决定了麦积山的窟龛以方形窟为主。

　　北魏早期窟龛的特点主要表现为三个：一是利用天然崖面洞穴，略加以修饰，如位于中区西下部的57号窟。在5世纪初甘肃境内的窟龛开凿中，这种现象非常普遍，最典型的例子就是开凿于西秦建弘元年（420）的永靖炳灵寺169号窟，基本上是利用天然石穴略加修筑而成，这种方式的最大特点是省功省力。而且在早期佛教传播中，僧侣们常常以消灾祛病或神幻异术等手段来吸引信众。根据史料记载，当时麦积山57号窟所在的岩穴中有一股常年外流的泉水，推测僧人们也是借此来宣扬泉水的神圣和治病效果，以达到吸引民众的目的，因此，57号窟应该是麦积山被最早利用和开凿的窟龛之一。二是窟龛形制都比较大，均为敞口大龛，龛内正、左、右三壁筑高坛基，正壁主尊两侧上方各开一圆拱形小龛。如51、74、78、90号窟都是这种样式，看上去颇有北方游牧民族的豪迈气势。三是大型摩崖浅龛，平面为横长方形，立面为方拱形，龛内正壁筑台座以安置佛像，如165号窟。

　　北魏中期窟龛随着造像题材增多，形制也丰富起来，窟型较早期明显变小，但形制更为复杂：平面呈方形，带有方形窟门，窟内正壁前凿一条形坛基，坛台上筑一长方形佛座，正壁两侧各竖向开上、中、下三个小龛或堆筑上、中、下三层坛台。窟内左、右壁坛基消失，取而代之的是在左、右壁各开一方拱形大龛，龛内平面呈横长方形，筑佛座，龛内左、右各竖向开上、中、下三个小龛或筑上、中、下三层坛台。有的窟内左、右壁近顶部还并列开凿一排小龛，窟内前壁上方横向开一至两排小龛。窟内四壁两侧转角多凿有方形或半圆形高坛台，以安置胁侍造像。代表性窟龛有第80、100、128、143、144号等窟。这种窟龛的最大特点就是窟内空间面积明显增加，有利于信徒礼拜佛像，实际上是窟龛功能和性质上发生变化的一种反映。另外一种常见窟型是小型平面方形窟，窟龛的长、宽、高均在1.5米左右。由于其处在北魏孝文帝改制前后，故带有明显汉化特征。

北魏晚期是佛教发展的高峰阶段。在北魏皇室和地方官员带动下，开窟造像、建寺立塔成为一种社会风尚。这一时期窟龛主要有三种类型，第一种是普通民众开凿的小型龛，其较为简单，形制不一。多数平面横长方形、梯形或半圆形，立面为尖拱形或方拱形，一般龛内正壁设一佛座，左、右壁各设一坛台，数量较多，如第129、130、132号窟。第二种是平面方形窟，平顶，地表多凿一"回"字型浅台基。根据内部结构又可以分为两种类型，一种类型是三壁三龛窟，即窟内正、左、右三壁正中各开一圆拱形或方拱形龛，但与北魏中期相比，这时窟内的龛已开始离开地面，呈敞口形，龛内则不再设佛座，而是直接安置佛像。另一种类型是三壁三佛窟，即窟内正、左、右三壁各筑一佛座，窟内壁面筑4～5层高坛台，用以粘贴塑影塑造像。这两种窟龛样式均来自洛阳地区。第三种是形制复杂的大型窟，由于技术水平的提高和人们宗教热情的高涨，结构复杂的大型窟也开始出现。例如北魏末年开凿的133号窟距地面垂直高度约60米，窟高5.80米、宽12.20米、进深10.83米，窟门高2.40米、宽1.80米、进深2.00米，前堂双后室结构，前堂为横长方形享堂，在前壁顶部正中凿有前伸的半圆形支撑体，以其为中心，顶部左侧为平顶，右侧为双层套斗式藻井。

（二）西魏窟龛设计风格

西魏时期，由于麦积山地近国都长安，受到的影响也更为强烈。这一时期窟龛形制继续沿用北魏的三壁三佛窟和三壁三龛窟，窟内四壁影塑造像消失，最重要的变化体现在顶部和地面，顶部由平顶逐渐演变为多重套斗顶，地面则多向下凿一圈方形浅坛台，这样通过狭小的甬道进入窟龛时，使人感到窟内空间更为宽敞。这类窟龛的典型代表如第20、44、102、120、123、146、147号等窟。

西魏窟龛最显著的特点是大型仿殿堂窟的出现，稍早时期的殿堂窟主要体现在内部结构上，如开凿于西崖上部的135窟，俗称"天堂洞"，平面横长方形，平顶。窟高4.60米、宽8.86米、进深4.68米，窟门方形，高2.25米、宽2.05米、进深2.10米，窟内正、左、右三壁正中各开一圆拱形浅龛，前壁上方并列开凿有三个略呈"品"字形排列的方形明窗，窟内顶部前侧雨门上方开凿一半圆形涡阙，长2.25米、宽1.20米、深0.88米。此类殿堂窟带有明显的北魏晚期向西魏阶段过渡特征，窟内形制已没有133窟那么复杂，开始有意摹拟殿堂建筑，但尚未出现仿木构件，为保证窟内采光，前壁还开凿有明窗。窟内正、左、右三壁正中各开一圆拱形浅龛，窟内顶部呈覆斗状，仿帐架式结构，顶部四坡均呈梯形，正中呈横长方形，各个转角及壁面相交处均雕凿成仿木梁柱状，表面敷泥后再施以彩绘。

西魏成熟期的殿堂窟内外形式则发生了全新变化，外部为仿殿堂结构，内部摹拟平面马蹄形穹窿帐式结构，如中区入口处的43窟，俗称"魏后墓"，通高6.10米、面阔6.65米、进深7.30米。外部前廊为三间四柱式结构，立柱截面八角形，底部为圆形础柱，顶部承大斗，其上雕额枋，础头上浮雕有一斗三升式的火焰宝珠纹，额枋上有前出平伸的仿木檐椽。浮雕的屋顶已部分残毁，但正脊、鸱尾、戗脊、瓦垄等主要构件清晰可见。

西魏小型窟多为平面横长方形或梯形，立面为圆拱顶敞口龛，龛内正壁筑一高佛座，两侧壁各砌一半圆形坛基，以安置造像。代表性窟龛如西崖出口处的54、60号窟。

（三）北周窟龛设计风格

麦积山北周时期由于造像题材多样化，导致其窟龛类型也十分丰富，它的形制在继承西魏窟龛的同时，也形成了自己的体系，主要包括以下几种形制。

（1）三壁七龛或三壁七佛窟。平面方形，窟门长方形。窟内

第五章 麦积奇观：麦积山石窟艺术

地面凿一倒"凹"形浅台基，正壁正中开一圆拱形龛，左、右壁各并列开三个圆拱形小龛或各筑一长条形坛台，四角攒尖顶或覆斗式顶。多数窟内四壁及顶部均浮塑仿木帐架结构，小龛均浮塑尖拱形龛楣，两侧浮塑立柱，饰火焰宝珠。代表性窟龛如12、26、27、36、37、65、141号等窟。

（2）平面方形窟。前后室结构，前室多已残毁，平面横长方形，甬道较深。后室方形，四角攒尖顶，地表凿一"回"字形浅台基。正、左、右三壁正中各开一圆拱形敞口龛，无浮塑龛楣及立柱装饰。窟内四角各砌一半圆形坛台，窟内四壁及顶部均浮塑仿木梁架结构。代表性窟龛如62号窟，这种窟型主要是为安置三佛造像，在形式上汲取了西魏窟龛特征，但同时又加入北周窟龛因素，如改为前后室，四壁浮塑仿木梁架结构等，是考察麦积山西魏、北周时期窟龛演变的生动实例。

崖阁式建筑麦积山西魏时期出现的仿殿堂式崖阁在北周时被发挥到极致，无论其规模、数量、类型都远超前代，成为麦积山石窟视觉空间上最引人注目的地方，也代表了中国古代崖壁石窟建筑的最高成就。由于地震等自然因素破坏，目前保存相对完整的仅有4号窟（散花楼）和9号窟（中七佛阁），其余的如3、15号等窟仅存大形。

散花楼是麦积山石窟现存最大的崖阁，距地面约45米。为前廊后室殿堂式建筑，平面呈横长方形。通高16米、面阔30.48米、进深8米。前部凿七间八柱式前廊，除两侧稍间隐入崖面的立柱尚存外，其余六根立柱均在后来地震中坍毁无存。立柱横剖面呈八棱形，圆形覆莲式柱础，柱头雕侈口大斗、额枋、齐心斗、散斗、替木、檐枋、檐椽等仿木建筑构件，其上为庑殿大顶，殿顶雕正脊、戗脊，两端雕鸱尾，均素平无线角。殿顶屋面雕瓦垄。在大殿上方约4米处还凿有三排华丽气派的大型宫殿式建筑，也有反映北周时期民间普通居室内部结构的窟龛，目前能看到的是位于中区上方的15号窟，高4.38米、宽6.20米、进深5.52米，平面近方形，人字披顶，顶部雕仿木脊枋、檩枋和椽木，两侧山墙可见有横梁、山花和鱼形叉手,可知当时一般殿堂内部构造大抵如此。

（3）平面马蹄形。穹窿顶窟这种窟型是北周新出现的一种样式,其源头系摹拟西魏28、30、43号等殿堂窟的后室结构。窟内正、左、右三壁各设一方形佛座,如中区下部的45窟。

另一种则仅正壁设一佛座,窟内沿地表四周凿或砌一圈低坛台,其上安置胁侍造像,如46窟。这种窟龛样式在一定程度上是当时北周复古政策的具体反映,出身于鲜卑贵族的宇文氏政权来自北方草原地区,为获得北方六镇军人集团和关陇世袭贵族集团的支持,同时也是为了增加他们的凝聚力,宇文泰当政以来,推行了一系列以恢复周礼为核心的政治、经济、军事和文化制度方面的改革措施,强调夷夏同源,而穹窿顶式龛在形式上更接近北方游牧民族日常居住的帐篷,也就更容易获得鲜卑等北方胡族的认同感和归属感。

龛形窟与北魏、西魏时期一样,麦积山也保留有许多形制不规整的小型龛窟,其高、宽、进深均1米左右。形制上平面呈方形、横长方形或梯形,立面为敞口或圆拱顶,龛内多设一佛座或一横向坛台,有的龛沿还有彩绘或浮塑龛楣或龛柱。分布位置上也没什么规律,属于典型的见缝插针做法,在整个东、西崖面都有一定数量分布,代表性窟龛如94、189等窟。

（四）隋唐窟龛设计风格

隋唐是中国封建社会发展的高峰时期,外来佛教艺术在这一时期基本完成了中国化的历史进程,以各个宗派为代表的佛教思想充斥着当时大大小小的佛寺。同时,由于宗教世俗化和寺院经济的发展,从京城到各地州县,佛寺成为新的佛事活动中心,北朝以来形成的石窟寺开凿之风明显受到影响,当然不排除区域性传统习惯和个别条件下封建统治者的政治需要,前者如地处西北沙漠腹地的敦煌,在唐代开凿了相当数量的窟龛。后者如武则天全力支持开凿的洛阳龙门奉先寺卢舍那大佛及胁侍造像,但它们依然是当时寺院的组成部分之一。

第五章 麦积奇观：麦积山石窟艺术

　　隋代麦积山窟龛的开凿依然保持着一定规模，其工程量与北周相比也毫不逊色，主要体现为东崖上方5号窟的开凿，又称"牛儿堂"，距地高度约70米，系大型仿殿堂崖阁式建筑，三间四柱、前廊后室结构。通高9.0米、面阔15.0米、进深6.5米。前室平面横长方形，两侧原有各雕一根方形立柱，现已大部分在地震中塌毁，仅保留有左侧上方少许部分，可见柱头上承一侈口大斗。其上额枋及斗棋部分保存较好，额枋穿过斗底嵌入柱头卯口，其上雕一斗三升式斗棋，每间额枋之间均雕入字棋，其上雕散斗，横向等距排列，再上则雕通长替木和撩檐枋。前廊底部每间交接处凿"十"字形槽一个，原镶嵌有木质地栿，用以加固崖阁地面部分，前廊顶部进深2.60米，廊顶与各檐柱对应有抱头梁，明间及左侧间廊各雕有平棋四块。后室由三个列开凿的大龛组成，每龛均浮塑有尖拱形龛楣及圆形龛柱，柱头饰火焰宝珠，柱础为覆莲瓣形。其中正中主龛平面马蹄形，穹窿顶，高5.50米、宽5.90米、进深4米，龛内正壁凿一方形佛座，两侧沿壁面雕一倒"凹"形坛基。左、右侧大龛略小，为平面半圆形敞口大龛，尺寸相同，高3.30米、宽2.70米、进深1.60米，龛内均正壁设一方形佛座，左、右侧各砌——圆形低坛台。牛儿堂规模宏大，其建筑结构形式，特别是额枋及斗棋部分的处理远较北周时期复杂，这表明当时中国木构建筑艺术已经达到了一个新的高度和水平，也可以说开启了中国唐代木构建筑辉煌时代的先河。

　　隋代中小型窟龛以平面马蹄形穹窿顶窟为主，窟内正壁正中设一佛座，沿佛座两侧壁面多砌一圈低坛基，以安置胁侍造像，这种样式主要是受到了麦积山北周同类窟龛影响，代表性窟龛如24、37号窟。

　　唐代仅初期还有一些营建活动，从现存迹象分析，主要延续和完成了牛儿堂（5号窟）的开凿，其龛外顶部壁画及左、右龛均为唐代完工，带有非常鲜明的唐代特征。此外，在散花楼前廊各龛之间上部还保留有部分唐代绘制的佛说法图和供养像。至于其本身开窟活动目前还不太清楚，但即使有，数量也不会太多，规模也不会很大。出现这种情况的原因主要是地震和吐蕃入侵,秦州也因此失去了开窟的社会基础。直到唐朝末年,随着吐蕃统治的瓦解和唐朝政府对佛教的重新支持,才有迥觉大师等人前来麦积山对业已残毁的寺院加以修缮,重新开始了这里的佛事活动。

从唐代以后,麦积山石窟再没有新的窟龛开凿,故不再对唐以后窟龛开凿情况加以介绍。

二、不同时期的麦积山造像设计

麦积山石窟是古代陇右地区最重要的佛教艺术中心,特别是在中国北朝时期,由于它地处丝绸之路南线重镇秦州,又是连接古代长安、西域和巴蜀地区的咽喉要道,非常容易受到当时各种佛教造像艺术潮流影响。随着唐代政治中心东移,陇右逐渐沦为边塞荒凉之地,麦积山石窟地位明显下降,虽然两宋期间有过大规模修缮,但已不可同日而语,到明清时期已沦为地方荒山野寺,鲜为外界所知。另外,由于窟区崖面木质栈道自然腐朽和损毁,使得许多北朝时期珍贵的窟龛、造像、壁画、碑碣等得以完好保存,没有遭到人为破坏。

(一)北魏造像设计

麦积山石窟现存北魏窟龛内的造像按类型可分为圆雕、半圆雕和影塑等几种,其中窟龛内的主体造像如佛、菩萨、弟子、力士多采取圆雕或半圆雕的形式,其他如千佛、供养菩萨、供养天人,男、女供养人以及四壁的花朵,龛楣的装饰等,多采用影塑的办法,两者融为一体,相互衬托,使其窟龛达到庄严、和谐而又统一的效果。

麦积山石窟的北魏时期造像,虽然就其全部内容来说,也以服务于封建统治和宗教为目的,它教化人们崇拜、服从和信仰,但由于塑造佛像的能工巧匠们,长期地生活于民间,对当时社会生活的各个层面都有着广泛的了解和体验,他们以丰富的想象和聪

第五章 麦积奇观：麦积山石窟艺术

明的智慧,使用各种雕塑艺术的形式,冲破宗教的清规戒律,大胆地运用能够提高他们表现能力的艺术手段,敢于突破,敢于创新,用简练生动的造型,概括洗练的手法,创造出许许多多神采奕奕、丰满多姿、有血有肉的艺术形象。

　　佛教艺术是随着佛教的东传而进入我国的,是随着佛教在我国的逐渐传播而兴盛起来的,尤其是魏晋南北朝时期,佛教在我国各地广泛传布,风靡一时,佛教艺术也进繁荣阶段。我国古代的能工巧匠们,在接受这一外来艺术形式之初,难免受到西域或印度佛教艺术风格的影响,但他们却不是生搬硬套一味模仿域外的风格,而是在自己民族优良传统的基础上,以自己丰富的创作经验不断地改造和融合,从而使佛教艺术逐渐地符合自己民族的传统习俗和欣赏习惯。这一点在麦积山石窟中得到淋漓尽致的表现。麦积山北魏早期的造像无论面型、服饰,还多多少少具有一些外来风格,但发展到北魏中后期,则渐趋民族化或完全民族化了。太和十年以后的造像,逐渐地以圆润质朴的面型代替了早期的高鼻深目,以褒衣博带式的汉装大衣代替了半披肩和通肩袈裟,以柔和流畅的阴线刻代替了印度的犍陀罗式衣纹。尤其是北魏晚期的造像,佛、菩萨、弟子等造像的衣饰,完全仿效了汉民族的传统衣着特点,大多数都比较接近当时服装形制,其中北魏晚期的菩萨装束,表现得尤为明显。这种几乎完全着了汉装的佛与菩萨,具有浓郁的民族特色,使人倍感亲切,耳目一新。

　　石窟艺术所塑造和表现的大部分形象都是现实生活中并不存在的佛、菩萨等。由于题材的限制,往往在创作过程中受到种种束缚而易流于公式化和千篇一律的俗套,其形象给人以一种浓烈神秘威严的宗教气氛,令人望而生畏。而麦积山石窟的北魏造像,对这一问题处理得恰到好处,既没有脱离佛教的题材,又没落入俗套,大部分形象都塑造得生动自然,给人一种亲切感。尽管佛教题材在某种程度上给予了北魏的能工巧匠们很大的约束力,但它并不能完全禁锢他们的创作思想,他们手中制作的虽然是佛、菩萨之类,而他们追求和表现的仍然是当时现实生活中美好的人的形象。造像的格式和动作是佛、菩萨,但神情仪表却有着凡间人物的特色。位于西崖上层西端的北魏洞窟就充分地表现了这一点。这组造像是在三壁龛内各塑一佛,正龛内左、右壁中部一长台上各塑5身弟子,共10身弟子(左年长,右年少,符合汉族的传统习惯)。龛外两侧墙角处,左、右各塑一身菩萨和一身弟子,门内两侧各塑一力士。佛像上半身已被宋人改塑,失去原貌,下身衣裙搭于座前作三瓣式分开下垂,结跏趺式坐于方台上,仿佛是我国古代宗族掌门人的姿态。弟子穿袈裟,下着裙,袈裟袖边迎风外扬状,俨然是中国式的长袍马褂式装束,与佛亲如父子。尤其是左边的弟子像螺旋发髻,高挽耸起如塔形,汉风表现得十分强烈。菩萨着褒衣博带汉族式的对襟上衣,下着裙,披巾于腹下交叉。菩萨与弟子紧紧相依,面露笑容,双手合十举于胸前,指尖略作分开,作拍手状,似在窃窃私语、会心交谈,体形细小,头小,足着云履。这种装束和形象,既没有脱离佛经,又具有人间特色,具有十足的中国古代绘塑艺术特征。力士,头部也被后代重修,左力士袒露上身,下着裙,披巾于腹前交叉,左手持金刚杵,右手提风带;右力士着宽袖上衣,下着长裙,穿护身铠甲,可谓是典型的保镖、护卫形象。这个洞窟的这种组合,确实使人感到格外亲切,既美妙又和谐,既朴实又自然,可谓生动自然、妙趣横生,具有强烈的民间和民族特色。

　　技巧纯熟、神形兼备是麦积山石窟北魏佛像塑造艺术的又一大特点。佛教艺术造像尽管有其时间和空间的特殊性,如果要达到技巧纯熟、神形兼备,那么北魏的能工巧匠们就必须具有很强的生活观察能力和很高的艺术修养及表现能力。如果不具备这些条件,是不可能制作出这样高度洗练和形神具备的优秀作品的。麦积山石窟北魏的造像,不仅形体优美,而且神情洋溢、洒脱,在创作意图上,似乎是力图缩短神与人在感情上的距离,使两者更为亲近。在刻画人物的性格、形象的特征和表现人物的内心世界上,工匠们极力吸收我国古代绘画艺术的成就,使造像艺术更具卓越的成就。

第五章　麦积奇观：麦积山石窟艺术

总体来说,麦积山石窟北魏的造像,不仅造型优美、神形兼备,而且形式多变、新颖多样。从造像中所体现出来的完全是北魏时期能工巧匠们对社会生活的真实感受,没有丝毫矫柔造作、华而不实的感觉。

麦积山石窟的北魏窟龛及造像,以其浓郁的民族形式,明快、简洁而又优美的造型和神情毕露、富于风趣而又充满了生活气息的表现方法,在我国北朝的石窟艺术中,占有非常突出的地位。

(二)西魏造像设计

麦积山西魏时期造像数量不是很多,但其在雕塑艺术上所取得的成就却毫不逊色,并集中表现在泥塑和石雕两个方面,特别是重达数吨的石雕造像,在麦积山北魏以前的造像作品中并不多见。麦积山一带并不出产适宜雕刻的石材,窟龛中发现的这些石雕造像很可能是功德主根据需要在外地制作好后,再转运到窟龛中的。如135窟内石雕立佛头颈后侧就专门凿一方形榫孔,其用途只能是方便佛像往窟龛中吊运时穿系绳索。特别需要指出的是,当时麦积山并没有可供车辆通行的道路,这些石雕造像只能使用人抬肩扛等最原始的运输方式,运送到指定窟龛之中,其所耗费的人工和艰难程度可想而知。同时,考虑到石雕造像所在127、135号窟均是规模很大的殿堂窟,当时能完成如此壮举的只有集体力量。所以,这种石雕与泥塑并举现象的出现,可能与西魏皇室对麦积山石窟重视有密切关系。

西魏泥塑造像在北魏晚期"刻削为容仪"的基础之上,再次趋向圆润、饱满,服饰质感厚重,衣裾层次分明,时代特色分明。佛身体略前倾,多做旋纹高肉髻(20、44、102窟)部分为磨光高髻(132、162窟)或螺纹髻(147窟)。面相圆润,眉目秀长,双眼略下视,高鼻薄唇,下颌饱满,颈部适中,双肩略削,结跏趺坐,双手做说法印或交叠于腹前。内着偏衫,衣带胸前打结后分两缕下垂,外穿垂领式宽博袈裟,一角搭左小臂下垂敷左膝,下摆呈八字形悬垂于佛座前,衣裾做3~4层重叠,服饰质感厚重似毛妮织物（44、123、135窟）。其中最典型的代表当属位于东崖中区的44窟正壁坐佛，高1.05米，右旋纹高肉髻，面形圆润适中，眉长目秀，两眼似闭略睁，微微下视。薄唇小嘴，鼻梁高而修直，身体略前倾，左手施与愿印，右手施无畏印，半跏趺坐。面部散发着慈悲而美丽的光辉，眉宇之间透露出深沉而睿智的灵性，两颊和嘴角略带神秘而亲切的微笑，给人以一种超尘脱俗的心灵震撼，达到了人世间真、善、美的高度和谐与统一，完全可以和16世纪欧洲文艺复兴时期巨匠达·芬奇笔下的蒙娜丽莎相媲美。但44号窟主佛的创作时间却比蒙娜丽莎整整早了一千年！虽是历经千年风雨的泥质塑像，却依然晶莹细腻、光洁如玉，完好无损地倚坐在悬崖之上，以特有的东方女性微笑迎接着四面八方的游客，堪称是人类古代泥塑艺术史上的奇迹。

　　菩萨像面容似佛，清秀圆润，头部束发高髻（120、127号窟）或戴饰宝相花的各种发冠（20、44、123号窟），发辫披于双肩。身材较北魏晚期菩萨丰满一些，多上穿交领宽袖长袍，下着齐胸曳地长裙，裙带打结后分两缕下垂近地面，肩部各饰一圆形物，其下坠数条飘带（20、44号窟）。有的依然延续帔帛搭肩绕臂，于膝前十字穿环或交叉后再下垂的传统作法（44、102、132号窟），清新之中，更增添了一些雍容华贵之气。有些菩萨像更是突破传统形式，令人耳目一新，如127号窟左、右壁龛内两侧胁侍菩萨立像，均为西魏原作，束发带冠或作扇形发髻，面容清秀，长眉细目，双眼略下视，胆鼻小口，嘴角内敛，脸上充满笑意。颈饰桃形宽边项圈，下缀有花饰，戴手镯，双肩各饰一圆形物。上身袒露，下着长裙，帔帛膝前十字交叉后上绕搭肘向后飞扬。身体呈"S"状，向前倾斜。一手置于胸前做恭请状，一手平展前伸，托果盘等供品，虔诚备至之情扑面而至，令人赏心悦目。随着《维摩诘经》的流行，居士维摩诘像也成为西魏窟龛中的主要内容，艺术家们很好地领悟了文学作品中关于维摩诘"清羸示病之容，隐几忘言之状"的描述，对这一人物形象把握十分精准。如123号窟中的摩维，头戴小冠，面容清癯，弯眉细长目，两眼略下视，双唇微启。细颈削

第五章 麦积奇观：麦积山石窟艺术

肩,身材消瘦颀长,左手抚膝,右手抚胸,内着对襟衫,外穿宽袖长袍,结跏坐于坛台之上。他面部表情平和,睿智大度,倜傥儒雅之风跃然而生,仿佛正在与对面佛教中智慧第一的文殊菩萨探讨佛法,以启发大千世界中的芸芸众生。

这一时期影塑造像基本消失,而身材几乎等同菩萨的供养人像成为西魏泥塑的一大特色,如123号窟中的童男、童女就是其中典范。两身像均高1.14米,童男面相浑圆俊美,戴毡帽,头顶辫发外露下垂,弯眉细目,两眼平视,直鼻小口,面带笑容。身穿圆口裘领窄袖长袍,左肩前侧扎束衣带,双手置胸前,笼于袖中,脚穿圆头靴,虔恭而立,完全一个淳朴、憨厚、天资聪慧的少年形象。而对面的童女梳双环丫髻,面形方圆,下颌饱满,眉清目秀,悬鼻小口,上穿裘领宽袖长袍,外罩宽袖长衫,下着长裙,衣带于胸前打结后分两缕下垂,脚穿圆头靴。表情恬静,面带微笑,成功塑造出一个纯真烂漫的少女形象。

西魏的石雕造像仅有117号窟坐佛、127号窟正壁一佛二菩萨和135窟的石雕一立佛二胁侍菩萨等数件作品,但无一不精雕。龙门石佛为代表的中原石雕艺术精髓,其造像风格与特征和西魏泥塑佛像并无不同,由于材质关系,清新柔和之中更多了几分厚重和刚劲,在佛背项光装饰图案上,也较泥塑造像中绘于壁面上的背项光更具有立体感,构图也更加精美巧妙,充分展现出古代石雕艺术家精湛的雕刻技法和工艺水平。

（三）北周造像设计

北周是麦积山造像艺术发生变化的重要阶段,这与当时社会历史环境有密切关系。麦积山北周造像可分为初期和成熟期两个阶段。初期造像中,佛肉髻略高,面形长圆,眉弓略短,双目微闭,略下视,鼻直且削,双唇紧闭,略上翘。颈稍长,肩略削,平胸鼓腹,神情端庄。内着偏衫,外穿垂领或低通肩袈裟,下摆呈三片式,或作八字形悬垂于座前,上有稀疏刚劲的阴刻线（22、55号窟）。代表性作品如22号窟正壁主尊坐佛,高1.50米,肉髻低平,面形略显长圆,眉略呈弧形,双目较长,微睁下视,鼻梁挺直,双唇微启,下颌丰满,颈部较粗,两肩浑圆,胸部饱满,腹部略鼓。内穿偏衫,外穿圆领通肩袈裟,衣角上绕搭左肩后下垂,衣裾下摆呈八字形悬垂于座前,服饰表面阴刻刚劲稀疏的衣纹线。左手施与愿印,右手施无畏印,半跏趺坐于台座之上。表情恬静安详,身材挺拔敦厚,已经基本摆脱西魏佛像清秀俊朗的风貌。

成熟期的北周造像,佛体形粗壮,低平肉髻,面相浑圆,饱圆满润,弯眉细长目,两眼下视,似闭微睁。鼻尖柔和,鼻翼略内凹,口小唇薄,嘴角上翘内敛,下颌丰满。短颈圆肩,挺胸鼓腹。神情雍容安详,体态挺拔端庄。身穿着圆领通肩袈裟,或内穿着偏衫,外着垂领或半披肩袈裟,下摆较短或呈多重卷云状褶皱垂于座前,服饰轻柔帖体,阴刻刚劲流畅的衣纹线(62、141 窟)。代表性作品如 141 窟右壁龛内坐佛,肉髻低平,面形方圆,面部五官紧凑清秀,身材敦厚挺拔,躯体略呈圆柱状,比例不是十分协调,身穿圆领通肩袈裟,衣裾呈八字形堆叠于座前,结跏趺坐于龛内,一种清新质朴之风扑面而来。

总之,麦积山北周造像上承北魏"秀骨清像"之余韵,下启隋唐造像"丰腴圆润"之先河,具有"珠圆玉润"的时代特色,造像特点可以归纳为神态肃穆端庄、高贵恬静,体形敦厚圆润、健壮挺拔,服饰轻柔透体、简洁流畅,真正体现出了中国传统造型艺术所追求的"以形写神,神形兼备"的艺术真谛。

(四)隋代造像设计

隋代麦积山开窟造像并不多,但规模却不小,集中在东崖及中区。其中最引人注目的当瞩高达 16.8 米的东崖摩崖三尊像(13 号窟,宋代曾大规模重修)和牛儿堂(5 号窟)。其次如 8、14、24、37 号等窟也比较重要。这一时期由于西方净土思想盛行,佛像以倚坐姿的阿弥陀佛居多(13、37、67 号窟)。造像风格在北周珠圆玉润基础之上,又有进一步变化,由于封建大一统皇权思想的影响,佛作为帝王神性的一面明显加强,离麦积山北朝时期造像

第五章　麦积奇观：麦积山石窟艺术

中所具有的那种亲切、自然的风格渐行渐远。

佛螺纹发髻，丰颐足额，面相丰满圆润，眉毛纤细，鼻梁挺直，唇线分明，神情平和。头部较大，下身较短，比例略显失调，身材粗壮。腹部稍稍突起，躯体有弯曲感，身体重心略微前倾。多着轻柔贴体的垂领袈裟，服饰表面彩绘田相纹。佛像造型稍显凝滞，已经没有北朝造像飘逸、灵动之美。代表性作品如 5 号窟中龛内坐佛，高 5 米，螺纹发髻，顶有肉髻珠，方面大耳，双目微睁平视，鼻梁高直，唇线分明，嘴角略上翘，内穿偏衫外着垂领袈裟，跣足，依坐于圆形莲台之上。67 号窟正壁阿弥陀佛，高 1.64 米，身体略前倾，低平肉髻，面形长圆，额际有白毫相，细长眉，双眼略下视，肩部浑圆，内穿偏衫，外着轻柔贴体的袒右披肩袈裟，双腿分开，跣足，踩一圆莲台，倚坐于方形佛座之上。菩萨多头戴高花冠，宝缯于耳后垂至双肩。面形方圆，神态似佛，戴耳环、项圈、臂钏、手镯，服饰上多缀有各种繁缛华丽的胸佩、帔帛、璎珞等饰物，身材敦厚、挺拔，体姿微扭。代表性作品如 37 窟右壁侍胁观音立像，高 1.85 米，束发高髻，戴花蔓冠，发辫散披于肩部，冠带自耳后垂至双肩。双眼微睁，凝视前方，嘴角微翘，略带笑意，面容温和清秀，颈饰项圈，上身袒露，下着贴身长裙，帔帛膝前呈弧形后，再上绕搭双肘下垂至地面，腰膝之际缀饰有璎珞，塑作技法简练而流畅，身材匀称而修长，体形简捷而优雅，完全一幅秀美、清新的北方少女形象。

（五）唐代造像设计

唐代麦积山受自然和人为因素影响，造像作品很少，目前仅保存有初唐时期塑作的牛儿堂 5 号窟左、右二龛内塑像，均为一佛二菩萨像。其中右侧龛内坐佛高 3.00 米，螺纹发髻，前有肉髻珠，面形饱满而偏方，宽额方颐，细长眉，双目下视，短颈丰肩，颈部有三道弦纹，身材比例协调，胸肌起伏变化明显。内穿偏衫，外着方领下垂式披右肩袈裟，衣带钩系袈裟一角，悬垂于左胸之际，衣裾下摆做双层，呈弧形悬垂于佛座前，衣纹隆起，转折流畅。左手扶膝，右手平置于右膝上方，掌心向下。结跏趺坐于方形佛座之上。整躯造像端庄大方、饱满壮硕，具有典型初唐造像之风。

佛两侧胁侍菩萨均高 2.65 米，束发高髻，戴花蔓冠，面容似佛，发辫散披于双肩，饰耳铛、项圈、手镯。胸部半袒，双臂外露，肌肤丰腴。其中左侧菩萨双手自然贴膝下垂，右侧菩萨左手横置于腹前，掌心向内。右手齐肩，掌心向外。均下着罗裙，帔帛于腹膝之际做两道弧形，再上绕拱双肘下垂至地面，跣足立于圆莲台上。头略偏向内侧，腰肢微扭，整个身躯呈"S"形站立，动感强烈，已初具盛唐菩萨造像风韵。需要注意的是，5 号窟龛外的这两组初唐造像在明代时，均进行了重新彩妆，但并未改变造像的整体风格，只是对塑像表面进行了重新彩绘，并沥粉堆贴了云龙、牡丹等图案。

（六）五代造像设计

五代造像晚唐五代时期，随着唐朝政府收复陇右失地和佛教政策放宽，麦积山石窟又开始了佛事活动，但由于当时藩镇割据，秦州地方时局依然动荡不安，这在很大程度上限制了麦积山石窟开凿造像的社会基础。目前，仅发现中区 43 号窟造像大概塑作于这一时期。43 号窟原是西魏文帝皇后乙弗氏寝陵，最初是否有塑像已无法得知，现存泥塑造像 5 身，浮塑 4 身，均为五代或宋初重塑。龛内正中塑一坐佛，通高 2.50 米，佛螺纹头髻，面形方圆，细长弯眉，两眼微睁俯视，口小嘴唇，大耳短颈，宽肩挺胸，内着偏衫，胸前衣带打结后下垂，外穿垂领式袈裟，双足各踩一圆莲台，倚坐于束腰方形佛座上，体态端庄，表情肃穆。佛背后壁面上分别浮塑双龙，龙首向外，高高昂起。双龙之间的背部浮塑两身供养菩萨半身像，均高 0.50 米，面相长圆似佛，桃形高发髻，戴冠饰，发髻于额部中分，散披于肩部。宝缯自耳后垂至双肩，颈部有三道弦纹，上身袒露，佩项圈、臂钏及手镯，其中左侧供养菩萨左手齐肩，持净瓶，右侧供养菩萨双手合十于胸前。两身造像衣饰华丽，技法娴熟，颇具唐代造像遗风。主尊坐佛左、右各塑一身菩

第五章 麦积奇观：麦积山石窟艺术

萨立像，面容与供养菩萨相似，身躯略向内侧扭动，上身穿甲胄式圆领窄袖短襦，帔帛斜搭于左肩，并由向身后缠绕至腹前做结，下着紧身罗裙，外罩束膊半袖衣，胸和膝部装饰有涡旋纹，其余部位的衣纹也是繁缛多变。其中左侧菩萨左手平置于胸前，右臂自然贴膝下垂。右侧菩萨双臂置于胸前，双手互扣，神态恬静自然。特别是这两身菩萨弯腰扭头的姿态，充分展现出女性人体艺术之美。前壁两侧力士像分别高2.46米和2.54米，均束发戴花蔓式头箍，面形方正，额部凹凸隆起，凝眉突目，狮鼻阔口，一个双唇紧闭，一个张嘴呵斥。饰项圈及腕绳，上身袒裸，下着战裙，帔帛搭双肩向后飞扬，手持金刚杵或向后挥舞，双腿呈弓步站立于坛基之上。这两身力士像非常注重人体比例结构，手臂及腿部肌肉多处隆起，充满着力量感。整个造型动作夸张，大有气吞山河、威慑群邪之势。

这组造像与晚唐及宋代造像有许多相似之处。工匠在充分汲取唐代造像艺术风格的同时，更加注重人体比例结构的把握，服饰处理上更注重块面效果，这与北朝时期主要通过衣纹线来体现塑像气质的方式有很大差别。

（七）宋代造像设计

中国佛教造像艺术在宋代已经走向衰落。造像技法上，雕塑家们能够运用熟练手法来表现凸凹转折的衣纹，圆润细致，流畅逼真。艺术造型上，基本上承袭了唐末造像遗风，造像容貌丰满，衣饰飘带流畅自然，姿容凝重秀美，体态丰腴，比例匀称。

两宋之际，麦积山石窟进行了大规模重新修缮，尽管没有开窟之举，但重塑造像的数量非常多，其中也不乏精品之作，如133号窟的释迦与罗睺罗，165号窟的宋塑观音及供养人，散花楼（4号窟）宋塑力士等。

（八）元代造像设计

元代秦州地区政治中心转移至渭河上游的陇西武山一带，而麦积山所处的秦岭山系一线处于宋、金交兵区域,当地社会经济遭到严重破坏,这些因素使得元代麦积山佛教事业再次萧条下去。从现存情况看,这一时期开窟造像很少,仅35、48号两窟各保存有元代塑像,另外,在133号窟内壁面上尚保留许多元代影塑坐佛,多已脱落、残损,仅存痕迹。

48号窟为北周开凿,前廊后室结构,后室为并列开凿的两个平面马蹄形穹窿顶龛。宋代重修,元代分别在左龛内塑四臂观音一身,右龛内塑坐佛一身,均带有明显藏传佛教特征,其中以左龛内观音坐像最具代表性,椎形螺髻,面部表情神秘,短颈端肩、丰胸细腰,上身袒露,下着贴体长裙,结跏趺坐于莲台之上。两臂合于胸前,另外两臂分别在身后侧分曲上举,手均已失。颈饰项圈,帔帛搭肩绕臂贴膝而下。身后浮塑有两重壶门形背光,其正上方浮塑有三瓣形宝珠,在背光中间两侧的横梁上各浮塑一只摩羯瑞兽,带有鲜明藏传佛教特征。

(九)明清造像设计

明清时,麦积山步入衰落阶段,但窟龛、塑像、壁画的修缮和重绘并未停止,从事这项工作的主要是秦州当地和周边地区民众。对此,大量保存于散花楼的榜书题记和瑞应寺内的碑碣材料中都有详细记述。其中明代造像居多,主要集中在1、2、4、25号等几个窟中,而清代几乎没有什么造像,仅见于西崖74号窟正壁主尊重修的佛头,东崖2号窟内左、右壁的十王塑像,29号窟内的毗卢舍那佛及文殊、普贤二菩萨像等,塑作工艺和水平与此前历代造像相比,粗拙不堪,难登大雅之堂。

明代造像基本承袭宋代塑像风格,佛低平中分式发髻,多阴刻水波折纹,顶有肉髻珠。面形长圆,细目弯眉,双眼下视,悬鼻小口,颈部有蚕节纹,端肩丰胸,体形略显肥胖,身穿垂领宽袖袈裟,衣纹用块面塑作方法表现,具有写实主义风格。

总之,种种客观因缘使麦积山石窟保留下了中国最为完整的泥塑造像艺术品,而且不同历史时期、历史阶段的造像都有着十

第五章　麦积奇观：麦积山石窟艺术

分鲜明的时代特点,犹如一座中国古代雕塑艺术长廊。无论其内容、类型、技法,还是工艺,在同时期中国石窟寺中都是首屈一指,为我们留下了宝贵的佛教文化遗产,对于了解外来佛教艺术中国化历史进程提供了形象的实物资料,具有无可比拟的历史和艺术价值。

三、麦积山石窟的石雕艺术设计风格

麦积山石窟中的石雕作品相对泥塑作品的数量要少一些,现存的大多石雕作品是北朝时期的遗存物,以圆雕和浮雕为主。这些石雕种类不仅造型优美,而且做工的技术也很出色。最具有代表性的石雕洞窟有第127号窟、第133号窟、第135号窟等等。西崖的第二大型洞窟就是第127号窟。窟里面正壁的龛内是一尊主佛像,两侧的菩萨可称得上是我国石窟造像中石刻艺术的珍品,是花岗岩石为材料的圆雕造像。主佛是阿弥陀佛,二尊菩萨分别是观世音和大势至。三尊造像神态各异,美轮美奂,装饰精美,极具艺术魅力。

北朝时期石刻最具代表性的应属西崖第135号窟中的三身花岗岩石圆雕造像。这是在其他石窟造像中极为罕见的,是不可多得的艺术珍品。三尊造像外貌特征虽然各具特色,但都为褒衣博带,造型既生动又丰富。

在麦积山所有石雕中,规模最大的是著名的第133号窟万佛洞。窟里面现存有18块北朝造像石碑,故称为"碑洞";又因碑上很密集地雕刻有四千多个贤劫千佛,又称"万佛洞"。这18块造像石碑质量十分好,但不是用当地所产的石头雕刻的。碑刻的构图严谨和谐,不仅内容丰富、主题突出,而且造型生动。其中,最为著名的是第1号、10号、11号、13号、16号石碑,而在这些著名的石碑中,第10号石碑最为精彩。它的主题是佛本生故事,有树下思维、燃灯受记等情节,采用高浮雕的形式生动地表现了释迦牟尼从出生到成佛的故事。第10号造像碑通高1.76米,宽0.73

米,虽然碑面的面积不是很大,但雕刻的人物多达100多个,最大的人物达十多厘米,而最小的人物仅三厘米左右,中间还象征性地装饰有动植物,十分精美。

第133号窟第11号造像石碑,碑面上满饰精美的浮雕。浮雕分为上中下三段,以中段雕刻最为精彩。中段的中心部分是一佛龛,龛中雕一佛二菩萨,龛楣上雕有花草纹,龛的左右两侧雕有凌空飞舞的飞天四身,形态优美(图5-1)。

图5-1 造像碑浮雕手绘图[①]

从整体上看,麦积山石雕极具细腻柔和的风格,既典雅又古朴。

四、麦积山石窟的壁画艺术设计风格

麦积山壁画艺术与石雕艺术一样,现存的也并不是很多。原

---

① 王其钧,谢燕. 石窟艺术[M]. 北京:中国旅游出版社,2006.

第五章 麦积奇观：麦积山石窟艺术

来每一时期的洞窟，都有彩绘，十分华丽堂皇，但由于风化使大部分壁画脱落。现存的壁画只有1000多平方米，除了少数为隋唐时期的作品外，多数为北朝时期的作品。

目前，麦积山各代开窟凿龛时的壁画，绝大部分都已剥落殆尽，或者模糊不清，难以辨认。现在，除了一些零碎的残片和散存在各洞窟中的千佛以及被烟熏火燎、模糊不清的壁画以外，相对比较完整或尚能看出具体形象的壁画，全部加在一起，最多也超不过60平方米。如此多的窟龛，却只保留下如此少的壁画，确实令人痛心疾首，惋惜之至。在现存的壁画中，那种绘塑结合的制作方法，严谨巧妙的构图着色，以及精细高超的绘画技巧，给人以奇特严谨、美不胜收、巧夺天工的美感。这些壁画的题材以佛传故事、经变故事以及中国古老神话传说最为多见，明显呈现出我国传统绘画的艺术特征。

在麦积山所有石窟中，壁画保存最多、内容最丰富、画面最完善的一个洞窟是第127窟。窟内四壁和藻井都布满了彩绘，全部都是北魏时期的作品，场面十分壮观，色泽浓郁，风格清新。虽然是北魏时期的彩绘，但风格极具南朝画风。其中的经变故事图，具有重要价值。东壁大型"维摩经变"图，文殊端坐在山林之中，神情镇定。许多的菩萨、弟子和飞天都簇拥在四周，巧妙地展现了经变故事中的几个情节。画面中的"吉祥飞天女"和群僧衣袖飘逸，好像是从天上飘落，这与东晋顾恺之的《洛神赋图》极为相似，是麦积山壁画中的上乘之作。

西壁窟顶巨大的"西方净土变"图中，尽管画面有剥落或者是变色，但画中之物都有迹可循，并不模糊。整个画面，都是以阿弥陀佛为中心的。上边是庄严辉煌的殿堂、宝盖，下边设的高台、栏楯，两旁高楼对立，大树参天。殿堂中的胁侍菩萨和数十个罗汉弟子、菩萨、四方信士，虔诚恭立。殿堂下面，鼓手在欢快地敲鼓，中间有两个舞伎在弯腰舒袖婆娑起舞，地上四乐伎起劲奏乐，许多僧人集中在一起，描绘了极乐世界歌舞升平的景象。场面壮观，人物众多，有动有静，而且构图也很严谨。这幅作品也是中国石窟保存的"西方净土变"壁画中最早的巨作,因而更有珍贵的历史价值和艺术价值。

麦积山壁画将中国传统绘画技法和西域传来的外来技法融为一体,又突出民族特色,画面施色多用赭红、石青、石绿、黄、白等色来对比,既庄重又秀美。

总体上看,麦积山石窟壁画虽然损失了许多,但这些存留下来的壁画却是独领风骚,至今虽已历经1500多个春秋,但风采依旧,浓淡如新。

第三节　重点洞窟赏析

一、具有代表性的泥塑洞窟

在众多不同时期的麦积山泥塑作品中,以北朝时期的作品居多。发展更为成熟、精美的要属北魏中期,它是在北魏早期塑像雄健、浑厚、高大等风格特征的基础上,进一步完善而来的。北魏早期的塑像继承了外来佛教文化的特征,最有代表性的泥塑洞窟有第74号窟和第78号窟,窟中菩萨的造型风格极富异国情趣,肩搭披帛,袒裸上身,是早期塑像的典型作品。在麦积山所有的石窟中,最能代表北魏中期秀骨清风造像特征的有好几个洞窟,第23号窟就是其中之一,第23号窟的佛像主要特征就是:细颈削肩,眉清目秀,褒衣博带,风骨潇洒。窟内的菩萨,小巧秀丽,柔姿绰约,身体侧扭,低头微笑,左手抚腰弄带,露出沉静的内心世界。再说第142号窟里面的供养人,更令人称赞不绝。这位女供养人,身高虽然只有10厘米,但表现得极为生动,呈现出一个贵妇人祈福美好生活的形象,她头戴龙冠,长裙拖地,一手拿灯,一手领着小孩,缓慢行走,整个场面极为生动,是不可多得的稀世珍宝。

麦积山泥塑在西魏时期,不仅沿袭了魏晋时期艺术的传统优

第五章　麦积奇观：麦积山石窟艺术

势,而且逐步发展起来了自己的艺术特点,无论从造型、服饰及审美趣味上讲,都明显呈现出独特的民族风格特征。这一时期的造像以中小型为主,题材虽然多,但技法主要还是以薄影泥塑为主,造型也十分优美。其中,最能代表这一时期造像特征的有第44号窟等,这些洞窟中的造像都有一个共同点,即面容秀美,峨冠高履,宽衣博带,长裙拖地,衣纹流畅(图5-2)。

图5-2　第44窟正壁一佛二菩萨像[①]

譬如说位于西崖的第44号窟,里面的阿弥陀佛,结跏趺坐,面容秀美典雅,肌肤细腻润泽,富有弹性。身穿袈裟,衣裙舒展从肩垂下,形成花状覆盖在佛座上,极富有装饰趣味。最为让人陶醉的是佛那饱含深情的双眼和神秘的微笑。这尊佛像虽然至今已经历了一千多年的历史,但仍完美如新。

麦积山泥塑发展到北周时期,可称得上在艺术风格上开辟了新天地。它不仅有形神兼备的民族艺术传统,而且还创造了敦厚壮实、珠圆玉润的风格。虽然艺术手法比较洗练,但更贴近现实生活,既真实又和谐。这一时期的造像,外貌特征大多是脸形丰圆,柔和亲切,体形匀称,结构准确,衣带活风。这一时期最为典

[①] 图片来源：http://www.lnanews.com/imgnews/2020-02-01/g755xf7drc3eq0x9ve2zfo1o3.jpg

型的造像洞窟有第4号窟、第62号窟等等。第4号窟内有七个佛龛，每龛内为一佛二胁侍（或二弟子）、左右壁各三尊菩萨立像。其中，菩萨以第6号龛内的数身最为精美，如第4号窟第6号龛内的六身菩萨中的两身，菩萨像高都在2.8米左右，衣裳华美，装饰繁丽，但整体造型又不失隋代造像的简洁、明快的特色。

第62号窟是北周重要的洞窟。第62号窟位于麦积山西崖中部，是麦积山现存北周洞窟中造像保存最好的一个洞窟，也是未经过后代重修的一座洞窟，所以雕塑是完全的北周风格。第62号窟中有12尊十分精美的塑像，形象地表现出了佛慈祥大度的性格特征。菩萨则表现出秀美典雅的风格，外观装饰得十分华丽，给人以富贵之感。62号窟内左壁的一佛二菩萨，佛像庄严端正，而胁侍菩萨的造型与服饰则相对灵活，细节多变，身段修长且肌肉丰满，既有北周时秀骨清像的余韵，又开了隋唐丰满圆润风格之先河。

图5-3所示为第62号窟正壁，主供坐佛一尊，两侧各侍立一菩萨。坐佛高近1米，头微低，双目下垂，面容慈祥，嘴角带笑。佛像正结跏趺坐在方形台座上，身上的衣纹流畅如水，裳摆自然垂于台座上。佛像的右手施无畏印，左手搁于膝上，神态沉静安详。菩萨的头也微低，侧向主佛，表现出恭顺的侍者之态。

图5-3　62窟内左壁的一佛二菩萨[①]

---

① 图片来源：https://www.sohu.com/a/164684699_296979

第五章 麦积奇观：麦积山石窟艺术

此外，最令人称绝的是第 4 号窟上七佛阁的 42 尊菩萨像，面貌既丰满又端庄，充满人性化。这 42 尊菩萨像的衣着和外观装饰，各具特色，无一相同，不仅生动美丽，而且变化多端，是麦积山石窟北周时期塑像的典型代表作品。

麦积山隋唐时期的泥塑，是在北周时期塑像敦厚壮实、珠圆玉润的风格基础上，又开创了丰满圆润、端庄雄健的新风，是现实主义与浪漫主义相结合的泥塑艺术。这一时期的塑像风格大多都是面容饱满，体型高大健美，衣饰华丽。在麦积山石窟塑像中，最能代表隋唐时期塑像风格的是立在东崖壁面的石胎泥塑大佛像以及第 5 号窟的踏牛天王塑像，东崖壁面第 13 号窟的石胎泥塑大佛像（图 5-4），主尊释迦牟尼高 16 米，两侧边分别站立有菩萨，他们样子骄傲地站在崖面，高瞻远瞩，气宇轩昂，好像对大千世界充满了关爱之情，可称得上是麦积山大型雕塑的代表，也是隋唐时期造像的壮举。

图 5-4　摩崖大像[①]

第 5 号窟牛儿堂中窟前的踏牛天王，头戴锥状宝冠，身穿铠甲战袍，两眼暴睁，胡子相连，平举着双臂，紧握双拳，昂首挺胸稳站在一只牛犊的身上，像是一位指挥作战的将军。脚下的牛犊，昂着头在那儿趴着，眼睛看着前方，表现出天真顽皮的性格特征，

[①] 图片来源：https://www.meipian.cn/6q1pmos

深受人们的喜爱。

麦积山第69和169号窟,是同一时期凿建的双龛,佛龛都是圆拱券形,两龛中的雕像也都同时带有早、中期两种特点。169号窟中的弥勒与菩萨像,在衣饰、装束、衣纹、面容上就同时具有北魏早、中期造像的特点;69号龛中的主供佛装束,也是既有北魏中期宽衣博带、衣纹流畅的特点,又带有早期浑厚、稳重的特点。两龛最特别之处,是两者之间有浮雕的两条相交的龙,这是麦积山石窟中仅有的一例。

麦积山石窟中,宋朝时期的塑像是十分出色的,因为在云冈、龙门、莫高窟等石窟中,宋代的雕塑作品相对较少,因而麦积山石窟中的宋代作品的确为麦积山石窟增色不少。现保存完好的一百多件宋代作品中,大多数都是精品中的精品,最为明显的特征是纤巧流畅、逼真自然、与现实相接近。最能代表这一时期的造像洞窟有第165号窟和第191号窟等。

第165号窟的群体造像,更是独占鳌头。左壁的观音菩萨,神态典雅,形象逼真。头顶方形的沙巾,扁圆脸形,凤眼、樱桃嘴,露着脖子袒着胸,内穿斜领的小衣服,外边身着开领长衫,两手重叠,放在胸前。两侧的供养人造像面容秀美,身姿婀娜,肌肤细嫩,衣褶简洁,和菩萨组成精美的东方女性群像。

第191号窟的雄狮,毛卷曲,尾巴翘起,张口咆哮,前爪按个一圆球,身子半蹲,作站立势,异常凶猛。狮子凶猛威武的性格特征在这里表现得淋漓尽致,可称得上是野兽题材作品中的优秀代表。

麦积山泥塑不仅有优美生动的造像,而且选用的材料也是上等之品,做工既细致又完美。这些都是古代匠师们智慧的结晶。他们一次性完工,技艺既高超又果断,几乎没有反复刀凿的痕迹,不得不令人称赞。

麦积山石窟泥塑之所以驰名中外,不单单是因为悠久的历史和宏大数量,更重要的是其高超的艺术水平创造了中国古代雕塑艺术的另一个高峰。

二、最具特色的壁画——第4窟壁画

在残存的壁画当中，最引人注目、最具特色的壁画，当然要首推第4窟上七佛阁的艺术壁画，均为珍贵的北周彩绘。尤其是上七佛阁前廊后壁各龛上面的五组"薄肉塑"的乾闼婆、紧那罗等更是精品之中的精品。所谓"薄肉塑"飞天，即：凡是飞天人物的四肢、腰身、脸面等裸露的肌体部分，都用一层极薄的优质细泥浮塑而作，其余部分，如飘带、衣裙、花饰、流云、香炉和器乐等，则全用绘画形式表现。这种绘塑结合和绘塑不分的制作方法，不光增添了这些伎乐天人物的立体效果，也给人以真实生动和脱壁欲出的感觉，同时，也使整个画面的主题更突出。试想，当时的能工巧匠们，决不是采用普通的、传统的方法来绘制这些作品的。显然，他们已经注意到在这距洞窟地面七八米高的地方所绘制的壁画下面，还有一个又一个的雕凿浮塑出来的富丽堂皇的帷幔、流苏、宝饰，等等。如果对壁画不作特殊处理，既不能和这些华贵的陈设协调一致，也不能引起人们的注意与重视，因此，这些能工巧匠们才突发异想，别出心裁地绘制这些壁画。直到现在，尽管许多浮塑泥层已经剥落，其绘出部分也因千百年的风雨沧桑而褪色了，但当人们来到这里，欣赏这些壁画"飞天"时，仍然能够感到这些伎乐天人物仿佛不是绘制在洞窟的墙壁上，而是浮游在旷野的天空中。也正因为如此，尽管原凿的崖阁和后修的木构建筑早已塌毁了，而人们仍将这美妙的上七佛阁称作散花楼。这些壁画的出现，固然与我国古代大型镶钿艺术的发展有一定的关系，但也反映了我国古代艺术中绘塑同源、绘塑结合和相得益彰的优良传统，说明我国古代聪明智慧的能工巧匠们，在绘制某些重要画面时，善于运用不同的方式和不同的方法来表现不同的意境。

在上七佛阁中的"薄肉塑"飞天像，总计5块，约30平方米，分别设置在第1、第2、第3、第4、第5佛龛的上面，用薄泥加画制作。第6、第7佛龛上面的飞天像，没有使用优质的细泥，而直接用绘画的方式表现。这七组飞天像,是按照各龛顶部的墉面直接设计构图绘制。每组各作飞天像四身,或奏乐,或拈花散香,或捧炉进供,均以龛顶为中心,相向而飞。前五组的飞天像,其脸画、胸腹、上肢、双足,凡露肉部分,都用薄薄一层优质细泥塑出,其他如衣着、飘带、饰物以及周围的流云、花饰等,均彩画而成,既生动,又极富立体感;既类似大型镶钿之作,又在绘塑之间。无论是塑还是绘,均精工细作。造型显得生动优美和谐,确实是罕见佳作。总体来说,上七佛阁的艺术壁画画面中的飞天形象,她们身姿优美,神情高雅,正衣袂翩然地凌空飞舞着,长长的帛带更显出她们身形的灵动优美。她们或是吹奏乐器,或是手捧鲜花飞撒,美妙动人。飞天的脸、手臂、胸腹、双足等裸露部位,则采用优质的薄泥浮塑而成,与彩绘的衣裙、帛带、花朵、流云等组合,产生了特别的艺术效果。

绘制在上七佛阁柱廊里上面棋天花中的佛传故事,即佛传人物和赴会菩萨,也可以堪称麦积山石窟壁画中的奇葩瑰宝。在这些佛传故事壁画中,大部分壁画随着窟檐的崩塌,基本上全部塌损了。现在,惟有左侧次间内的一块,画诸天普乘;右侧第七间上面的三块平棋中最外一块画城郭人物,里面的一块画城楼建筑,靠里偏左一块画人物车马。由于它们都画在平棋天花里面,未经太阳直接照射,尽管也都已经残缺不全,但色泽形象还比较清晰,除个别地方略有变色外,基本上都保存了原来的面貌。壁画全用单线平涂的方式来制作,素泥作底,白粉和墨线勾勒,画面以青、绿、朱砂为主,间以精石、朱砂、土红、姜黄等色,装饰性很强。由于画面距离洞窟地面较高,因而全用大块面构图,不作过细描绘。整个壁画的思路、构图极为严谨,轮廓线处理得十分得体,透视关系也运用得十分成功,立体感极强。尽管壁画全部都画在天花板上,却毫无反转倒置的感觉,不论是城楼建筑,还是车马人物,都宛如置于平地上一样。特别是那匹缓步前进的红马,不论是体形动态,还是气质神韵,都绘制得惟妙惟肖,十分真实生动,使人感到这匹红马蹄声得得,气嘶嘘嘘,似乎正在平缓、稳健地行走在你

第五章 麦积奇观：麦积山石窟艺术

的面前。每当人们从不同的位置和不同的角度去欣赏、观察时，都会感到它有不同的走向和动势。难怪许多专家学者不光建议要把这方壁画作为特级文物中的特级来保护，而且还称其为"神品"。

诸天普乘图，也是一幅很有特点的作品。那些赴会菩萨的形象及其艺术技巧，处理得也十分生动朴实，静中有动，动中有静，真是惟妙惟肖、栩栩如生。画在前面的四身飞天，更是不同凡响，堪称是惊人之作。本来，其他飞天人物，大都是凭借几条长长的飘带飞舞翱翔于天空，而这四身飞天却身着绮罗仙衣，完全靠本身的动势和周围流云飘浮的烘托来飞行于天空，这种仙衣飘浮的技术处理，是接受了我国古代传统的腾云驾雾与白日飞升思想后创作的，可以说是飞天的另一种表现形式。至于画在平棋中的其他两块城郭人物和城楼建筑，也都显得真实自然而又富有立体感。

纵观上七佛阁的壁画艺术确实是我国佛教艺术史上的一朵奇葩。远在1400多年以前，我国勤劳智慧的祖先，就能绘制出这样的作品，是值得我们骄傲和自豪的（图5-5）。

图5-5 七佛阁的壁画艺术

三、具有代表性的崖阁建筑

麦积山石窟一些雄伟险峻的建筑,在其他石窟中是极为少见的,因而成为中国石窟建筑上的优秀典范。麦积山石窟大约有 200 个窟龛,总体可归纳为七种最有代表性的空间结构类型,即崖阁、人字坡、方楣锥顶、拱楣穹窿顶、方楣平顶、方楣覆头号藻井以及摩崖。其中,最为突出的是崖阁。所谓崖阁就是指石造的佛阁,也就是在崖面上凿出遮檐、檐柱、额枋、斗拱等,龛室凿在里面,这些建筑都是依照汉代宫殿楼阁木构建筑样式而建的。它不仅融合了民族殿堂建筑,而且也融合了外来窟龛建筑,两者相得益彰。现存的崖阁建筑大多位于东崖,都是北朝时期的作品,气势既宏伟又壮观。

麦积山崖阁建筑最具有代表性的是第 4 号窟,也称七佛阁或散花楼,它是一座很大的石刻殿堂建筑,是由北周时期大都督李允信主持营造的。第 4 号窟的前部为单檐庑殿顶的窟廊,也就是说,这座窟龛前部是一座庑殿顶建筑的形式。建筑面阔七开间,长达 31 米,高度约为 15 米。廊前原本应有八根石柱,但目前仅残存东西两端的两根,可以据此想象出当年全盛时的壮观景象。图 5-6 所示这座庑殿顶建筑的屋檐以下的部分。

第 4 号窟建筑上方利用石头的崖面凿有单檐庑顶式大顶,石窟的前面辟有七梁八柱廊檐,柱子后七大佛龛是横向一字形排列的。列龛和檐柱之间组成了一个长廊。前廊檐柱都是八字形的平面,下边有覆莲形的柱础,柱头上边刻有方形栌门。廊顶天花板刻成平棋藻井。正脊素斗、鸱尾向内。每个龛的外部的门额上方,雕有火焰宝珠,门楣上方及左右两侧的上部刻帐幔帷幕,两端有龙凤象头。龛内的四角,雕有八角形平面的帐柱。帐楣、帐杆和帐柱相交接,还雕刻有莲蕾和宝镜等饰物。不管是梁柱、檐檀、斗拱、门窗还是帐幔、帷幕,都是按汉魏宫阙结构和佛帐结构精心设计雕凿的,富丽堂皇,好像是宫廷建筑。

第五章　麦积奇观：麦积山石窟艺术

除了这座巨大的散花楼外，第43号窟魏后主墓不仅具备散花楼的建筑特点，而且还又重新凿出了出檐、屋脊、瓦楞，外形类似于木构殿堂。属于仿木构宫殿式的崖阁建筑还有第1号窟的涅槃洞、第3号窟的千佛廊、第5号窟的牛儿堂，以及第28号窟、第30号窟，等等。

图5-6　庑殿顶建筑的屋檐下部[①]

麦积山石窟，除了以上介绍的这些具有外廊建筑特点的洞窟外，还有一组独具特色的建筑形式，即第133号窟的万佛洞，它是结构复杂特殊的民族古墓建筑形式。洞窟面积约100多平方米，前壁凿有一个长方形的窟门。之所以说它特别，是因窟内的堂和阁并不是各自为一体的，而是以堂套"阁"的形式展现在世人面前，中间以斗拱相连，复室叠龛，结构十分复杂，是极为少见的一种巨型崖宫式建筑。

总体上看，麦积山崖阁石壁建筑雄浑古朴，斗拱富有托力，梁柱坚实稳重，脊檐雉尾的装饰富有趣味，建筑气势宏大壮观。麦积山洞窟是一组极为特殊的洞窟群，上下左右，层层叠叠，密密麻麻地建在宽约200米的峭壁上。其中，最高的洞窟离地面达百米左右，最低的洞窟距山基也有20多米。每个窟之间，以凌空出挑

---

① 图片来源：http://travel.163.com/10/0618/08/69ER44L200063JSA.html

的道路互相通连。这些凌空道路都是用木料架设成的，不仅上下曲折，空间极富变化，而且人走在上面，看到脚下是凌空的崖底，十分刺激，很有挑战性。

四、具有代表性的景明题记——第115窟

第115号窟是方形平顶小窟，高1.07米，宽1.06米，深1.03米。内坐一佛二菩萨，窟内的雕塑风格是典型的北魏中期风格。佛挺身而坐，目视前方，头顶有很浅的水波纹高肉髻，面相圆润略长，有清瘦之感，宽肩窄腹，胸部丰厚，肩臂浑圆，身体的体积感强，有着一种敦厚、稳重、结实、充满力量的美感。佛着单肩袈裟，袈裟上有密集流畅的阴刻线。菩萨戴高花冠，发辫分披双肩，袒露上身，斜披天衣，下着贴体长裙，和76窟的菩萨一样，身体均向外侧扭动，形成了一个自然的、轻微的弓形，似乎是在随风而摆，整个体躯在劲健之中透出一种纤柔，在庄严的佛国之中逐渐地吹入了一股源于人间的自然清新之风。

窟内佛座上有"北魏景明三年（502年）9月15日上邦镇（现甘肃清水县，邻近天水）司马张元伯"的造像题记，司马是主管地方军事或治安的官吏，这是麦积山石窟众多的窟龛中唯一个有明确的开窟年代的洞窟，对确定其他洞窟的年代起着一个标尺的作用，有着极重要的研究价值。

窟顶绘一团龙围绕一宝珠旋转，四周祥云飘绕，这是受中国古代建筑的影响而对窟顶部分进行的装饰，同时也有以龙护卫佛法的寓意。

正壁绘有故事性的壁画，有院落、仙鹤禅定僧人、婆罗门等，但是这些内容难以解读，其中一个画面专家解读为《驳足王本生》。

第六章 唐宋石窟艺术陈列馆：大足石刻艺术

大足石刻是重庆市大足区境内主要表现为摩崖造像的石窟艺术的总称。造像始建于初唐，历经唐末、五代，盛于两宋。迄今为止被公布为文物保护单位的石窟多达75处，造像5万余尊，其中尤以北山、宝顶山、南山石门山、石篆山石窟最具特色。北山石窟依岩而建，窟龛密如蜂房，被誉为"唐宋石窟艺术陈列馆"。宝顶山大佛湾造像长达500米，气势磅礴，布局严谨，图文并茂，教义体系完整，是世界上罕见的有总体构思、历经70余年建造的一座大型石窟密宗道场。造像既追求形式美，又注重内容的准确表达，涵盖的主题较广。大足南山、石篆山、石门山石窟精雕细琢，是中国石窟艺术中少有的释、道、儒"三教"造像的珍品。

第一节 大足石刻艺术概述

大足石刻，是坐落在重庆市大足区境内所有石窟艺术的总称。现大足区境内分布着大大小小石窟近百处，造像达五万多尊。其中有一部分是摩岩造像，这些造像全部是用四川地区特有的红砂岩雕凿而成。造像的题材大多以佛教内容为主，但也有儒、道教造像。这种集佛、儒、道教于一体的石窟艺术，在其他石窟中是极为罕见。也正是因为这一点，才充分体现了大足石刻的独特之处,也是大足石刻的吸引人之处。

　　大足石刻是在唐朝初期永徽年间(650—655)开凿的,至今已有1300多年的历史。其中,在唐代末期、五代、两宋、明代、清代、民国都有扩建和开凿,但在两宋时期开凿最为频繁,这一时期的石窟造像发展最为兴盛。大足石刻不仅集佛、儒、道教造像于一体,而且佛龛的题材也是极为独特的,它选用了两教合龛或三教合龛的布局。此外还有小部分的纯道教造像。从这些独特的造像和精致的布局中可以看出,大足石刻可算得上是我国石窟艺术精华中的优秀代表。

　　石窟艺术传入中国后,分别于公元5世纪和公元7世纪前后(魏晋至盛唐时期)在中国北方先后形成了两次造像高峰,但至公元8世纪中叶后,北方石窟艺术逐渐走向衰落。于此续绝之际,大足的雕刻家们却仍在挥锤凿石,创造了中国石窟艺术史上的最后一座丰碑。联合国教科文组织专家认为:"大足石刻是天才艺术杰作,具有极高的历史、艺术、科学价值;佛、道、儒三教造像反映了中国宗教哲学思想和民俗民风;在思想和艺术方面对后世产生了重大影响。1999年,大足石刻作为文化遗产被列入《世界遗产名录》。

　　在大足石刻所有的石窟中,最有代表性有北山、宝顶山、南山、石篆山、石门山等石窟。这些石窟规模宏大,窟内造像丰富,具有较高的艺术价值。

第二节　大足石刻的设计风格

　　大足石刻是石窟艺术生活化的典范,在内容取舍和表现手法方面,都力求与世俗生活及审美情趣紧密结合。人物形象文静温和,衣饰华丽;形体上美而不妖,丽而不娇。造像中,无论是佛、菩萨,还是罗汉、金刚,以及各种侍者像,都似现实中的各类人物的真实写照。尤其是宝顶山石窟所反映的社会生活情景,丰富写

第六章 唐宋石窟艺术陈列馆：大足石刻艺术

实,颇似一座民间风俗画廊。例如《父母恩重经变相》（图6-1）多组群雕,生动地刻画出了父母养育子女的艰辛过程;《养鸡女》成功地塑造了一个劳动妇女的形象;深得人们赞赏的《牧牛图》（图6-2）充满了农村生活的情趣。大足石刻以其浓厚的世俗信仰,纯朴的生活气息,在石窟艺术中独树一帜,把石窟艺术生活化推到了空前的境地。

图6-1　大足石刻《父母恩重经变相》[1]

图6-2　大足石刻《牧牛图》[2]

大足石刻以艺术的形式来表现儒、释、道三教融合的思想灵魂,把儒家仁义忠孝观念融入佛理,同时引佛教教义以明儒家经

---

[1]　图片来源：https://you.ctrip.com/travels/langzhong831/3316619.html
[2]　图片来源：https://www.meipian.cn/25dtixz

典。作为中国传统文化主体的儒家、道教及佛教,在长期的发展进程中,总趋势是由"相互对抗"走向"相互融合"。大足石刻表现为使原本属于佛教产物的石窟艺术为道教和儒家所借用,且"三教"创始人不分高下地出现在同一石窟之中。同时,大足石刻丰富多样的造像题材又有力地反映了这一时期源于印度的佛教神祇和道教早期的神仙系统已与中国民俗信仰的神灵融合,呈现出信仰多元化的趋势。如石刻中表现的《父母恩重经》就体现了佛教与儒教的融合,佛教用自己的教义来体现儒家的孝道。

大足石刻是科学与艺术相结合的艺术创造。大足石刻充分运用工程技术进行石刻艺术雕刻,表现在地形选择、峡谷排水、龛窟支撑、力学原理等方面。如"圆觉洞"通过老僧持钵接水解决排水,而形成"只听山水响,不见山水流"的绝佳意境;"华严三圣像"中文殊手托的石塔,重约千斤,单凭"手"是不能支撑其重量的,雕刻家便利用手腕上的袈裟,斜着下垂至膝部,将重力引向地下,使其托塔而不坠。大足石刻的创造者充分地运用了科学技术,使之与艺术巧妙地结合。同时,在审美上也体现了中国传统审美思想和审美情趣。

第三节 重点洞窟赏析

一、北山石窟

北山,旧时称龙岗山,是一座由中丘、高丘组合而成的巨大山体。北山的所在地是"永昌寨"遗址,原是唐末昌州刺史、昌普渝合四州都指挥韦君靖作战时用作储粮屯兵的地方。

北山石窟具体位置坐落在大足县城北面1.5千米处,是在距今250多年的唐代晚期开凿的。不过,在五代、宋代时期都有扩建开凿。此外,还有少部分龛窟是在明清时期补刻的。窟内的造像最初是韦君靖在唐景福元年(892)开凿的,后来在当地官

第六章　唐宋石窟艺术陈列馆：大足石刻艺术

吏、士绅及僧尼的带领下又相继营造扩建,逐渐成为今天所见的规模。

北山石窟以其精美的造像、精致的雕刻及精湛的技艺著称,集唐代晚期、五代、两宋时期风格于一体,不仅窟内造像精美丰富,而且窟外周边有茂密的森林,绿树成荫,风景优美。在欣赏佛教艺术的同时,也可以尽情放松心情,感受大自然美妙。

窟内造像题材既丰富又广泛,不仅有佛教密宗造像,而且还有净土宗、禅宗等许多教派造像。造像人物有高僧是理所当然的。但出现宦官就有些让人不能理解了。仔细揣摩,这是石窟艺术开始走向世俗化的一个标志。窟内造像种类最多是世俗供养人,具有较强的写实性,难怪有人把这里称作是"唐宋石刻陈列馆"。

北山石窟大体可分为五个造像点,即佛湾、观音坡、佛耳岩、营盘坡、北塔坡;其中,龛窟达300多个,造像都是佛教题材,数量近万尊。在这五个造像点中,数量最多、最集中的应属佛湾造像点,它也是北山石窟的中心点,坐落在北山的最高处。造像坐东面西,由南北两部分组成。在长达400多米,高达7米左右的崖面上,分布着密如蜂房的龛窟达200多个,造像达7000多尊。此外,还有一幅阴刻线图,六通碑碣,八座经幢。

佛湾造像题材十分丰富,而且做工也很精致。如第9号千手千眼观音经变图,制作就很精美,窟的高度和宽度分别约2米多,深度约1米多,正中的千手千眼观音坐于金刚座上,头戴花冠,身穿天衣,胸饰璎珞,光着的脚踏在金刚座下两朵莲花上面。所谓"千手千眼"并不是真正指佛有千只手和千只眼,这只是佛教理论上的说法。大佛全身共有42只手,左右各20只,胸前两只手合掌;共有43只眼睛,除了胸前两只合掌的手外,每只手上都有一只眼睛,面部有3只眼睛。之所以称为千手千眼,是因为佛两侧的40只手和每只手上的眼睛,分别代表着25种因果报应。而25和40相乘得1000,因此,大佛就被称为千手千眼佛。

图6-3所示为北山千手观音。这尊北山的千手观音共有42只手臂,其中胸前二手合十,肩上两手于头顶举化佛,其余各手本

应分别执不同的法器,但现在除胸前头顶四手外,其余各手多残毁。

图 6-3　北山千手观音

在千手千眼佛的左右两侧壁上刻有种类丰富的造像,如十方诸佛、雷神、风伯、文殊、普贤、金色孔雀王及金刚等,相传是千手千眼佛的经变相。

除第 9 号窟龛外,还有第 10 号释迦牟尼佛龛(图 6-4)。与第 9 号窟龛一样,这个窟龛内的造像也是唐代时期的作品。窟高约 2 米多,宽约 3 米多,深约 1 米多。窟内主要造像是释迦牟尼,结跏趺坐于莲座上,身穿袈裟,左手放在膝上,右手上举。头顶上是垂莲宝盖及飞天。位于释迦牟尼的左右两侧还有许多造像,左边是高 1.52 米、宽 0.36 米的迦叶,以及高达 1.79 米、宽达 0.45 米的观音,右边是阿难、大势至,这两尊造像的高度和宽度分别与左边迦叶、观音的高度宽度一样。总体上看,这个窟龛造像精美,明显呈现出唐代时期的风格特征,虽然衣饰较简朴,但线条柔美,

第六章　唐宋石窟艺术陈列馆：大足石刻艺术

朴实刚健。

图 6-4　释迦牟尼佛龛

佛湾第 122 号窟龛中的造像也是十分出色的，里面的主要造像是诃利帝母，又称"鬼子母""双喜母"。有关诃利帝母的来历在佛教史料中有许多记载：诃利帝母原本是一位美丽的牧牛少女，后来因为被当时人所唾弃，对人间充满怨恨，决心要报复。在释迦牟尼的多次帮助下，使她弃恶从善，成了保护小孩的神。因此，在民间，也有称诃利帝母为"送子观音"的。

窟内的这尊诃利帝母坐在正中有屏风背衬的中国式龙头背椅上，凤冠霞帔，身穿敞袖圆领华服，脚穿云头鞋，两膝之间放着一个小孩，用左手抱扶着。位于诃利帝母的左右两侧分别立有一尊侍女，她们身穿宫服（图 6-5）。

除北山佛湾第 122 号窟龛中有诃利帝母外，在大足石刻大大小小所有的石窟群中，还有两处也有诃利帝母造像，即石篆山第 1 号窟龛和石门山第 9 号窟龛。在佛湾所有的窟龛中，像这种造像精美的窟龛比比皆是，它充分体现了我国古代劳动人民高超的技艺。

从整体上看，北山石窟五个造像点的造像风格，明显具有江南地区纤秀柔美的仪态特征，从而少了北方粗犷雄伟的特征。从艺术风格上分析，北山石窟充分体现出中国传统线描画与工笔重彩画的高度结合和含蓄蕴藉的东方神韵。

图6-5 诃利帝母

与其他石窟不同的是，北山石窟的造像施主全部是士民，而且规模在我国也是数一数二的。它并不像云冈石窟、龙门石窟一样是由当时的统治者出资援助营造，这充分体现了北山石窟朴实无华的特征，它所带给人们的是一种朴素、简洁的艺术美。

在北山佛湾对面的山巅之上，矗立着一座雄伟壮观的多宝塔，又称"北塔"。这座塔始建于南宋绍兴十七年至二十五年（1147—1155），为八角形十三级密檐砖塔，塔身呈腰鼓形，高达30多米。塔的单层檐下有斗拱、雀替托檐，而双层檐则叠涩挑出。站在塔顶，四周景色尽收眼底，是观景的好地方。多宝塔不仅雄伟壮观，而且里面还有许多南宋时期的石刻造像，题材十分丰富，有菩萨、护法神像、五十三参像、人物像等，此外，还有各种类型的碑刻。

二、南山石窟

与北山遥遥相望的便是南山，旧时称"广华山"，坐落在大足县南2千米处。南山还有一个十分优雅的美誉,即"南山翠屏",之所以享有这样的美誉,是因为山上有成片的绿树,再加上金橘的香气,构成了一幅美丽的山林画。

南山石窟是在南宋时期开凿的,里面的造像题材全部是道教题材,达500多尊。现存的窟龛有"三清洞""圣母龛""龙洞""真武洞"等五个主要窟龛,南山石窟连这五个主要窟龛在内,共编有15号窟龛,而在这五个主要窟龛中,以"三清洞"最为出名,也就是编号为5号窟龛。除了这些道教造像外,还有大部分碑碣题记,都可称得上是上等作品,其中以《何光震饯郡守王梦应记碑》最具价值,刻于南宋淳祐七年(1247),记载了四川东部在南宋晚期被蒙古军队攻掠后,当时社会政治历史的基本情况,成为珍贵史料的一部分。

图6-6所示为南山石窟中的一处圣母龛。此龛也属于一窟道教题材的造像,而且石窟打破了我国一直以来的男尊女卑传统,首次将女性形象作为石窟中的主要尊像。主尊三位圣母头戴宝冠,身着华服端坐于坐椅之上,头顶各有宝盖,表现出尊贵而威严的古代贵妇形象。

图6-6 圣母龛

三清洞为平顶方形中心塔柱窟,开凿于南宋绍兴年间。洞内的主要造像题材是"三清""四御"。所谓三清就是指居于清微天玉清境的元始天尊,也称"天宝君";居于禹余天上清境的灵宝天尊,也称"太上道君";居于大赤天太清境的道德天尊,也称"太上老君"。而"四御"就是指玉皇、紫微、勾陈、后土。这"三清""四御"在道教中有较高的地位,是被供养的主要神像。

位于窟内正中立有一根柱子,柱子正面有浅龛,造像由上下二层组成,"三清(玉清元始天尊、上清灵宝天尊、太清太上老君)就刻在上层正壁上,左右两侧壁上分别刻有玉皇大帝、紫微大帝。"三清"的造型大体相同,都盘膝坐于莲台上,身穿道袍,头戴莲形束冠,三绺长须很有个性。玉皇大帝和紫微大帝的造型大体也相同,都坐于龙头背椅上,头戴冕旒,手捧玉笏。下层左右两侧壁分别刻有勾陈大帝、后土皇祇,与玉皇大帝、紫微大帝一样,这两尊造像也坐于龙头椅上,头戴冕旒,手捧玉笏。除了柱子的正面有浅龛外,在左面壁上同样也开有上下二龛,位于上龛是玉皇大帝巡游图;下龛是春龙起蛰图,不仅造像生动自然,而且场面规模也很大。

三清洞内除了这些道教所供养的主要神像外,还有300多尊呈立式、神态各异的应感天尊像,以及象征黄道十二宫的动物及人物。

三、宝顶山石窟

宝顶山,又称"香山",坐落在大足县城东北方位。旧时,这里是一片大丛林,现在便是宝顶山石窟的所在地。宝顶山石窟不仅规模宏大,而且内容也很丰富,里面的造像保存较完好,囊括了许多晚期石窟的艺术特征,具有较高的欣赏价值。

有关宝顶山石窟开凿的时期,在当时有许多不同的说法。其中,最有代表性的说法有三种,但这三种说法中的营造者都是围绕着两个人而产生的故事。一种是唐宣宗大中九年(855)由柳本尊主持开凿;另一种是唐、宋年间由柳本尊、赵智凤主持开凿;最后一种是宋代时期由赵智凤主持开凿。之所以说这三种说法更具代表性,是因宝顶石窟中造像的人物、服饰、器物、碑碣、建筑式样,以及艺术风格更接近三种说法中的时代造像风格。在这三

第六章　唐宋石窟艺术陈列馆：大足石刻艺术

种说法中，人们普遍认同是宋代时期开凿的。无论是唐代开凿也好，宋代开凿也罢，无可否认，这些精致的造像又为佛教艺术增添了无限的辉煌。

宝顶山石窟摩崖造像据考证是在南宋淳熙六年至淳祐九年（1179—1249）开凿的，以形若马蹄的大佛湾为主体，小佛湾为中心。大佛湾全长达500米，高达10多米，现存造像达30多尊，布置精美，内容衔接，大多刻于东、南、北三面的悬崖上，好像一幅巨大的画卷。此外，还有碑刻七通，题记达十多则。从大佛湾和小佛湾的功能上讲，又可分为内道场和外道场。内道场便是小佛湾，它是密宗信徒专修所用的道场；而外道场便是大佛湾，它是供善男信女参拜祈福、显密双修的俗讲道场。

宝顶山大佛湾摩崖造像，内容丰富、集中，由左右两部分组成。左边是禅宗造像，有牧牛图、圆觉洞、辟支佛等；右边是佛教造像，题材繁多，如护法神、八十八佛、千手观音、毗卢道场、父母恩重经、佛报恩经、极乐图、广大宝楼阁等，其中，最为典型的是护法神、千手观音。

护法神是天王、金刚、地神的总称，他们的职责是护持佛法。因此，一般在庙宇门口都置有护法神。这里九尊威武的执仗药叉整齐地列成一排，并配成八大部，也称"八大部"（图6-7）。左边依次排列有大黑天化现守土神、毗摩质多罗阿修罗王、罗刹鬼王、持鬻财王。大黑天三头六臂；毗摩质多罗阿修罗王善于幻术，双手剥面皮；罗刹鬼王手执贼人脑袋；持鬻财王，手执黄鼠狼。右边依次排列有大速疾力迦楼罗王、风天、持国乾闼婆王、善慧摩睺罗迦王。大速疾力迦楼罗王，手执猫头鹰；风天，手执风扇；持国乾闼婆王，手执宝刀，头发直立；善慧摩睺罗迦王，左手持蛇，右手握拳。位于左右两侧中间的便是站立的佛陀化现的"妙色那罗延执金刚神"，手中拿剑。这九尊执仗药叉有善也有恶，善就是指慈祥善良的清净佛子，恶就是指威严的金刚。八大部下面刻有兔、羊、猪、猴、犬、牛，它们的职责不仅表示昼夜六时，且有一个艰巨的任务，即巡守这庄严的石刻道场内外。

图 6-7　九尊护法神

也许有人会疑惑,既然是八大部,何来九尊护法神。据《华严经》第一卷《世主妙严品》中记载,三世间开始,有了八大部的有情世间,山神树神的器世间,还有正觉世间,为表正觉世间的重要性,佛陀化执金刚神居其中,因此才刻有九个护法神像。

观音是最受人尊敬且深受人们喜爱的菩萨之一,以大慈大悲著称。在不同的地方或不同的场面,观音不仅有不同的造像,而且名称也各不相同,甚至多达三十多种。

相传观音曾发下誓言,要以大慈大悲、普度众生为己任,并表示在众生没有修成正果以前自己绝不先成佛。后来因为各种原因她感到世事艰辛,自己实在无法承担这个重任。当她的这一念头刚一萌发,身体立刻断成42段,令她苦不堪言,这时观音的老师无量光佛赶到,将观音的42段碎片合在一起,放在一朵大莲花上,并用自己的法力使她的灵魂又重新回到体内,抚摸并劝慰观音"要坚持、相信自己这个愿望,以佛的智慧和力量是可以实现的"。无量光佛的话音刚落,观音分裂的身体顿时合为一体,身躯不仅变大而且手臂上又长出了40只手臂,而且40只手上又分别长出一只眼睛,变成了现在的千手千眼观音了(图6-8)。

图 6-8　宝顶山石窟千手观音

宝顶山大佛湾还有一处摩崖造像，即"释迦涅槃"，俗称"卧佛像"。这尊造像是在南宋时期雕刻的，规模十分宏大，侧身高达 7 米多，半身像长 30 多米，可称得上是世界上最大的半身石刻佛像。卧佛像的身边还有许多半身弟子相伴。

在宝顶山大佛湾大大小小所有的窟龛中，最有特色且造像题材新颖的应属第 16 号窟龛，这个窟又称"天罚龛"，名字的由来也许是与龛中的造像题材有关。与其他窟龛不同的是，这个窟龛并没有选用佛教造像，而是以传说中天上的神仙为造像主题，如风伯、雷公、电母、云神、雨师五尊主要天神。总体上说，这五尊天神是儒教造像，之所以称为儒教造像，是因为自秦汉以后，中国原始宗教的天神，都被称为"儒教之神"。

天罚龛高达 7 米，宽达 9 米，这些天神造像分别雕刻于龛的左右两侧，除了这五尊主要天神外，在右端还刻有一尊手捧天帝圣谕的使者像，正中刻有一人仰望天空。这些人物造像刻画得十分细致，尤其以窟龛下部左右两侧遭雷劈的人最为生动，它仿佛在告诫人们，做坏事就会像他们一样遭天打雷劈。

风、雷、电、云、雨是我们生活中常见的自然现象。而经过人们的神化之后，它们富有极强的神秘色彩。天罚龛中的这五尊天神,各怀本领,而且都十分厉害。就拿雷公来说,是天神中威力最大的神之一,最让人惧怕。雷公,这个名字早在先秦就出现了。窟龛内的这尊雷公是唐代造像,为猪头人身,右手高举擂鼓槌,七个连鼓环绕身边,连鼓间刻有回形雷纹,表示雷公击连鼓时发出隆隆的雷声。

电母的产生和雷公有一定的关系,我们常见到打雷和闪电是同时出现的,因此,人们便赋予了电母这个称号,又称"电母娘娘"。

关于电母还有一段故事,在《三教搜神大全》中有这样一段记载:相传天上的东王公与玉女玩人间的一种游戏,叫投壶。游戏规则很简单,只需用箭投向特制的壶,箭投中多的人便是优胜者。可他们却屡投不中,这被天帝看见了,便笑他们。这时,玉女投箭开始进入壶中,而且只要一中就有光流出来,这道光便是闪电。窟龛中的这尊电母是一位站立在云端的中年妇女,两手分别持一面宝镜,有电光自镜心出,塑造了电母传神的造型。

与雷一样,风可怕而神秘,来无踪去无影。风虽然没有雷那样惊天动地的声响,但它的威力也是相当大的,大到可以把一栋房子轻而易举地吹倒。但它也有令人喜爱的地方。譬如,炎热的夏天,要是一阵凉风吹来,定会令你心旷神怡。风神又称"飞廉"。最初人们认为,鸟的双翼能生风,因此风神的形象便是鸟。后来在演变中,风神成为中年男性神,也有老翁的形象。但由于风有狂风、暴风、和风、微风,为了区别风神的特性,也有赋予它女性形象的,这时便称为"风姨"。窟龛中的这尊风伯头戴幞头,冠带在风中飘拂,长长的胡子飘在胸前,双手抱着一个很大的胀鼓鼓的风袋,正用力挤压斜着向下的袋口,好像正要放风一样。

云神,也是诸神中的一种。人们往往根据云的变化来预测天气的好坏。不过,云的变化也是很难预料的,给人以神秘莫测之感,就像民间常说的一句话"天有不测风云"。窟龛内的这尊云神身披云罩,抬头仰视,手指天,好像在兴云起雾。

雨师,可称得上是人类农业生产最受欢迎的天神,没有雨水的浇灌,庄稼就无法存活。在中国原始宗教中,雨神是很受人们崇拜的。窟龛内的这尊雨神跨在蜷曲的龙身上,长长的胡子飘在胸前,袖子随风飞扬,好像在布雨。

图6-9所示为宝顶山自然之神的形象。从左到右依次雕刻的是电母、雷神和风伯。这几尊形象雕刻完成于南宋时期,当时的石窟造像中已经加入了众多的世俗形象,其中电母和风伯活脱脱就是按照世间人的形象雕刻而成,而雷神则是一个有着动物头和人身的奇特组合体。

图6-9 宝顶山自然之神

宝顶山除了佛教造像、上述谈到的五尊天神造像外,还有部分其他题材的雕像。在众多的题材雕像中,最引人注目的便是表现中华民族传统美德孝行的《父母十恩德赞图》,禅宗意味十分浓厚的《牧牛图》等,这些造像形象更贴近世俗化,具有较强的写实性。

在宝顶山的中心位置有一座雄伟的古刹,即圣寿寺,又俗称"大宝顶",始建于南宋淳熙六年(1179)。现存的圣寿寺是在清代康熙二十二年(1683)重建的,先前在明代永乐十六年(1418)也重建过,可见这里的香火一直未断过。圣寿寺依山而筑,主要建筑有山门殿、天王殿、帝释殿、大雄殿、三世佛殿等。

山门殿,始建于康熙二十五年(1686)。现门上悬有"圣寿寺"的匾额,最初在清代时悬挂的是"第一名山"门匾。坐落在山门两侧的是近几十年所塑的密迹金刚（哼哈二将）。进山门，便是天王殿，始建于清代，现存的天王殿也是在近几十年重建的。里面供有佛教护法四大天王，即东方持国天王、南方增长天王、西方广目天王、北方多闻天王。

帝释殿，本名为"灵霄阁"，也称"玉皇殿"，始建于清代康熙二十五年（1686），殿内正中供有玉皇大帝。坐落在玉皇殿之后的便是大雄殿，始建于清康熙二十四年（1685）。殿内的主要塑像是毗卢遮那佛，他端坐于高大的佛台之上。除毗卢遮那佛外，殿内还塑有他的化现，甚至连所戴的佛冠上的像也相传是他的化身，即柳本尊、赵智凤。

大雄殿的后面是三世佛殿，古时称"经殿"，因是寺内住持说法的地方，又称"说法堂"。殿内正中的佛坛上供有三尊佛像，为竖三世，即过去迦叶佛、现在释迦佛、未来弥勒佛。

宝顶山石窟不仅本身具有很高的观赏价值，而且周围还分布着许多造像，如龙头山、对面佛、倒塔、高观音、龙潭，等等。龙头山，因山头岩石高耸好似龙头而得名。石上有两个窟龛，里面是宋代时期的摩崖面然鬼王像石。窟旁边的石虎，原本是一块形似虎的石头，后来经过人工雕刻便成为今天所见的造型。

四、石篆山石窟

石篆山坐落在大足县城西南23千米处，集儒、佛、道造像于一体。石窟造像是在北宋元丰五年至绍圣三年（1082—1096）开凿的，由严逊主持营造，此外，同年还营造有佛惠寺，蜀中名僧希昼禅师的开山道场就在这里。可惜的是，现只有部分建筑留存，不过仍然可以从这些遗存的建筑中看到当年佛惠寺的雄伟壮观。

石篆山石窟现存的主要龛窟有"诃利帝母龛""志公大士像""三身佛龛""孔子与十哲像龛""老君窟""地藏与十大冥王龛"等，其中，最有代表性且最引人注目的龛窟有三身佛龛、孔子与十哲像龛、老君窟，这三个窟龛也就是编号为6号、7号、8号的窟龛，像是三座相似的房屋，里面设置了不同的神像。从外面看一样，但内部空间却大不相同，因而容易引起人们的兴趣。除了这三个较特别的洞窟外，志公大士像窟也值得一看。石篆山石窟连这四个窟龛在内，共编有10号窟龛。造像大多坐落在佛惠寺西面长达100多米的山湾中，俗称"佛湾"。

志公大士像窟，也就是编号为第2号龛窟，主要造像是志公。志公是当时人们对他的尊称，为南朝高僧，法号宝志禅师。据史料记载，志公姓朱，金城人，七岁出家，后来专修禅观。窟内的这尊志公像身子微微左侧，方形的脸上没有胡须，头戴披风，身穿交领宽袖大袍，左手执角尺，手腕挂有铁剪，由于左靴破了脚趾露在外面，右手微微向后，伸出二手指，仿佛在叫弟子快些走，不要等他，这尊弟子身穿圆领窄袖长服，短头发，腰系带，脚穿草鞋，身背有各种法器，如方斗、秤砣、拂尘等（图6-10）。

图6-10　志公大士像窟

坐落在中间位置的第7号龛窟，又称"三身佛窟"，为一个平顶窟，高1.47米，宽0.36米，深1.38米，里面的主要造像题材是三身佛。正中是法身遮那佛，他头戴金轮宝冠，身穿对襟宽袖佛袍，手结印契。左右两侧分别有一尊侍立，他们是手捧经书的迦叶和双手打拱的阿难。在法身毗卢遮那佛的左边是报身卢舍那佛，他身穿U型领通肩袈裟，左手掌心向上置膝上，右手抚膝。与法身遮那佛一样,在卢舍那佛的左右两侧也分别有一尊侍立,位于右侧的是一尊形态恭谨的比丘(和尚),左侧是一尊香花菩萨,她身子略向佛靠近,面带微笑,头带高花冠,肩披荷叶形披肩,上衫下裙,璎珞密布,双手一盘香花正在向佛献供。在法身毗卢遮那佛的右边是应身释迦牟尼佛,他身穿袈裟,左手抚膝,右手举胸作说法印。与卢舍那佛一样,左右两侧分别是一尊比丘和一尊香花菩萨,而且香花菩萨的造型也和卢舍那佛左侧的香花菩萨一样。而比丘则显得更为恭谨,他双手举于胸前作拱揖状。

第7号龛窟除了这三身佛外,还有三身比丘像、供养人像、力士等,内容十分丰富,造型各异,令人目不暇接。

位于三身佛窟的右侧是孔子及十哲像窟,为平顶窟,高度和深度分别达1米多,宽达3米多,窟开凿于北宋元祐三年(1088)。窟内的主要造像是孔子及他的十大弟子。

孔子身穿圆领斜襟长袍,尤以袖子、腰带最引人注目,十分宽大,宛如古代官员的官服,庄严的面相,更衬托出孔子学识渊博的教育家形象,再加上孔子旁边竖刻的两行字"至圣文宣王孔子"。他脚穿云头靴,左手放在膝上,右手拿羽扇,进一步表明了孔子高贵的身份和地位(图6-11)。

图 6-11 石篆山孔子龛

第六章　唐宋石窟艺术陈列馆：大足石刻艺术

坐落在孔子的两侧便是十大弟子,也就是"十哲"。按正壁左右分别刻三身,左、右壁分别刻二身的顺序排列着,他们的名字在窟壁上也有刻出,左侧为颜回、闵损、冉有、端木赐、言偃,右侧为仲由、冉耕、宰我、冉求、卜商。这十大弟子身高大致相等,虽然神态各不相同,但装束却无大异,他们除了靴子和孔子一样,头则戴方形高冠,身穿圆领宽袖长袍,两手于胸前捧笏,一副文质彬彬的样子。除了两人看上去比较老一些外,其他的都是比较年轻的书生。

在窟龛外的左右两侧门柱上,象征性地分别镌刻有一尊武士,宛如佛教护法神一样,守护孔子及十哲。他们头戴瓦楞软帽,身穿窄袖束带紧身衣,手中持的棍子已扛到了肩上,一副谨慎、威严的样子,丝毫不敢松懈,看上去具有较强的责任心。

位于三世佛窟左侧是老君窟(图6-12),与孔子及十哲造像窟一样,也是平顶窟,高1.7米,宽0.6米,深0.4米。窟内的主要造像是端坐在四方座上的太上老君,左侧镌有"太上老君"四字。太上老君头戴束发莲花冠,长长的胡子飘在胸前,身穿圆领宽袖长袍,胸前有三足夹轼,左手扶轼上,持扇的右手放在胸前。

图6-12　老君窟

除太上老君像外,窟内还有14尊立像,他们的身高和衣着大体相同,都在1米左右,头戴束发莲冠,身穿翻领宽袖长袍,双手放于胸前捧笏,看上去十分恭谨。这14尊立像的头顶都刻有名号,除12尊立像是太上老君的门人外,其他两尊都是法师,他们分别是玄中大法师和三天大法师。太上老君的12门人,又称"真人"。原本这12门人上都刻有名字,由于年代久远,现已模糊不清,只有太极真人、太乙真人、定法真人、正一真人、普德真人这五尊立像能辨识。

与孔子及十哲像窟一样,老君窟的窟外门柱两侧壁上也有造像,但不同的是,这两尊造像是高达1米左右的护法神。他们头戴束发金冠,穿连环金甲,一人持棍,一人举双头锤,神态各异,但都表现得十分凶狠,对于厉鬼和妖魔来说,有很大的震慑作用。

五、石门山石窟

石门山坐落在重庆市大足县城东面,因这里有两块巨石夹山寺如门而得名。窟龛造像是在北宋开凿的,集佛教、道教造像于一体,从思想史和哲学史上讲,石门山石窟占有较高地位。现存窟龛共编有16号,大大小小所有造像达500多尊。在众多的窟龛中,以玉皇大帝龛、独脚五通大帝龛、三皇洞以及东岳大生宝忏变相图最为出色,它们的编号分别为2号、7号、10号、11号。这些独具特色的窟龛造像,在其他石窟中并不多见。

玉皇大帝龛(图6-13)是在南宋时期开凿的,里面的主要造像是玉皇大帝。玉皇大帝可谓是人人皆知,全称为"太上开天执符御历含真体道金阙至尊昊天玉皇",又称"昊天金阙至尊玉皇大帝""玄穹高上玉皇大帝",他是"四御(昊天阙至尊玉皇大帝、中天紫微北极大帝、勾陈上宫大帝、承天效法土皇地祇)"之首,掌管人间的一切祸福,如三界、十方、四生、六道等,可称得上是一位地位极高的神。玉皇大帝,其实是我国古代信仰中的昊天上帝经过演变而得来的,而这些不同的称谓出现的时间也比较早,大约在刘宋时期就已出现了。

第六章 唐宋石窟艺术陈列馆：大足石刻艺术

图 6-13 玉皇大帝龛

在大足石刻大大小小所有的石窟群中，除了石门山石窟中有玉皇大帝造像外，还有舒成岩第 5 号窟龛中也有玉皇大帝造像，开凿于南宋绍兴十三年（1143）。这尊玉皇大帝端坐于双钩云头靠椅上，头戴冕旒，耳朵上戴有香袋，手捧玉笏，身穿对襟宽袖长袍，里面穿圆领衫，脚穿云头鞋。在玉皇大帝的左右两侧分别立有一尊宫女，一人持日宝扇，一人持月宝扇。

虽然两处的玉皇大帝造型基本相似，但石门山石窟的玉皇大帝龛中，玉皇大帝左右两侧的侍立却有很大的差异，由温柔、秀美的宫女，换成了面相丑陋、高达 1.8 米的千里眼和顺风耳。这两位人物恐怕也是人人皆知，他们经常在神话传说中出现，相传是圣母的二位部将。洞中的这两尊造像神态和造型均不相同，千里眼容貌看上去比较瘦，眼睛炯炯有神，能看千里。与千里眼相比，顺风耳就极为恐怖，面貌令人生畏，他张耳顺风作聆听状（图6-14）。

石门山石窟第 7 号窟龛中的五通大帝，又称"木下三郎""木客""独脚五通"等，五通大帝虽然在民间广为流传，但一般在石窟中是极为少见的。最初五通大帝是民间传说的妖邪之神，无恶不作,人们因为害怕他,才造像供奉,后来在长期的演变中被神化了。最初造像奉祀五通大帝是在唐代晚期,宋代由侯加封为王,因封号的首字为"显",故又俗称"五显公"。

图 6-14　顺风耳神像

　　窟龛中的这尊五通大帝,广额深目,一张硕大的虎口,形如狮鼻的鼻子,身穿窄袖袍服,腰束宽带;左手举在胸前,右手放在身后,身体微微左斜,由于没有右腿,他只有作金鸡独立式,然而这个样子的确有大将之风,给人一种来去如风的感觉。

　　三皇洞,即编号为第 10 号窟龛。这个窟开凿于宋代时期,高度和宽度分别达 3 米多,深约 7 米多,虽然洞顶和右壁在崩坍时经过加固,但原来的风格已消失得无影无踪。

　　窟内的主要造像是以道教为题材的三皇像。所谓"三皇"就是指中国传说中的远古帝王。有关三皇的组合者,在古籍中有许多不同的说法,有的说以伏羲、神农、燧人或伏羲、神农、祝融为三皇;有的以伏羲、神农、黄帝为三皇;也有的以伏羲、女娲、神农为三皇。三皇像被安排在洞内的正壁上,他们的造型和衣饰大体相同,呈现出一副古代帝王高贵的样子。窟内的左壁由上下两层造

第六章 唐宋石窟艺术陈列馆：大足石刻艺术

像组成,下层现存有七尊立像,身高都达1米多,或形如武将,或形如文臣,他们有的威严,气势凌人;有的儒雅文静,风度翩翩,令人生敬。上层是身高一尺许的20多座天尊像,他们其中有男也有女,有坐也有立的,有双手怀抱如意,也有双手捧玉笏的,衣冠各不相同,给人以丰富的视觉感,这些形态各异的天尊像,不得不说是精湛的艺术美的体现。此外,在洞内正面"三皇像"的上面还刻有"三清像",立于左右两侧的是男女侍者。与之相对的洞内右壁,原本也有造像,但现在都不存,一些学者根据左壁的七尊造像判断出右壁也有七尊造像,并对这七尊造像有不同的推测,有的认为七像是灵宝法王、六天宫丁甲神、玄武神、天曹判官等,也有的认为是青龙、太昊氏、颛顼氏、祝融氏、轩辕氏、金天氏、玄武。

从整体上分析,三皇洞不仅有丰富的人物造像题材,而且做工都十分精细。洞内的三皇造像都是常见的很普通的帝王之貌,并没有经过神化后的三头六臂,身穿的服饰是仅次于衮冕的宋代皇帝举行重大典礼时所穿的服饰,也因此给人留下了疑问。有专家认为这三皇是儒家三皇,但从窟内的整体造像上看,属道教三皇更为贴切。东岳大生宝忏变相图位于石门山编号为第11窟龛中,里面的主要造像是东岳大帝夫妇(东岳大帝、淑明皇后)。

在道教中,东岳大帝是掌管人间一切生死的大神,由于东岳大帝是泰山之神,而泰山居五岳(东岳泰山、西岳华山、南岳衡山、北岳恒山、中岳嵩山)之首,因此,东岳大帝也主管泰山。再加之泰山自魏晋以来,就是历代帝王所喜爱的祀礼地方,因此,泰山就成了一个"幽岭延万鬼,神房集百灵"的令人敬畏的地方。所谓"东岳世家"就是指以东岳大帝为主,淑明皇后,炳灵为第三子所组成的一个"家族"。

东岳大帝自宋代以后,地位和权势就达到了如日中天的地步。其实,这些惊人的地位和权势都是历代帝王及当时人们吹捧的结果,甚至在当时的社会,不仅民众都十分信仰东岳大帝,而且还捐资建起了祀奉他的庙宇,只是造像各不相同罢了。

东岳大帝如此之高的地位,与历代帝王的尊崇是离不开的。

唐开元十三年(725),玄宗到泰山时,就将东岳大帝封为"天齐王";北宋乾德元年(963),太祖为了提高天齐王的地位,又赐衣冠等物品真宗大中祥符元年(1008),又在最初的"天齐王"封号的基础上,又加封为"仁圣天齐王"等。

窟龛中的东岳大帝夫妇都端坐于龙头椅上,左边是东岳大帝,右边是淑明皇后。这尊东岳大帝的外貌特征与《历代帝王图》中的宋代皇帝很相似,他头戴翘脚幞头,身穿圆螭图朝服。淑明皇后凤冠霞帔,身穿命服,外披对襟长袍,慈祥的面貌,呈现出一副贵妇人的形态。东岳大帝的背后及左右两侧,还有70多尊文官像,他们分五排排列着,或坐或立,或怀抱如意,或双手捧玉笏,或作拱揖状,虽然神态各异,但都头戴高方冠或幞头。

窟龛内除了这70多尊风度翩翩的文官像外,在龛外的正下方壁上还有宋代时期开凿的地狱变图,里面主要有蛇、山、鬼卒等像。

在大足石刻各种石窟群中,除了石门山石窟中有东岳大帝造像题材外,还有两处。这两处都坐落在舒成岩石窟中,但不是在一个洞窟内,而是在编号为1、2号窟龛中。与石门山石窟不同的是,舒成岩这两处洞窟将东岳大帝夫妇分开了,东岳大帝位于舒成岩第2号窟中,而淑明皇后则位于舒成岩第1号窟中。

大足石刻,除了以上介绍的几处重要的且具有代表性的石窟群外,还有许多规模较小的石窟群,可谓是不计其数,大多分布在大足县城的大小乡镇中。不仅造像精湛,且价值也比较高,集佛、儒、道教造像题材于一体,是不可多得的造像艺术珍品。

譬如坐落在大足县城龙岗镇东北方位的双山寺,里面的石窟造像题材主要以佛教为主,但也有儒、道教造像题材,不过,这些造像都属于清代作品,是清代造像中的优秀代表。造像崖面长10米,高8米,共编有7号窟龛,大大小小造像达30多尊。此外,还有三教寺、半沟湾、石壁寺等石窟造像。虽然这些窟龛中有些造像已经残毁,但所保存下来的,都可称得上是佛教石窟造像佳作。

总的来说,大足石刻所有的石窟群中,造像内容不仅丰富,而

第六章 唐宋石窟艺术陈列馆：大足石刻艺术

且制作都十分精湛,巧妙地融入了佛、儒、道教造像题材。不同时期不同风格的造像特点表现得淋漓尽致,既生动又传神,令人目不暇接,堪称石窟造像艺术陈列馆。

第七章　异彩纷呈的其他石窟艺术

　　石窟起源于古印度，是依山崖开凿而成的一种佛教寺庙建筑。石窟艺术是随佛教东渐而与佛教、佛寺一起传入中国的。中国经典的石窟艺术用神妙之法使石头会讲故事、壁画会跳舞，更将一座座不朽的艺术博物馆呈现于世人面前。除了前面几章详细介绍的经典石窟外，还有许多石窟有着自己的独特魅力。

　　须弥山石窟是古丝绸之路东段北道上的一颗明珠，为我国佛教石窟艺术的重要宝库。固原是须弥山石窟的创建地，其悠久灿烂的历史文化，政治军事地理上的要冲地位，须弥山本身幽深奇特的自然环境，加上丝路文化、中原文化与游牧文化的交汇融合，共同构成了须弥山佛教石窟艺术在此地兴起的四大要素。

　　克孜尔石窟作为丝绸之路承载世界文明，以及多元文化融合交汇、佛教传播进程不可替代的历史典范，历经千载，虽然满目沧桑与斑驳，但其跨民族、跨文化的包容性与兼收并蓄的多元化创造，依然当之无愧地成为造福人类文明和文化艺术发展承前启后的文化瑰宝。

　　公元3世纪左右，随着骆驼商队穿过莽莽戈壁，伴着阵阵驼铃声，作为古印度传播佛教的艺术使者，石窟艺术沿着丝绸之路传入了中国。随后在巴渝大地上，善于创造的巴渝人在这里建造、雕琢、护持、培修了精彩纷呈的石刻文化。

第七章　异彩纷呈的其他石窟艺术

第一节　须弥山石窟艺术

一、须弥山石窟艺术概述

须弥山石窟于1982年2月23日被国务院公布为第二批全国重点文物保护单位。现存各种形制的窟龛162座，大小造像近千尊。这些造像均以石雕为主，晚期的个别洞窟内为石胎泥塑作品，题材丰富，技艺高超，是我国古代石雕的艺术长廊。

历代艺术家以自己对佛教的理解，充分结合须弥山石质材料的可塑性和高超的造型技巧，塑造出精美的艺术作品。如北魏末期出现的那种清俊秀美、瘦削、长颈、窄肩的"秀骨清像"风格和"褒衣博带"式服饰，呈现出时代的特征，其民族化、世俗化的成分日趋浓厚；北周时期的造像，在继承前代传统的基础上，都有着显著的变化，雕刻纯熟，形式多样，表现手法趋于写实，完全摆脱了北魏清秀的、程序化的传统格式，代之以敦厚的风格；在雕刻技法的处理上，采用直平阶梯形的刀法来表现衣纹，刀法圆润流畅，衣褶层次多，使北方民族大融合和南北文化交流这一时代特征在佛教艺术方面得到了充分的体现。同时也从另一个方面反映出中国化的北周式洞窟的艺术风格；隋代的造像风格继承了北周的遗风，但也有所创新，逐渐形成了一种丰满圆润、作风写实的新风格。如菩萨膝部微屈，使身体略呈"S"形，近似初唐风格，极具动感；唐代洞窟的造像雕凿技巧达到了较高水平，在经过北魏、西魏、北周、隋代各个时期的演变和发展，到唐代已形成了独具特色的艺术风格。无论佛与菩萨，还是弟子、天王、力士等都雕造得丰满圆润，生动健美。此时的艺术家以他们丰富的想象力和高度的情感，使用各种雕刻艺术的表现手段，冲破宗教艺术的清规戒律，大胆地接受一切足以提高他们表现能力的艺术方法，用简练生动的造型，概括洗练的手法，创造出神采奕奕、丰满多姿、有血有肉的艺术形象。如第 5 号窟内高达 20.6 米的弥勒大佛像，其雕造规模之大，艺术设计之精，形象刻画之美，是唐代须弥山石窟的代表作，也是这一时期物质和精神力量的体现，在中国雕塑艺术史上占有一定的地位。

须弥山石窟各个时期的石雕造像特色鲜明，比例协调，布局、装饰、对比、刻画等均可谓恰如其分，达到了佛教思想和造型艺术的高度和谐与统一，具有永恒的艺术魅力。

须弥山石窟是宁夏回族自治区境内最大的石窟群，也是我国开凿较早的石窟之一。它始创于北魏晚期，历经西魏、北周、隋、唐四代的连续营建及宋、元、明、清各代的修葺重装，石窟艺术历时 1500 余年，是西北地区历史最为悠久的宗教建筑之一。

须弥山石窟现存各种形制的窟龛 162 座，其中正式编号的窟龛 132 座，附属窟龛 30 座，分布在南北长约 2 千米的八座山峰的东南崖面上，计有大佛楼、子孙宫、圆光寺、相国寺、桃花洞、松树洼、三个窑、黑石沟八个区域；唐宋时敕赐为"景云寺"，元明时又曾敕封更名为"圆光寺"；按形制可分为有中心柱和无中心柱方形庙窟及大像龛窟三种。至今还保存有各代造像雕刻品、彩绘壁画、题刻题记的洞窟 70 余座；保存较为完好的造像 550 余躯，汉藏文刻记、题记 60 则，碑刻 3 方，碑刻残片 13 块。

石窟艺术是佛教影响下的产物，它的兴衰无不受到当时政治、经济、文化的制约。佛教自两汉之际传入我国，在从西域向东传播发展的过程中，无一例外要受到当时政治的需要、时代的风尚与爱好及民族传统习俗等方面的影响和作用，这些都使其深深地打上了时代精神的烙印。

须弥山石窟现存的各代造像雕刻品、彩绘壁画、碑刻题记等都是研究我国石窟艺术、民族宗教历史不可多得的宝贵实物资料，具有重要的历史、艺术、科学价值。特别是现存的题刻题记，为研究洞窟的开凿年代提供了可供参考的依据，可补史之缺，可为研究须弥山石窟的名称沿革和本地区历史地理及佛教的发展提供重要证据和资料。

二、须弥山石窟的设计风格

须弥山石窟的修建和存在是固原古代社会文化繁荣发达的象征,是丝绸之路的珍贵文化遗存和中外经济文化交流、融合、创新、发展的明证。它与固原地区保存和出土的各类北朝、隋唐文物,共同展现了古代固原繁荣昌盛的发展水平和各族人民开发建设家园的智慧,是中华民族的宝贵财富,突出展现了佛教在中国的发展和中外文化的交流。须弥山石窟宗教建筑既反映了佛教传播对政治的依附性,又真实记录了中国内地佛教建筑与西域文化、印度文化的交流,反过来也影响了佛教建筑在中国内地的形成和发展。

须弥山石窟与其他大型石窟相比较,从窟室形制、造像组合和内容、造像特点和风格来看,具有一定的独特性,主要表现在以下几个方面。

(1)各个时期的洞窟集中分区开凿,并且少有后代改建前代洞窟的例子,使各时期洞窟基本上保持了原貌,这为研究工作提供了便利条件。

(2)科学而独有的"人"字形排水系统充分反映了当时雕凿者的技艺和智慧。

(3)罕见穹隆窟的大量出现,与当时北方游牧民族的活动有直接关系,成为研究我国北方少数民族历史的有力佐证。

(4)早期石窟的造像雕刻具有明显的"黄土高原"风格,并将佛教传说故事中的"乘象入胎"和"逾城出家"等情节引入雕刻内容,以及早期的支提窟形等,都从一个侧面反映出了须弥山石窟在佛教东传过程中的重要历史作用。

(5)被称为"长安模式"的北周石窟(第45、46、51号窟)中,宏大的开凿规模,精细的雕工,富丽的装饰,其独特的造像组合和开窟风格,在全国石窟中绝无仅有,为研究北周石窟造像艺术和窟制特点等提供了极其珍贵的实物资料。

（6）须弥山石窟僧禅窟多，中心柱窟多，未完成窟多，是政局动荡的产物，这些都与当时封建王朝的政局变迁、政权更迭有着密切的关系，同时也为研究须弥山石窟开窟顺序提供了十分珍贵的线索。

（7）大量石窟窟前建有窟檐等建筑遗迹，为石窟形式与石窟保护提供了研究实证。

须弥山石窟与国内其他大型石窟相比，无论在规模、数量以及保存的完好程度上有所不及，但是，须弥山石窟本身所具有的独特性，使它在中国石窟中占有重要地位。

（一）洞窟分时期分区开凿

须弥山石窟的开凿分布与国内其他石窟相比有着鲜明的特点，开凿者充分利用须弥山优越的地质地貌，随山势迂回曲折，自南往北开凿，自然形成了大佛楼、子孙宫、圆光寺、相国寺、桃花洞、松树洼、三个窑、黑石沟八个区域。每个区域洞窟的开凿次序大致有规律可循，即在每一个时期内主要集中在一个或两个区域内较好的崖面上开凿，利用完成后再选择新的区域，因而每一个时期开凿的洞窟具有相对的集中性。如子孙宫区的南部和中部主要以北魏时期的洞窟为主，西部和东部以西魏时期的洞窟为主，东北部及圆光寺区、相国寺区以北周时期的洞窟为多，隋代洞窟分布在相国寺区的中部。大佛楼区、相国寺区及桃花洞区主要是唐代的洞窟。松树洼区、三个窑区及黑石沟区多为北周时期的洞窟以及隋唐时期的小窟。

须弥山石窟各时期洞窟分区开凿的特点在全国各地石窟中较为少见。从全国各地石窟的开凿情况来看，一般石窟多连续开凿在一个崖面上。也正是由于各时期洞窟分区开凿的缘故，须弥山石窟少有后代改建前代洞窟的例子，各时期洞窟基本上保持了原貌，这为研究工作者提供了便利的条件。

第七章　异彩纷呈的其他石窟艺术

（二）洞窟组合结构

须弥山石窟在北魏、西魏、北周时期，僧禅窟主要开凿在礼拜窟的周围，形成组合开凿的体制。这种体制与新疆克孜尔石窟是相同的，它源于公元4世纪的克孜尔五佛堂寺院。在克孜尔五佛堂寺院中，有礼拜堂、讲堂、禅房、杂房等建筑，既方便僧人礼佛听经、参禅打坐，又照顾到了僧人的生活起居。在须弥山石窟中这种组合结构的优越性比较明显，故一直延续至唐代。

（三）"人"字形排水系统

须弥山石窟开凿在地质新生代早第三纪始新生的沉积岩上，山岩为中粗粒砂状结构，岩质疏松，容易遭受自然的侵蚀，特别经不起雨水的冲刷，严重时会导致洞窟的溃塌。古代的匠师们在凿窟之前就考虑到了这一点。所以，在须弥山石窟的窟门上方崖面上，普遍凿有"人"字形的排水防护沟槽，并且在沟槽的下端凿有盛水功能的水窖窟。这样，雨水可以顺沟槽直接流向水窖窟，即避免了雨水对洞窟的直接冲刷，又解决了僧人们的生活日常用水。环绕圆光寺窟群上部的排水沟槽长达30余米，是开窟造像时附带的一项十分独特而又艰巨的工程。

（四）仿木结构洞窟

须弥山北周洞窟被称为"长安模式"，其特点之一就是几个主要洞窟，如第45、46、51号窟等均采用了仿木结构，包括有斜枋、梁架、角柱、栌斗等，其建筑之精工、雕刻之华丽，无不令人称赞。这种仿木结构在中原石窟中未曾见过，中原石窟中的仿木结构一般是将龛做成屋顶形或在窟门外做成窟檐，仅此而已。须弥山北周洞窟仿木结构与此不同。它与麦积山第43号窟，即西魏文帝乙弗后的瘗窟有些相似。麦积山第43号窟后室做盝顶竖长方形，雕出斜枋、梁架、角柱，极似枢室，中有拜廊，建筑精细，雕刻富丽。可见，北周洞窟的仿木框架结构在某种程度上是继承了西魏后期的做法,而且有了新的创造和发展。须弥山北周仿木结构洞窟为研究北周洞窟的形制和建筑特点提供了珍贵的实物资料。

(五)罕见的穹窿顶

须弥山北魏时期的僧禅窟中出现的穹窿顶,到西魏时期大范围地采用。这种在顶边留出一圆窄平台,顶中间部分向上凿成宽大圆缓穹窿状的窟顶在中原石窟中极为少见,是中亚和新疆石窟中常见的形制。公元4世纪,中亚及龟兹国流行禅教,其禅窟一般采用穹窿顶。中国与西域、印度的交通,主要经过龟兹国,这种穹窿顶的大量出现,或许与龟兹国的佛教传播有关。另外,北魏时,在北方、西北方继匈奴之后,又出现了柔然(蠕蠕)和高车(敕勒)两支强悍的游牧民族,构成对北魏政权的主要威胁。经北魏政权的数度征讨,高车归附,高车人被陆续迁到漠南,河套地区也成为他们放牧之地。当时,固原是统治高车人的据点,穹窿顶的出现也许与民族迁徙、融进不同文化内涵有关。

(六)"黄土高原"雕刻风格

固原与陇东、陕北同属于黄土高原,这一带的石刻造像,在衣纹雕刻的技法方面有一个新的表现形式,就是采用密集平行线阴刻。这种技法用刀力度大,线条直硬,刻线深,较粗糙,其效果是让衣褶密集堆积,显得有厚度。如固原东面彭阳县出土的北魏石刻造像、陕西耀县药王山保存的石造像、陇东禅佛寺所存石塔残件上的雕像、陕西宜君县花石岩三个窟的造像衣纹均采用了密集平行式阴线刻,这种技法被称之为"黄土高原"风格。固原须弥山北魏第24号窟内的造像衣纹大量运用了这一技法,而且极为流畅、成熟,故称其为"黄土高原"雕刻风格的典型。

(七)"三多"风格

在须弥山石窟中有一个突出的现象,就是"三多",即僧禅窟多,中心柱窟多和未完成窟多。造成这"三多",各有其原因。

第七章 异彩纷呈的其他石窟艺术

僧禅窟多。考其石窟的时代,大多是北魏、西魏、北周时期开凿的,这与当时的政局有着密切的关系。北魏末年,政局不稳,统治者为维护自己的政权,转移人们对朝廷的反抗,大力推崇、宣扬佛教,于是,国内信佛者甚众。一些佛教徒出于虔诚,出家为僧,凿窟修道,这是原因之一。其二,出家从僧也是逃避王役的极好办法。据《魏书·释老志》记载:"正光以后,天下多虞,王役尤甚,于是所在编民,相与入道,假慕沙门,实避调役,猥滥之极。自中国之有佛法,未之有也。略而计之,僧尼大众二百万矣,其寺三万余。"由此可见,舍家凿窟、为僧者成风是北朝政局动荡的产物。僧多,僧禅窟也随之增多。

中心柱窟多。北魏有中心柱窟4个,即第22、28、14、24号窟。西魏有中心柱窟3个,即第17、32、33号窟。北周有中心柱窟8个,即第36、37、45、46、47、48、51、121号窟。隋代有中心柱窟2个,即第67、70号窟。到唐代仍有中心柱窟出现,即规模较大的105窟。共计18个,占须弥山石窟总数的11%。须弥山石窟中中心柱如此之多,在各地石窟中并不多见。此外,在须弥山现存石窟中,龛像保存得完好或比较完好的均是中心柱窟,其原因,恐怕是与须弥山的地质有关。须弥山岩质疏松,容易斧凿,也容易塌方,所以凿窟人在开凿之前必定会考虑到这一因素,能起到支撑窟顶避免塌方的,似乎开凿中心柱是一个比较有效的措施。当然,中心柱的多少,也有它的演变历史。

未完成洞窟多。在须弥山162个洞窟中,有6个窟属于未完成窟,它们是北周时期的第37、51、47、48号四窟以及唐代的第81、85号两窟,这些石窟开凿后未能完工,可能存在两个方面的原因:其一,须弥山地域广阔,石质又极易开凿,因此,开窟时无需利用前代未完成窟来改凿;其二,石窟开凿至半途停止与当时的突发事件有关。北周一朝年代短暂,仅25年,而在须弥山开窟造像的数字却很惊人,达25个洞窟之多。第37、51、47、48号窟是北周时期开凿的,未能完工,估计是因周武帝建德三年(公元574年)推行灭佛政策所致。唐代两个石窟中途停止恐怕是因为广德元年(公元763年)吐蕃兵临固原城下,石窟开凿被迫终止。

未完成窟保存下来,为今日研究古代开窟顺序提供了非常宝贵的线索。北周第37窟窟内只凿出全窟约一半的空间,中心柱凿出半个,表明最初是先开窟门,进入室内后,自前壁开始,凿出全部窟顶至地面的空间,再向后部推进,凿出中心柱及回廊。唐代第85窟窟门、窟顶及正壁造像均已完成,右壁凿出四大块轮廓,左壁仅凿出最内侧的一块轮廓,表明先开窟门,进入室内后,由窟顶向下开凿;凿像自后壁开始,然后是左、右二壁以及其他地方。

须弥山石窟的特点还有许多,它吸引着各方面的专家、学者到此调查、考察。我们深信,随着须弥山石窟研究工作的不断深入,研究成果将会更加丰硕。

三、重点洞窟赏析

(一)第14窟——最早开凿的洞窟

第14窟位于须弥山石窟群子孙宫区域的南部崖面,是须弥山石窟开凿时间最早的一个洞窟,陈悦新在《须弥山早期洞窟的分期研究》一文中考定该窟的开凿时间为北魏末年(即公元500—535年)。

该洞窟是由前室、后(主)室两部分组成的,虽然整体规模不大,风化剥蚀较重,但仍能反映出该洞窟的一些时代特征。该窟前室平顶,窟门上方明窗外缘有凸起的边框,窟门东侧有雕像痕迹。主室平面方形,进深2.5米、宽2.9米、高3.1米,覆斗顶。主室正中雕一方形中心塔柱,塔柱四面分三层开龛造像。正壁开一龛,左右二壁各开二龛。窟门上方开有明窗。窟门长方形。窟口南偏东30°。

从整体布局分析,它是一次性完成的一个洞窟。主室内雕凿中心塔柱这种形制的洞窟在我国早期的石窟中已普遍存在,这也

第七章　异彩纷呈的其他石窟艺术

是印度佛教思想与艺术形式的一个汉化表现。塔堂窟（即中心塔柱窟）是印度佛教石窟的一种重要类型，其主要特征是一种内圆外方的呈马蹄形平面的塔庙，底部半圆形，向外直伸作长方形，两旁排列着数十根石柱，半圆形的中心安置一座舍利塔，周围留有回旋礼拜的半圆形空间，窟门上面凿一个供采光用的火焰形券洞。塔在印度早期佛教雕刻中，是佛的象征物。随着佛教东传汉土，塔堂窟与中国本民族的传统建筑形式相结合，形成了中国石窟中特有的中心柱窟类型。

在西域龟兹的石窟中，只有中心柱窟最接近印度塔堂窟的原型。随着佛教向东逐渐传播，十六国时期河西地区的佛教石窟，其石窟主要的构造形式也是中心塔柱。以武威天梯山石窟、酒泉文殊山石窟、张掖马蹄寺石窟、永靖炳灵寺石窟为代表。北魏建都平城（今山西大同）后，由皇家主持开凿的云冈石窟是北魏中期开窟造像的中心，第一、二期的洞窟规模宏大，其石窟形制仍以中心柱窟为主。受云冈石窟影响而开凿的魏窟有敦煌莫高窟、陇东石窟、须弥山石窟、陕北石窟等。这些石窟的主要构造形制都是中心柱窟，其柱身分上下多层开龛。从这些石窟中的中心塔柱的形制分析，它不同于印度的覆钵塔，而是在某种程度上参考了中国两汉以来的楼阁式造型与寺院中的木塔形制。

须弥山第14号窟中的中心塔柱，由方形塔座和柱身两部分构成，柱身分上、中、下三层，每层四面均开一方形浅龛，内雕有造像，每层之间以隔梁分层。隔梁上雕饰有三角垂帐纹，并在上层龛的转角处雕饰仰莲瓣。这种以隔梁分层的中心塔柱，借鉴于云冈石窟中第二、三期的第1、2、51号窟等中小洞窟。在云冈石窟这些中小洞窟中，其中心柱就为多层楼阁式塔柱。近年来发现的陕北北部安塞县云山品寺第3号窟（北魏），同样为三层楼阁式中心塔柱。但须弥山第14号窟的中心塔柱不同于云冈石窟的第6号窟及巩县石窟的第1、3号窟那种方形柱，可以说这种以隔梁分层的塔柱可能是受其影响所致，在形制上将楼阁简化为隔梁。窟内雕造中心塔柱是须弥山北魏洞窟的一个时代特点。窟门上方

· 223 ·

开有明窗,其目的是为了采光,这在云冈石窟第二期洞窟及巩义石窟第1窟中都曾出现,也是须弥山北魏洞窟的一个显著特征。

这里我们再来看一看该窟的龛像,虽然风化剥蚀严重,但也能从个别保存较好的造像中窥视其造像特征。

主室正壁开有一圆拱龛,从残迹看,龛内雕有坐像一躯,已漫漶,仅见轮廓;左右二壁各开二圆拱龛,内有雕像,但已漫漶不清。

中心塔柱上的造像,均雕造于方形浅龛之中。中心柱正面:上层龛内造像已被凿毁,可见四身像的痕迹;中层龛内雕一佛二菩萨,菩萨像已凿毁;下层龛内有佛像一躯,惜已残毁。右面:上层龛内雕一坐佛,头已残;中层龛内雕一佛二菩萨,菩萨像仅见痕迹;下层龛内为释迦、多宝并坐像,现仅存左侧一身。后面:上层龛内雕一坐佛,头已残;中层龛内雕一佛二菩萨,菩萨像仅存痕迹;下层龛内有佛像一躯,已残。左面:上层龛内雕一交脚弥勒,头已失,左手抚膝,右手持一物贴于右胸前,交脚坐于方形高座上,脚下踏一朵大莲座;中层龛内雕一佛二菩萨,菩萨像已残,仅存痕迹;下层龛内雕佛像一躯,已残毁。这些造像虽然残毁严重,但从现存的个别造像中可以看出,佛像身着通肩袈裟,施禅定印,结跏趺坐于仰莲座或方形座上,身体清瘦方正,鼓胸,具有"秀骨清像"的时代特征,这种"秀骨清像"的形象与龙门、巩义以及麦积山等北魏晚期洞窟中的造像相似。在衣纹雕刻方面,采用阴刻线,但雕刻简单。而单独将释迦、多宝、交脚弥勒供养,这在须弥山石窟中还是首例,此类题材在云冈、龙门等石窟中都多有表现。

以第14窟为中心,在其周围亦分布有一定数量的僧禅窟。那么,开凿这样一个洞窟的性质,应该是观像修禅的礼拜窟,这也是开窟造像的目的所在,同时反映出北魏禅法的流行。

(二)第24窟——唯一有佛传故事雕刻的洞窟

第24窟位于须弥山石窟群子孙宫区域的中部崖面,开凿于北魏晚期,与同期的第14窟相比稍晚。该窟规模不大,但其形制

第七章 异彩纷呈的其他石窟艺术

与第14窟基本相同，主室进深4.2米、宽4.5米、高4.1米，覆斗顶，都是平面方形的中心塔柱窟。覆斗顶式。和第14窟相比，第24窟的覆斗顶坡面与壁端交接处无明显界限，而连成弧线，使整个窟室顶部呈穹隆状结构。窟门上方开有采光用的方形明窗。窟门做成尖拱顶、长方形状，窟口南偏东22°。窟外崖面有窟檐梁孔、椽孔建筑遗迹及排水沟槽。窟内四壁及窟顶没有龛像，均素面无饰，全部造像都集中分布在中心塔柱上。中心塔柱由塔座和柱身两部分组成，塔柱基座较高，表面无雕饰；柱身分上、中、下三层开龛造像，逐层从下向上略有收分，使塔柱整体成为一个梯形状。这种形式融汇了我国高层方塔的建筑形式，可以说这也是与我国民族传统的建筑形式相结合而产生的一个典范。中心塔柱每层之间以隔梁分层，四面各开一尖拱形龛，与第14窟内的中心塔柱一致，在形制上同样受到了云冈楼阁式塔柱的影响。

中心塔柱四面各层造像情况：除上层右面龛内雕一立佛二菩萨、左面龛内雕一乘马菩萨、后面龛内雕一骑象菩萨、正面龛内雕一思维菩萨之外，余龛内均雕一佛二菩萨。佛像高肉髻，面相清瘦，长颈溜肩，具有明显的"秀骨清像"的时代特点，身着褒衣博带式袈裟，裙摆覆于座前，呈人字形展开，摆褶端部呈大尖角或大圆弧状，下垂部分较长，施说法印或禅定印，结跏趺坐于龛底。菩萨像头束高肉髻，面相清瘦，着襦裙，披巾在胸腹间交叉，身体修长，立于莲座上。这种褒衣博带式袈裟和"秀骨清像"的特点，是云冈石窟第三期、龙门石窟中普泰洞和皇甫公窟、巩义石窟第1—5窟等北魏晚期石窟中常见的样式。这是北魏孝文帝服制改革在石窟造像中的反映，也是北魏汉化政策推行的结果。

由于北魏统治者极力推行汉化政策，当时的平城（今山西大同）、洛阳等地新创的一种具有汉民族传统特点的新的造像形式，必然也随之向北方各地流传。须弥山石窟北魏第24窟中的造像，正是这个变化时期以后的作品。与洛阳龙门石窟同期的造像相比，其变化成分总会有一个过程，但这种具有强烈民族化了的北魏造像，不仅在须弥山石窟的各代造像中较为突出，在全国各地北朝石窟造像中也是独具一格、引人注目的。

这个洞窟除具有北魏时期的共性外,还有着显著的地方特色,突出表现在佛与菩萨的雕造上,佛非常高大,菩萨比较矮小,非常夸张地反映了佛与菩萨等级地位的不同。

在衣纹雕刻中仍然运用了密集平行的阴刻线条,衣褶密集堆积,略显厚实。在雕刻中线条的运用,是我国民族雕塑艺术的独特风貌,也是以我国为代表的东方艺术的特点。与西方造型艺术相比,中国的传统造型艺术很显然是一种线的艺术。它以线构成画面,以线塑造形体,线就是骨髓。从我国古代文字的发展演变乃至图案、纹饰、绘画、建筑,无不使用线条,线条具有丰富的艺术表现力。我国古代匠师在雕刻中运用线条辅助造型,并且使线条成为构成形体的不可缺少的因素,丝毫没有游离在形体之外,产生累赘的感觉。第24窟在表现造像衣纹的雕刻中,衣褶密集,这与运用线条分不开。但这种线条的运用不是十分流畅,刀法直硬、粗糙,刻线较浅。这种粗糙密集平行的阴刻线,具有"黄土高原"的特色。

在该窟中心塔柱正面下层龛内二胁侍菩萨头上各雕一共命鸟,高14厘米,长17厘米,两头并一鸟身,由于风化较重,细部不清。左侧共命鸟已残,仅见痕迹,这是须弥山石窟中唯一一组共命鸟[1]题材。

在我国共命鸟题材的发现,最早者当为新疆克孜尔石窟第38窟天井中部壁画内的共命鸟形象,时代为5至6世纪。除此之外,其他共命鸟题材的发现均为唐代的形象,如榆林窟第25窟南壁唐代观无量寿经变中的共命鸟形象;河南西峡县出土的一件唐代铜制的共命鸟形象;德国柏林民俗博物馆藏有一块从新疆胜金口一处唐代废寺遗址发现的壁画残片上的共命鸟形象;日本东京国立博物馆藏有新疆和田约特干一带出土的一件7至8世

---

[1] 共命鸟,梵云耆婆耆婆珈(Jivajivaka),《翻译名义集》中译为生胜天王,云为生生,或命命。《杂宝藏经》云雪山有鸟,名为共命,一身二头,识神各异,同共报命,故曰命命。《阿弥陀经》云此鸟为双人面,而共一鸟身,故心亦为二,能发妙音。

第七章　异彩纷呈的其他石窟艺术

纪唐代黏土制共命鸟。

共命鸟是西方极乐世界的吉祥鸟,将其用于佛教建筑的装饰,缘于《阿弥陀经》所云:佛教徒临终,往生西方阿弥陀净土时,会有共命鸟等来现其身。但在印度及我国石窟中,共命鸟形象的发现甚少。须弥山石窟这一对共命鸟题材的发现弥足珍贵,对研究我国石窟中的题材内容有着重要的价值。

该窟中心塔柱上层龛内雕造的骑象、乘马、思维菩萨像,表现的就是一组佛传故事,即乘象入胎、逾城出家、树下思维。这是须弥山石窟群中唯一有佛传故事雕刻的洞窟。

(三)第105窟——唐代中心柱大窟

第105窟位于桃花洞区域,是须弥山石窟唐代唯一一座大型塔庙窟,其规模之宏大,雕造之精美,形制之独特,是本地区乃至全国各地同类石窟中最为珍贵的典型窟例。

该洞窟开凿在冲沟深处的山崖上,将一座小山包整个凿空,俗称"桃花洞"。从现存该洞窟的现状可以看出,此窟由前室、后(主)室及其四个附属洞窟共同组成。

1. 前室

敞口,平面横长方形,宽11米,进深8米。南北二壁后端上下各开一龛。窟口东向,方向为北偏东66°。

雕刻内容及现状:

正壁,即指前室后侧地面向上的壁面,素面无雕饰。但在其上的崖面上凿有人字形排水沟槽;正壁正中开窟门,窟门方形,平顶,宽2.4米,高2.75米,门道深1.15米,门道两侧壁顶端各凿一方孔和竖槽,系安置门框的遗迹;门两侧上方各开一方形明窗,正好与窟门形成倒"品"字形。窟门与明窗之间的壁面间存有一列等距离的4个长方形梁孔,每个梁孔间距为2.8米。

右壁,即指前室右侧地面向上的壁面。上龛为一尖拱龛,内雕二身立像,风化漫漶严重;下龛亦为一尖拱龛,龛底宽1.7米,高 2.6 米，深 0.45 米。龛内雕一佛二菩萨。主尊佛像残高 1.1 米，风化仅存轮廓，结跏趺坐于束腰须弥座上，二胁持菩萨立于佛的两侧，右侧菩萨残毁，左侧菩萨残高 1.1 米，膝部以下残，因风化仅存轮廓，可见右手外扬持物，左手下垂体侧，龛内存有火焰纹头光、云纹等彩绘。

左壁，即指前室左侧地面向上的壁面。上龛为一尖拱龛，内雕一佛二菩萨，主佛结跏趺坐，其两侧的菩萨立像因风化已漫漶不清；下龛为一尖拱龛，龛底宽 1.9 米，高 2.55 米，深 0.35 米。龛内仅存一身主尊像，残高 2.05 米，已风化漫漶不清，龛内存有火焰纹头光、云纹等彩绘。

地面，中部存有 4 个柱洞，前部存有 8 个柱洞，柱洞间距为 2.8 米，正好与正壁壁面的梁孔相互对应，这表明前室原来应该有规模较大的窟前建筑。

2. 主室

主室平面略呈横长方形，宽 8.5 米，进深 7.3 米，高 5.9 米，平顶，中心柱式，中心柱四面各开一尖拱龛，正面龛上方开二小龛；左右壁各开二大尖拱龛；后壁正中开窟门，窟门平顶，宽 1.6 米，高 2.7 米，门道深 1.25 米，门两侧各开一龛。

雕刻内容及现状如下。

在主室内，除后壁因自然破坏等原因塌毁外，左右壁和中心柱四面龛像保存相对较好，但龛内大多数菩萨像因风化，雕刻保存情况较差。前壁素面无饰，左右二壁对称，右壁二龛及左壁左龛内均雕一佛二菩萨，左壁右龛内雕一立佛；中心柱四面四龛内均雕一主尊二胁侍三尊像。

右壁，即指主室右侧地面向上的壁面，壁面上共开有两个大龛，龛的立面形制均为尖拱形，平面为半圆形。

右壁右龛，龛底下距地表 0.9 米，龛宽 3.3 米，高 4.2 米，深 1 米。龛内雕一佛二菩萨。主佛保存较好，通高 2.2 米，螺髻，面相丰颐，肩显宽平，身体健壮，颈刻二道纹，着双领下垂式袈裟，袈裟下摆自然垂于座前,衣纹为流畅的圆线条,右手上举施说法印,左手置于右腿膝部,结跏趺坐于束腰叠涩须弥高台座上;菩萨像高2.2米,头束高发髻,面相同佛,颈刻二道纹,斜披络腋,上身袒,下着贴腿长裙,腰束扎带与扎帛,披帛沿体侧下垂,一手置于胸前,一手下垂持披帛,体态略呈"S"形,跣足立于仰覆圆莲座上。左侧菩萨左手残,右侧菩萨左手及面部残。

右壁左龛,龛底下距地面0.9米,与右龛在同一水平线上。龛宽3.3米,高4.2米,深1米。龛内雕一佛二菩萨,佛像通高2.2米,螺髻,面相丰颐,颈刻二道纹,着双领下垂式袈裟,袈裟下摆垂于座前,右手上举施说法印,左手残,结跏趺坐于束腰叠涩须弥高台座上。右侧菩萨像通高2.4米,头束高发髻,面相丰颐,佩有项饰,斜披络腋,袒上身,下着长裙,披帛沿体侧下垂,左手置于胸前,右手下垂持披帛,体态略呈"S"形,跣足立于仰覆圆莲座上。左侧菩萨残毁严重。

左壁,即指主室左侧地面向上的壁面,壁面上共开有两个大龛,龛的立面形制均为尖拱形,平面为半圆形。

左壁右龛,龛底下距地表0.9米,龛宽3.34米,高4.3米,深0.55米,龛内雕一立佛,佛高3.4米,螺髻,面相丰颐,五官清楚,颈刻二道纹,外着双领下垂式袈裟,内着交领僧祇支,胸前打结,双臂微前伸,作接引状,双手均已残断,跣双足立于仰莲座上。在此龛右侧龛沿有阴刻"大中三年□月九日"题刻一则。另外在佛的袈裟上残存有卷草纹图案。

左壁左龛,龛底下距地面0.9米,与右龛在同一水平线上。龛宽3.37米,高4.3米,深0.97米。龛内雕一佛二菩萨,佛像通高2.1米,螺髻,面相丰颐,肩显宽平,身体健壮,颈刻二道纹,着双领下垂式袈裟,袈裟下摆垂于座前,衣纹为突棱式,右手上举施说法印,左手置于左腿膝部,结跏趺坐于束腰叠涩须弥高台座上。左侧菩萨像通高2.3米,风化严重,可见披帛垂于体侧,右手残,左手下垂,手把残断;右侧菩萨残高1.8米,头部残毁,颈佩项饰,斜披络腋,袒上身,下着长裙,在腹部裙腰打结,披帛沿体侧下垂,左手置于胸前,右手下垂持披帛,跣足立于仰覆圆莲座上。此龛像在雕造上与右壁龛像多为一致。另外在此龛右侧龛沿阴刻"僧智杲□辛丑后三月廿四日"题刻一则。

后壁,门两侧各开一龛,由于塌毁严重,现仅存门左侧龛内佛座及左胁持菩萨,残高2.4米。菩萨因风化严重,细部不清,斜披络腋,下着长裙,披帛垂于体侧,右手外扬,左手下垂持披帛,跣足立于带茎仰圆莲座上。

主室中心柱,位于主室的中央,由方形柱座和柱身构成,柱座素面无饰,高0.95米,宽3.7米；柱身宽3.1米,高4.95米。四面各开一尖拱龛。

正面龛,龛宽2.44米,高3.6米,深0.6米。内雕一倚坐佛二菩萨,主佛通高2.4米,螺髻,面相丰颐,颈刻二道纹,着双领下垂式袈裟,右手残,左手置于左腿膝部,倚坐于须弥高方台座上,跣双足,足下踩莲座；两侧菩萨通高1.98米,头束高髻,面相丰颐,颈刻二道纹,佩花形项圈,斜披络腋,络腋在胸前翻出一带,上身袒,下着长裙,腰束扎带与扎帛,披帛横于腿部二道,身体成"S"形扭曲,一手置胸前,一手下垂,跣双足立于仰覆莲座上。在正面龛的上方凿有二尖拱小龛,内各雕一坐佛,风化较为严重。

右面龛,龛宽2.4米,高3.6米,深0.6米。内雕一观音菩萨二胁侍菩萨,主尊观音菩萨,通高2.4米,头束高发髻,发髻正中雕一小化佛,右小臂残断,左手置于左腿膝部,左腿下垂,右腿盘起,作左舒坐式,坐于须弥座上,足踩莲座,其装饰同正面龛内菩萨。两侧菩萨的形象、服饰也与正面龛内菩萨相同,两肩披帛沿体侧下垂。

后面龛,龛宽2.24米,高3.7米,深0.6米。内雕一坐佛二菩萨,主佛通高1.8米,螺髻,面相丰颐,颈刻两道纹,着双领下垂式袈裟,右手残,左手置于左腿膝部,结跏趺坐于束腰须弥高台座上。左侧菩萨形象、服饰与正面龛内菩萨相同,右侧菩萨残毁。

左面龛,龛宽2.25米,高3.6米,深0.6米。内雕一地藏菩萨二胁侍菩萨,主尊地藏菩萨,通高2.4米,光头,面相丰颐,着双领

第七章 异彩纷呈的其他石窟艺术

下垂式袈裟，右手残，左手置于左膝，左腿下垂，右腿盘起，作左舒坐式，坐于须弥座上，袈裟下摆垂于座前，衣纹隆起较高。左侧菩萨风化残存痕迹，右侧菩萨头残，其形象与服饰同正面龛内菩萨。

3. 附窟

该洞窟的四个附属洞窟分别位于前室左右两侧的崖面上，编号分别为附1、附2、附3、附4窟，其洞窟形制都大致相同，平面方形或横长方形，平顶。在窟内沿正、左、右三壁前雕有倒凹字形低坛基。窟内造像置于坛基上，因风化严重，多已不存或仅存痕迹，唯附3、附4窟造像可辨，但因风化均细部不清。正壁坛上雕一佛二弟子二菩萨，南、北壁对称，由里向外分别为弟子、菩萨、力士、蹲狮各一身。

除前述内容外，本窟内外诸壁、诸龛内、窟顶留有晚期彩绘遗迹，主要有火焰纹项光、头光及云纹、忍冬纹、花卉及密宗形象等。

4. 关于洞窟的开凿年代

该洞窟的唯一一则有纪年可考的题刻位于左壁右龛的右侧龛沿外侧，即"大中三年□月九日"，这就确定了本窟开凿的下限年代。大中三年，当公元849年，检史料可知，"安史之乱"之后，戍防西边的军队东调，吐蕃乘机于唐代宗广德元年（763）"大寇河、陇，陷我秦、成、渭三州，入大震关，陷兰、廓、河、鄯、洮、岷等州，盗有陇右之地"。而须弥山所在的固原地区也被吐蕃占领，至大中三年二月，吐蕃、秦、原、安乐等州与瓜、沙等州来降，其统治时间达86年之久，这在唐代是一件大的事件。该窟中的大中三年题刻，自然是原州（今固原）复归唐时所为。这一时间（763—849）与吐蕃统治敦煌时间（781—848）二者在历史时期上基本一致，与敦煌莫高窟历史上的中唐时期相近，对于石窟艺术的研究来说，也是一个重要时期。吐蕃占领敦煌地区后，实行政治统治，使得敦煌地区的开窟造像走向另一个繁荣。相对于固原地区来说，吐蕃对固原只是军事上的占领，并未实行政治统治，使得

"原州自广德三年没于吐蕃,城邑墟矣",这期间,由于战争频繁,固原地区从此衰败下去,石窟造像也被迫中止。如第81、85窟已具规模,便在始料不及的情况下突然停工,究其原因是与吐蕃入袭固原有关。从历史上来看,须弥山唐代中心柱洞窟(第105窟)的开凿时间应在吐蕃攻陷原州之前(即广德元年),广德元年(763)之前本窟即已全部完工。

5. 风格影响

就目前的材料来看,唐代以后的中心柱是极其有限的。敦煌莫高窟第39、44、332、448窟都是主室前为人字披形,后为平顶的中心柱窟。在中心柱的四面有的开龛、有的绘画,这4个中心柱窟基本上是敦煌北朝以来的传统模式。陕西旬邑县的马家河石窟是一所中等偏小规模的中心柱窟,它的平面呈方形,窟顶平整低矮,方形柱体的正、东、西三壁各开一龛,龛内的造像带有典型的初唐风格,窟室后壁还有3个造像龛,两侧壁不开龛,在洞窟的外壁面上保存有大小7个造像龛,在第5龛的下部刻有唐高宗咸亨五年(674)的阿弥陀佛像龛发愿文题记。陕西彬县大佛寺千佛洞(第23号)是一个中心柱洞窟,它的平面略呈口窄内宽的倒梯形,进深11.3米,最内的南壁面宽10.7米,窟室的开口处略窄一些,窟内的中心立着一敦实低矮的中心塔柱,占据了大部分内部空间。

须弥山唐代中心柱窟的开凿是本地区乃至全国各地同类石窟中最为珍贵的典型窟例。须弥山唐代中心柱窟接受的风格影响主要来自如下三个方面。

首先是来自本地早期中心柱洞窟的影响。在洞窟形制方面,如窟形为三壁六龛、中心柱四面四龛式的造像布局等形式,与本地区北魏第14号窟、北周第36、45、46号窟,隋代第67、70号等窟相似。特别是中心柱四面四龛的形式更接近于北周、隋代的中心柱四面四龛的形式,这也是本地区中心柱发展演变的结果。当然,解决中心柱窟形的演变问题因地域、石质所造成的特殊因素

第七章 异彩纷呈的其他石窟艺术

也是不容忽视的,像第105号窟这样大型的洞窟在开凿时,为防止坍塌,使用中心柱作支撑,云冈、巩义等石窟可印证这一点。

其次是来自东部临近地区诸石窟的影响。须弥山东部临近地区的石窟群有庆阳北、南石窟寺、彬县大佛寺石窟等。须弥山第105号窟中心柱四面四龛的塔庙窟为各地唐窟所不多见,如彬县大佛寺10号窟内的中心柱四面布满佛龛(武周时期);庆阳北石窟寺第32号窟内的中心柱分层开龛(如意元年),是一个不规则的长方形平面大窟;三壁开龛的佛殿窟,不见于龙门同类唐窟,而在庆阳北石窟寺盛唐时期的第222号窟中周壁满开佛龛,都是唐代中心柱窟的最早形制。须弥山唐代中心柱窟,虽然其年代晚于上述二中心柱窟,但在洞窟形制方面继承了它们的传统做法,并做了进一步的改进,使其变得更为规整。在佛像及佛座的雕造上,与北魏石窟寺32号窟壁龛的相似点很多,如佛像面相丰颐,外着双领下垂式袈裟,结跏趺坐于束腰叠涩须弥高台坐上等。须弥山唐代中心柱窟的形制和造像显然受到了彬县和庆阳二石窟寺的影响。

第三是来自龙门、敦煌盛唐时期洞窟的影响。从洞窟形制三分析,须弥山唐代中心柱洞窟的四个附窟的形制,为方形平面,平顶,沿正、左、右三壁下方设倒"凹字"形佛坛,坛上雕像与龙门盛唐时期的洞窟形制完全一样"。另外须弥山唐代中心柱四面四龛、三壁六龛的形制与敦煌莫高窟盛唐时期的第39、44号窟主室三壁三龛、中心柱正面一龛的形制有一定的关系。从佛像的雕造上分析,须弥山唐代中心柱正面倚坐佛与莫高窟中唐第197、158号窟倚坐佛相似;须弥山唐代中心柱窟内的菩萨像肩显宽平,丰胸,鼓腹,身体呈"S"形扭曲的形式,与龙门莲花洞,南洞,莫高窟第45、320、446号等窟的菩萨都极为相似;须弥山唐代中心柱四面四像中同时出现地藏、观音组合。地藏半跏趺坐,沙门形,着垂领袈裟的形象最早见于龙门高宗后期的王元轨洞,但与观音的组合则不见,而在莫高窟盛唐时期第175号窟的壁画中,沙门形地藏与观音组合一同出现。

综上所述,须弥山唐代中心柱窟的形制受到本地区北周、隋代洞窟及彬县、庆阳石窟的风格影响,佛殿窟受到龙门石窟的风格影响。在造像的雕造和组合上受来自龙门、庆阳和敦煌诸石窟的风格影响较多。

6. 有计划开凿

须弥山唐代中心柱洞窟规格严谨,规模之宏大,雕造之精美,形制之独特,保存较为完好,是同期洞窟的典型代表,显然是有组织、有计划进行开凿的。

从窟内的布局看,右、正、左三壁各开二龛,中心柱四面各开一龛,形成三壁六龛、中心柱四面四龛的格局。这是这一阶段出现的新布局,且龛的形制、大小都极为一致。

本窟的造像都近似圆雕,无论是佛像的袈裟式样、面相、坐式、须弥座、衣纹雕刻,还是菩萨的高发髻、面相、姿态、衣纹、装饰、莲座等,在全窟各壁中表现出极为鲜明的一致性,这说明不仅各种造像的形式趋于规整,在时间跨度上很可能是在较短的时间内一次性建成的。

本窟中的造像题材,主要有结跏趺坐佛、倚坐佛、立佛,特别是中心柱四面四像(分别为弥勒佛、阿弥陀佛、观音菩萨、地藏菩萨)在本地区石窟中仅为一例,亦甚珍贵,同时也反映出当时固原地区主要盛行的佛教宗派主要有净土宗、三阶教、密宗等。造像组合以一佛二菩萨为主。在使用功能上,是以观像为目的的礼拜窟。

作为一次性完工的大型中心柱洞窟,须弥山唐代中心柱洞窟在本地区乃至全国同类石窟中都是极为珍贵的典型窟例,具有不可忽视的作用。

第七章　异彩纷呈的其他石窟艺术

第二节　克孜尔石窟艺术

一、克孜尔石窟艺术概述

克孜尔石窟又称"克孜尔千佛洞"或"赫色尔石窟",属于中国佛教石窟,位于新疆拜城县克孜尔镇东南7千米明屋塔格山的悬崖上,南面是木扎特河河谷。克孜尔石窟是中国开凿最早、地理位置最西的大型石窟群,大约开凿于公元3世纪,在公元8—9世纪逐渐停建,延续时间之长在世界各国也是绝无仅有的。是1961年公布的第一批全国重点文物保护单位一。

两汉张骞出使西域,开辟了伟大的丝绸之路。丝绸之路东起长安(今西安),西至罗马,途经甘肃、新疆和中亚、西亚,并联结地中海沿岸各国。由于这条路上西运货物中以丝绸影响最大,故得此名。丝绸之路按地理环境特征分为三段,即东段、中段和西段。东段:从长安出发,沿河西走廊至玉门关、阳关。中段:东起玉门关阳关至帕米尔高原。西段:从帕米尔高原往西,经过中亚、西亚直到欧洲。丝绸之路不仅是联结亚欧大陆的交通动脉,更是联结人类文明的纽带。丝绸之路是多元文化交流的杰出范例,展现出公元前2世纪—公元16世纪间亚欧大陆诸多文明区域,尤其是游牧的草原文明与定居的农耕、绿洲或畜牧文明之间所发生的相互交流和影响,包括宗教信仰、城市文化、建筑设计、居住方式、商品贸易、民族交流等方面。

为了保持丝绸之路的安全通畅,汉朝政府于公元前101年在轮台、渠犁等地驻兵屯田,并设置使者校尉。公元前68年,又派侍郎郑吉率兵在车师(今吐鲁番盆地)屯田,并命郑吉护鄯善(今罗布泊一带)以西南道,统管天山以南各地。公元前60年,西汉在乌垒城(今轮台县境内)建立西域都护府,汉宣帝任命郑吉为第一任西域都护,正式在西域设官、驻军、推行政令,汉朝正式开始在西域行使最高统治权和管辖权,对西域进行有效的控制和管理,西域从此成为我国领土不可分割的重要组成部分。

龟兹位于塔里木盆地北缘,地处古代丝绸之路中段的南北两道之间,北依天山,南临塔克拉玛干大沙漠,是有着丰富水资源的冲积平原。唐代,中央政府在龟兹设立安西大都护府,龟兹成为西域的政治、经济、军事、文化中心。宋元以后,龟兹成为西下的回鹘民族的乐土。后来又先后归属于察合台汗国和叶尔羌汗国。清代,龟兹成为我国统一的多民族国家的一个组成部分。从此以后,古龟兹一直是我们伟大祖国经营西域的中心,经济和文化都很发达,从而为佛教的发展奠定了基础。

早在1万年前,龟兹地区就开始有人类活动。公元1世纪,贵霜王朝在中亚和印度次大陆兴起,首都设在白沙瓦(今巴基斯坦)。公元2世纪初,国王迦腻色迦在位,大力提倡佛教,据说召开了一次佛典集结,派遣大批僧人出国传教,使佛教逐渐东传至龟兹国。佛教传入龟兹国后,大大推动了龟兹当地文化和经济的发展。至公元3世纪,佛教文化很快成了龟兹文化的主流,在国王的倡导支持下,建寺院、开石窟,使得龟兹国高僧云集,佛法广布,著名的龟兹石窟同时也在这个时候诞生了。

公元4—5世纪,龟兹已发展成为西域佛教文化的中心,据文献记载,当时的龟兹不仅石窟、佛寺栉比,佛塔庙就有千余所;当时的龟兹人口为16万人,而僧尼人数就多达1万人,佛教极为兴盛,而且葱岭以东,塔里木盆地周缘诸国的达官贵人、王族妇女及平民百姓都远道至龟兹受戒学法。历史上著名的佛学家、佛经翻译家、龟兹名僧鸠摩罗什就出生在这里。

鸠摩罗什,(344—413)古龟兹人。他于公元401年应姚兴邀请,前往长安入住逍遥园西明阁,率弟子八百、僧众三千,译出《妙法莲华经》《金刚经》《中论》《大智度论》等佛教经典,共74部,384卷。鸠摩罗什学贯东西,精通胡、汉语言,所以能够"手持胡经,口译秦言",力求保持佛经语言中国化和原文语趣的生动性。1000多年前他翻译的《妙法莲华经》《阿弥陀经》《金刚经》

第七章 异彩纷呈的其他石窟艺术

等,至今仍在哺育、激荡着中国、韩国、日本等地佛教徒的心灵。

鸠摩罗什的东去传教,也将佛教艺术传入东方,为中国佛教艺术尤其是石窟艺术的发展作出了巨大的贡献。南北朝隋唐时期,我国石窟艺术中常见的二佛并坐像就是依据罗什版本《妙法莲华经·见宝塔品》而创作的。

唐代,龟兹佛教继续发展。公元7世纪中叶,大唐高僧玄奘西行求法取经,路经龟兹时曾进行了详细的考察,并在其名著《大唐西域记》中详细记载了龟兹国当时的佛教盛况。当时龟兹城内有伽蓝(佛教寺院)百余所,僧徒5000余人;大城西门外、路左右,各有立佛像,高90余尺。每年秋分前后数十日,举国僧徒皆来此会集,上至君王,下至王公大臣以及最底层的平民百姓,都一并放下手中的俗务,奉持斋戒,受经听法,终日废寝忘食,不知疲惫。由此可见,龟兹国当时的佛教盛况是多么壮观。

由于"安史之乱",唐朝中央政府为了平乱,在军事上无暇顾及西域,战争四起,使得突厥、吐蕃相继侵凌,造成龟兹地区社会动荡不安,龟兹佛教的发展也受到一定的影响。

公元9世纪以后,原来生活在蒙古高原的回鹘人西迁,进入龟兹境内,建立起回鹘政权,被称为"龟兹回鹘"。后来龟兹回鹘并入西州回鹘。这一时期,龟兹社会处于相对稳定时期,社会经济得到恢复和发展,原本信仰摩尼教的回鹘人也逐渐改信了佛教,龟兹佛教仍然是西域佛教的中心之一。

公元11世纪以后,随着喀喇汗王国的强盛,伊斯兰教逐渐向龟兹地区渗透,大约到公元14世纪,龟兹成为喀喇汗王国的一部分,伊斯兰教成为主流的宗教,而佛教则逐渐消亡了。

古龟兹是佛教文化传入中国的首站,也是中华文明向西开放的门户和古丝路文明双向交流的重要枢纽,被誉为"中国佛教文化的摇篮"。佛教作为古龟兹地区的主流宗教,在这一地区流行了1000多年。

目前保留在古代龟兹境内的石窟被统称为"龟兹石窟群"。龟兹石窟群由大小总计20余处石窟组成,其中包括克孜尔石窟、库木吐喇石窟、克孜尔尕哈石窟、森木塞姆石窟、阿艾石窟等。其中,克孜尔石窟是中国历史上最早的佛教石窟,也是龟兹石窟艺术的典型代表。

克孜尔石窟位于新疆维吾尔自治区阿克苏地区拜城县克孜尔乡境内,地处天山南麓、葱岭以东,介于阿富汗巴米扬石窟和敦煌石窟之间,现存洞窟349个,壁画近1万平方米,以及少量的彩绘泥塑遗迹,是龟兹石窟的典型代表。其表现了从公元3—9世纪佛教艺术在龟兹地区的杰出创造和高度成就,是西域地区现存最早、规模最大、持续时间最长、洞窟类型最齐备、影响广泛的佛教石窟寺遗存。它以独特的洞窟形制和壁画风格,明显揭示出佛教西域地区向东传播的历史轨迹,以及在传播过程中所形成的本土化过程,是古代东西方文化交流的结晶。

可以说,克孜尔石窟艺术从不同侧面展示了这一时期内龟兹佛教文化的产生、发展、繁盛和衰落的过程,也为特定的历史进程、文化传统、宗教艺术、民族民俗、音乐舞蹈的发展与演变提供了丰富的证据。尤其是壁画的独创性和多样性,成为龟兹艺术的突出成就之一,具有历史的和审美的突出普遍价值,曾对新疆以东的河西、陇右、中原及中亚佛教石窟艺术都产生了显著的影响,是丝绸之路文化遗产不可或缺的构成要素,在世界范围内具有突出普遍的价值。

克孜尔石窟虽然只有600多年的发展历史,但却是极其辉煌的,它对灿烂的古代西域文明和佛教文化艺术向祖国内地的东渐传播与发展,以及中原地区佛教回传龟兹并向中亚地区辐射发展都产生了极其深远的影响。正如北京大学著名教授宿白先生曾说:"她是中国佛教文化的摇篮,在一定程度上影响着河西、中原石窟艺术的发展,成为中国石窟艺术的起始点。"

1961年3月,克孜尔石窟被国务院公布为第一批全国重点文物保护单位之一;2014年6月,克孜尔石窟作为"丝绸之路:长安—天山廊道的路网"的一个重要遗产点被列入世界文化遗产名录,使这座承载了世界文明,在佛教传播进程中发挥了不可替

第七章　异彩纷呈的其他石窟艺术

代作用的千年古寺,展示在世界面前。

二、克孜尔石窟的设计风格

(一)佛教思想

公元前3世纪,孔雀王朝的阿育王以摩羯陀为中心,大力推行佛教,范围远及巴基斯坦、中亚地区等。公元1世纪前后,佛教由印度传入龟兹地区,至公元3—4世纪,已在龟兹非常盛行,开窟造寺活动频繁。

克孜尔石窟遗存是龟兹佛教的历史见证,展现了由丝绸之路的宗教交流而引发的佛教石窟寺这一源自印度的寺庙形式在西域的传播情况。克孜尔石窟反映了小乘说一切有部"唯礼释迦"的佛教思想,此派的基本教义是"三世实有"和"法体恒有";讲究通过出世四度的修行,进入灰身灭智的涅槃境界。

此外,石窟壁画中也有反映法藏部思想和大乘佛教的内容。大小乘佛教并存是克孜尔石窟壁画的一个显著特征。克孜尔石窟壁画中充满了歌颂赞美佛陀的内容,如对同时代六位外道哲学家的降服以及表现全身交替出水火的神变像。窟内也能找到大乘佛教的踪迹,尤其是那更为神奇的化现千佛的景象,充分表现了大乘思想在古龟兹的流传。

(二)建筑艺术

克孜尔石窟包括中心柱窟、大像窟、方形窟、僧房窟、龛窟、异形窟洞窟类型及由上述洞窟类型组合形成的多种洞窟组合形式。其中,最具特点的是中心柱窟和大像窟。

中心柱式的"龟兹型窟"是克孜尔石窟形制方面的最大特色和创新,代表窟有第8号窟、17号窟、38号窟等60余个洞窟。这种洞窟系在石窟中央凿出一方形柱体,象征着佛塔,主体正面开龛,内置佛像。柱体前面的主室空间较大,顶呈纵券式;前面的

· 239 ·

前室或前廊多已塌毁,无法保存下来。柱体另外三面也与外墙壁间形成供礼佛右旋的行道。

该类型的石窟源于印度以塔为中心的"支提窟",印度最早的塔庙窟诞生于大约公元前2世纪,塔庙窟礼拜的核心为一座佛塔。在马蹄形的塔庙窟中,洞窟后端放置覆钵形佛塔。信徒礼拜时需穿过长长的通道,向右按顺时针方向绕塔巡礼。

龟兹人一方面保留其原有特点,即把佛塔作为礼拜的中心;另一方面,又融合克孜尔当地砂岩的结构特点和中亚游牧民族的丧葬习俗及佛像崇拜兴起的现状,在中心柱上开龛,放置佛像,使其具有了佛塔和佛像崇拜双重功用,并使中心塔与窟顶相接,起到支撑柱的作用;同时区分出洞窟前后室,形成了印度所没有的中心柱式石窟,也称"龟兹型窟"。该种形制的石窟东传并显著影响了河西地区的敦煌石窟、中原地区的龙门石窟、云冈石窟中早期的洞窟形制。

大像窟也是礼拜用窟,一般无前室,只有主室、后室和中心柱部分。主室一般高达十几米,主室后壁立有大佛像(现均已毁)。大像窟后室宽大,早期和中期都设有涅槃台,上塑佛涅槃像(大部分已毁)。后期开凿的大像窟,形制上有所变化,主室与后室间已无中心柱,而是由立佛的腿部分隔出主、后室。

克孜尔大像窟是世界同类洞窟中现存开凿年代最早者。以第47号窟为代表的6处石窟内置有大型立佛,佛像均在10米以上,称为"大像窟"。这种在开凿大像窟并在洞窟内雕塑大佛的传统对新疆以东地区石窟的开凿产生了重大影响,甚至有可能影响了葱岭以西阿富汗等地区。

(三)雕塑艺术

石窟是佛教艺术的综合体,由石窟建筑、雕塑、壁画三位一体组合而成。克孜尔石窟雕塑,主要以彩绘泥塑、木雕、石雕等艺术形式来表现佛、菩萨、天人等佛教内容,与石窟建筑和壁画融为一体,烘托出清净、庄严的宗教氛围。在艺术表现与风格上,以本土

第七章 异彩纷呈的其他石窟艺术

和中原艺术为基础,融合犍陀罗、笈多及萨珊波斯艺术的特点,形成了独特的龟兹雕塑艺术风格,曾对我国河西地区及中原佛教造像产生了较为深远的影响。

由于诸多历史因素,目前包括克孜尔石窟在内的整个龟兹石窟群遗存下来的雕塑较少,主要是彩绘泥塑,也有少量木雕。如1907—1914年间德国探险队掠走的彩绘泥塑头像、人面象身塑像、木雕伎乐和木雕立佛等(这些作品目前藏于德国柏林亚洲艺术博物馆)。中华人民共和国成立后,考古工作者在克孜尔石窟寺又陆续发现一些残破的泥塑头像,在克孜尔石窟新1号窟右甬道外侧壁则发现了一身立像下部,后室发现一头部已损、躯干尚存的涅槃像,第196号窟后室前壁龛内则发现有石蕊像,等等。

(四)壁画艺术

克孜尔石窟作为中国现存最早、影响广泛的大型佛教石窟寺遗址,其壁画艺术的形成与发展路径,基于两大因素:一是深厚的本土文化底蕴,二是以包容的姿态对外来文化进行兼收并蓄与融合。克孜尔石窟壁画较多地受到犍陀罗、秣菟罗、笈多佛教艺术以及波斯文化的影响。同时,也受中原文化的影响深刻。

克孜尔早期(公元3—4世纪)壁画中的人物形象具有明显的西来印记,尤其是犍陀罗佛教造像艺术的影响;公元5世纪人物造型风格近似印度秣菟罗艺术;公元6—7世纪壁画人体造型曲线即"三屈法式"的增强,显示出印度笈多佛教艺术风格的影响;壁画中还出现了中原地区汉代以来所流行的不同纹饰,以及波斯萨珊王朝流行的联珠纹饰等。这些外来因素客观地反映了以佛教艺术为载体,丝绸之路上多种绘画风格在龟兹地区进行交汇、融合,并创造形成了独特的龟兹艺术模式,极大地影响了新疆以东、河西以及中原地区佛教美术的发展。

概括来说,克孜尔石窟的壁画艺术主要表现在以下六个方面。

1. 题材内容丰富

克孜尔石窟保存了丰富的公元3—8世纪中叶佛教故事画遗存。其壁画题材和内容以本生故事、因缘故事和佛传故事等释迦牟尼故事画为主,反映出龟兹地区盛行的小乘说一切有部"惟礼释迦"的思想。本生故事和因缘故事都约100余种,识别的60余种。佛传故事60多种。其佛教故事画内容之丰富,超过了印度和中国内地,被誉为"佛教故事的海洋"。此外,还有天相图、天人、龙王和金刚等。

本生故事描述了释迦前世曾以国王、婆罗门、商人、女人以及象、猴、鹿、熊等各种动物的身形,或为救度众生而牺牲自我,或为追求正法而精进不懈等,经历了无数难行苦行,超乎了常人的想象。成佛绝不是一蹴而就的过程,根据小乘佛教说一切有部的理解,释迦从发愿成佛之始。需经历三阿僧祇九十一劫的时间,修行菩萨道,这被称为"轮回时代的菩萨",最后才托胎于迦毗罗卫国的悉达多太子。本生故事图像起源甚早,在公元前2世纪印度巴尔胡特大塔的浮雕中就已出现。有的故事原先是流行于印度民间的寓言,如"猴王智斗水妖"也曾收录于印度古老寓言集《五卷书》中,它们为佛教吸收,成为表现释迦前世功德的故事。目前克孜尔石窟保存壁画最多的洞窟是第17、114号等窟。

因缘是梵语"尼陀那"(Nidana)的意译,汉译为因、因缘、缘起等,总称"因缘"。因缘是原始佛教的基本理论之一。因缘也是说因果报应之理的。因缘画的内容以释迦牟尼讲述的种种因缘、果报、比喻故事为主,表现释迦牟尼成道后的种种教化事迹,故其在内容上也可以说是佛传的一部分。但是在龟兹石窟的菱形格因缘壁画中,绝不见释迦牟尼降生至成道之前的事迹,显然与佛传又有区别。克孜尔石窟保存较多的有第8、101、171号等窟。

佛传故事是描绘释迦牟尼从降生到涅槃的一生事迹,包括表现佛一生重大事迹的"佛本行"故事和表现佛"说法教化"的"因缘佛传"(亦称"说法图")故事。在克孜尔石窟的佛传故事壁画

第七章　异彩纷呈的其他石窟艺术

中,主要包括以下佛传故事:燃灯佛授记、白象入胎、树下诞生、七步成莲、出游四门、逾城出家、林中苦修、牧女奉糜、吉祥施座、降魔成道、鹿野苑初转法轮、祇园布施、迦叶皈依、降服六师外道、涅槃、阿阇世王灵梦入浴、八王争分舍利和第一次结集。第110号窟最为集中。其他有些题材放在突出的位置上主要是梵天劝请和涅槃。

2. 构图形式独特

菱形格构图是克孜尔壁画典型的构图形式和重要的艺术成就之一。在克孜尔早期壁画中,菱形格构图表现得并不明显,主要出现在禅修壁画里,其形态是山峦的重叠。后来逐渐发展成以菱形格为基本单元,组合成四方连续的菱格图案化构图形式,一座山峦为一个单元,每一个菱形格内绘制一个故事。直至公元5—6世纪,菱格构图已成为克孜尔石窟券顶壁画最主要的构图形式。菱格构图表现的山峦是佛教世界中心的须弥山,既有佛教教义的象征性,又有画面布局的合理性。这种构图形式,不仅对石窟空间起到了装饰作用,同时增加了壁画的容量。

中国传统的散点式构图,以及均衡、对称、中心式(合家欢式)的构图是克孜尔石窟壁画中表现佛传故事和说法图的主要构图形式。这种均衡、对称、中心式(合家欢式)构图,在处理满壁绘制着不同内容说法图的画面布局上,往往是以佛为中心,采用佛两侧人物的身姿或脸的朝向来分割另一组画面,以此达到增强画面跨时空的效果。

3. 造型多元统一

克孜尔壁画艺术的形成与发展路径,主要基于深厚的本土文化底蕴和对外来文化的兼收并蓄与融合。

克孜尔石窟壁画早期造型表现形式上,较多地受到犍陀罗、秣菟罗、笈多佛教艺术的影响,尤其是在人物的造型上重彩纷呈,呈现出多元化特性。克孜尔石窟壁画中的造型不能理解为简单的"形体塑造",而是用线、面、赋彩这些手段来构成题材所需表达的形象。克孜尔石窟壁画人物造型多以本土化特征呈现,壁画中的人物体形修长、五官集中,与龟兹地区出土的人体骨骼特征相一致。在表现商人的故事画里,采用了龟兹世俗商人的形象。由于佛教艺术的彼岸性,使得古代画师们在塑造壁画人物形象时的想象力和精神品位在"梵我合一"的观念中得到了统一和升华。

克孜尔壁画在造型方面不仅体现了本民族、本地区的艺术特色,而且其作为古龟兹民族的艺术创造,曾经开拓了中国绘画史上的一代画风。从梁代的张僧繇、北齐的曹仲达,到隋唐之际的尉迟跋质那和尉迟乙僧父子,都以他们的艺术实践沟通了西域和内地文化艺术上的联系。龟兹画风既是龟兹和西域的地方风格,也是中国古代绘画史上的重要流派。

4.赋彩庄严清净

克孜尔壁画常用色为土红、赭石、青、绿、朱、白等,而以青、绿为主。早期以暖色调为主,中期石青、石绿增多,后期石青几乎消失,土红色则大量使用。另外,在各个时期,尤其是中期壁画使用了大量的金粉和金箔,其目的是为了增加壁画的金碧辉煌的效果,让人体会彼岸佛国的美好。由于克孜尔壁画中的人物裸体、半裸体形象居多,画面中橘黄铅丹色和赭石色的分量也较大,因此壁画给人总的感觉,在人体少的画面上,以青绿为主调;在人体多的画面上,青绿和橘黄色赭色、冷和暖形成均衡的对比,色调和谐统一。以青绿为主、比较偏冷的基调可以说是克孜尔壁画色彩上的一个基本特点。

克孜尔壁画在色彩运用上的另一个特点是交叉和间歇使用不同色相的色块,这在券顶菱格画中表现得最为突出。克孜尔石窟券顶菱格壁画以菱形山峦为基本单元,组合成四方连续的菱格图案化色彩构图,其中每一菱格以一种色相作为底色,不同底色的菱格均按一定的色彩间隔规律性地调配分布。例如第17号窟主室券顶左半部的菱格配置,其底色只有青、绿、朱、白四种分别,

第七章 异彩纷呈的其他石窟艺术

在属于冷色的青色块与绿色块之间,以暖色朱色块相隔,形成以白色块调和青绿及银朱之间的补色关系,造成既有冷暖对比又和谐统一的色彩效果。平涂的菱格山峦造型从视觉效果上来看显得过于沉闷,为解决画面的这一问题,画师们往往在山峦上面用白粉点簇一些花蕾图案,既有装饰效果,又解决了视觉上"堵"的感觉。

5. 善用"凹凸法"晕染

克孜尔石窟壁画的色彩结构,主要是按照"随类赋彩"的法则,在人物晕染方面采用了"凹凸画法",从而表现出较强的立体效果。步骤是:先用白粉平涂,然后以赭石色或橘黄色的铅丹沿身体轮廓线向内渐变式晕染,越向里越浅。先是把人体按其结构分成块,如胸部分成两块、腹部分成四块、肩头一块、大小臂各一块,在各块的四周由外向内逐层晕染。有些洞窟壁画晕染缺乏中间层次,色阶变化大,晕染部分与非晕染部分界限分明,甚至可以看清晕染的笔触,如第17号窟、175号窟。

这种分块圈染的目的主要是为了强调骨骼和肌肉在人体外形上的起伏变化。克孜尔画家熟悉人体结构,但不拘泥于细微的解剖关系,而是根据题材进行主观提炼、加工,从而创作出最富表现力的人物形象。以壁画人物腹部为例,在现实生活中,一般显露不出大的肌肉起伏,但克孜尔画家却运用艺术夸张的手法,把它分成四块圈染,包括女性在内,都仿佛成了肌肉发达的健美运动员。这种从解剖学的角度晕染凹凸面的做法,应该说是受到希腊艺术影响的结果,克孜尔壁画有别于内地绘画也主要表现在这方面。

在人物脸部处理上,晕染之后要用赭石或土红将五官和面部轮廓重勾一遍,有时也用墨线勾勒,最后在眉毛、上眼睑、鼻梁、上下唇以及下颌处提勾白粉,这也是克孜尔壁画表现技法中的另一个显著特点。

6. 用线表现特征：疏体表现、屈铁盘丝

早期的疏体表现特征"屈铁盘丝"，一方面是指线条的粗细变化不大，龟兹风壁画用线的两种类型一种是用硬笔勾线，线条均匀而朴拙；另一种线条则细劲刚健，细而不弱，圆转优美，富于弹力，都体现了这一特点。另一方面则是指线条的组合。凡是佛或菩萨等宽大的袈裟和袍裙衣纹都是用"U"形线套叠组成，两三根一组，随体形变化而变化，"U"形的转折变圆或变尖，如"屈铁盘丝"之状，又如湿衣贴体。

多元化的克孜尔石窟壁画艺术，被誉为"中亚艺术发展的顶峰"，对河西走廊地区的敦煌石窟、炳灵寺石窟等石窟的早期壁画艺术，以及中原地区的古代重彩画发展产生了深远的影响，因此而成为东方古典壁画以及重彩画艺术发展承前启后的摇篮。

（五）乐舞艺术

克孜尔石窟壁画的另一个独特魅力是拥有众多的乐舞形象，尤其是那绚丽的天宫伎乐图，众天神站在天宫栏杆之间，奏乐起舞，赞美佛陀。壁画反映的乐器类型十分丰富，汇集了来自印度、中亚、西亚、中原及龟兹本地的乐器。

克孜尔石窟壁画中出现的乐器体系有弦鸣乐器、气鸣乐器和打击乐器。弦鸣乐器有弓形箜篌、竖箜篌、五弦琵琶、曲颈琵琶、阮咸、曲颈阮咸和里拉；打击乐器有长筒形鼓、齐鼓（鸡娄鼓）、腰鼓、毛员鼓、达腊鼓、铃和铜钹；气鸣乐器有长笛、横吹、排箫、筚篥和埙。

"龟兹乐"的乐队编制以吹乐、弹乐和鼓乐并用为特色，其中吹奏乐器为主奏旋律及和声，拨弦乐器奏旋律兼奏节奏型，打击乐器则击打节奏。各种乐器的组合方式多种多样，演奏方式也非单纯的齐奏，而是有全奏、合奏、领奏或独奏。

无声的石窟壁画却演奏出了华丽的丝路音乐之篇章。壁画中也充满了许多妙曼的舞姿，常见于因缘故事、佛传故事、天宫伎

第七章　异彩纷呈的其他石窟艺术

乐等场景之中。

龟兹舞蹈主要有以下几个方面的特点。

从内容上分,龟兹舞蹈种类繁多,有自娱性舞蹈、表演性舞蹈、生活习俗舞蹈等。从表演形式上分,龟兹舞蹈有单人舞、双人舞和多人舞等。从表现力上说,龟兹舞蹈富于变化,表演时表情非常丰富,节奏时急时缓,具有强烈的对比性。舞蹈动作有刚有柔,起伏鲜明,韵味无穷,具有强烈的艺术魅力,舞姿造型上,非常独特。基本造型为以头、腰、腿成"S"形曲线,含胸出胯,总体姿态优美典雅。从现存的壁画姿态中,特别是面部丰富的表情,手形的变化和胯的耸出,可看到印度舞蹈的影响。从所持道具上说,丰富多样。

在龟兹壁画舞蹈形象里,对彩带和披纱的运用很普遍,持巾舞蹈的、持彩带舞蹈的伎乐图很多,从中反映出中原善舞绸帛对龟兹的影响。

石窟寺中的乐舞形象不仅服务于佛教,也是古龟兹社会"管弦伎乐、特善诸国"的真实反映。克孜尔石窟中的舞蹈与箜篌、羌笛、横吹、琵琶等乐器,随着丝绸之路艺术交流东传至中原地区,不仅流行一时,而且被纳入宫廷雅乐,成为正统音乐。中原汉地的乐舞也随着佛教艺术回传西域。克孜尔石窟壁画中的乐舞形象与中原文献记载的东西乐舞文化的交流相印证,见证了丝绸之路上音乐、舞蹈艺术的传播和互动。

(六)民俗与服饰艺术

克孜尔石窟壁画中绘制了许多反映当时龟兹民众生产和生活的场面,如犁地、牛耕、制陶和毛驴、骆驼驮运的情景,以及众多着龟兹服饰的供养人和普通劳动者形象,使我们对古代龟兹社会生活有了更为深入的了解。

龟兹服饰是在龟兹历史长河中日积月累所形成的深厚广博的复合体,是古代龟兹物质文明的重要标志之一。

近代考古发掘证明:从新石器时代起,就有人类在龟兹劳动生息。考古学家曾在库车境内的哈拉墩遗址发现了耳坠、耳环等装饰品,其中有一直径32厘米、宽20厘米天然石子制成的椭圆形耳坠,在石的上端凿一个4毫米径孔为穿线之用,中间凿有3毫米的槽供系线之用。这一考古发现表明,龟兹早期居民已开始利用石制品装扮自己、美化生活。在发掘的石器制品中,考古学家还发现一件石纺轮,它的问世,无疑向我们揭示了龟兹纺织业的诞生。在散乱的骨器中,考古学家找到不少用于缝纫和梳妆的骨锥、骨针、骨簪等物品。据黄文弼先生考证,这些石器、骨器是公元前3至1世纪的遗物。由此说明龟兹早在公元前3世纪时就已经用骨针缝制衣服,且有佩戴石制耳坠、耳环之习俗和风尚。他们生活在自然环境极为严酷的戈壁瀚海边缘,依然用自己的双手装扮自己,打造美好的生活。

公元前69年(宣帝地节元年),乌孙公主路过龟兹,龟兹王绛宾留女不遣,即与联姻。汉亦以主女比于宗室,号称公主。公元前65年(元康元年)主女与绛宾俱入朝,备受宣帝宠爱,赠送甚厚,绛宾亦乐于亲汉。绛宾回国后,史称"乐汉衣服制度,治宫室,作缴道周卫,出入传呼,撞钟鼓,如汉家仪"。绛宾作为一国之主如此崇尚汉文化,其国民之仿效之风当也理所当然了。

两汉时期,匈奴曾雄极一时,一度占据龟兹。汉与西域时通时绝,但是汉与西域人民的关系始终保持亲密和友好,龟兹国"乐汉衣服制度"就是绝好的证明。这一时期的龟兹服装尽管受到中原汉民族的影响,但是却始终以当地民族服装形式为主。龟兹人喜穿长袍,袖口窄小,缘有锦绣,袍长没膝,对襟式样。这种服饰与当地干旱多风沙的自然环境有密切关系。窄袖便于射猎,袍长没膝既可遮挡风沙,亦可御寒。腰间束带,便于佩剑及悬挂各类日常生活用具。而缘锦绣则意味着龟兹人对服饰美的崇尚。由此可见,龟兹民俗与服饰是古龟兹人民在劳动生产和生活,以及与自然斗争中的积累和创造。

克孜尔石窟是古龟兹人文发展的一部历史大典,壁画中所展现的龟兹民族的语言、人种、服饰、信仰以及生产、生活与乐舞活动场景,为已消失的文明提供了独特见证。壁画中的生活、生产场景,反映出古龟兹地区融合了中原和西域及本民族文化所形成的特有的生活方式,连同上述佛教美术、音乐场景一起,生动再现了龟兹作为古丝绸之路重要枢纽的昔日繁荣。

三、重点洞窟赏析

(一)第8窟 供养人

第8窟是克孜尔大型中心柱式洞窟之一,洞窟空间较大,壁画内容十分丰富。本窟主室南北甬道内外壁各绘4身供养人,共计16身。德国考察队就是据此将本窟拟名为"十六佩剑者窟"。16身供养人全部被揭取运往德国。本窟后室壁画大部亦被德国考察队揭取,顶部的大幅伎乐飞天与天相图绘制精美,现存柏林印度艺术博物馆(未完全公布)。图7-1所示4身供养人身着镶边翻领长外衣,腰扎联珠带,这是西域人当时流行的世俗装束。前3人有头光,在16位供养人中只有此3人有头光,头光是佛、菩萨和天人的标志。此供养人有头光表示他们地位很高,很可能是国王和王族。第一人右手举一灯,是本窟的主要供养者。前两身供养人佩长剑和短剑,后两人只佩短剑。4人均足蹬尖皮靴,踮脚而立,这是一种供养表示。

(二)第8窟 白象本生

白象本生位于第8窟主室券顶右侧。主要内容:一群被国王驱逐的囚徒,来到沙漠,饥渴交迫,濒于死亡。白象听到沙漠中有呻吟声,赶来观看后,顿生慈悲之心。大象对众人说,前面山脚下有一莲花湖,山口下面还有一摔死的大象,你们可以吃象肉,用它的肠子装水,就可以走出沙漠。囚徒按白象所示方向走去。白象为了救众生,赶在众人之前,从山顶跳下,摔死在山脚下。众人来到摔死的象前,发现即是指点他们的白象,悲泣不已。为了尊重白象的遗愿,他们吃了象肉,用其肠盛水,走出了沙漠。图中大白象翻倒在地,一人用刀割象腹,表现出白象牺牲自己普救众生的生动情景(图7-2)。

图7-1 第8窟 供养人

图7-2 第8窟 白象本生

第七章 异彩纷呈的其他石窟艺术

(三) 第8窟 舞师女作比丘尼缘

该图位于主室券顶左侧。主要内容：王舍城中的富豪设乐舞大会，时有舞师夫妇携女儿青莲花来到会场。青莲花端庄殊妙，舞技高超，但很骄慢，放逸嬉笑。佛用神通力将其变成老妪，"发白面皱，牙齿疏缺，俯偻而行"。青莲花观己身形，极为羞愧，决心摒弃骄慢自大，后来皈依佛门成为比丘尼。图中佛右侧为裸体的青莲花。她头戴花冠，双臂一扬一收，翻掌曲指，左腿前屈，右腿向后微提。这一个优美的舞姿，是克孜尔壁画中舞蹈造型的代表作（《撰集百缘经》卷八）（图7-3）。

图7-3 第8窟 舞师女作比丘尼缘

(四) 第104窟 须陀因缘

该图位于第104号窟主室券顶右侧。主要内容：佛陀在世时，舍卫国旃陀越王信奉婆罗门道，用诸婆罗门辅治国政。王有一妃倍受宠爱，引起其他夫人嫉恨，遂收买婆罗门，向国王进谗言，将宠妃杀害。其时，夫人有孕。后于塚中生子，母半身不朽，儿得饮乳三年，出塚后与鸟兽为伍。佛陀悯之，乃度其出家，名为须陀，七日便得阿罗汉果。后往见旃陀越王,以神通感化之,王敕群臣往诣佛所,受五戒。佛为旃陀越王说其与须陀过去世之因缘(《佛说旃陀越国王经》)(图7-4)。

图7-4 第104窟 须陀因缘

(五)第178窟 富楼那出家

这是佛传图中的富楼那出家图。位于第178号窟主室右壁。《佛本行集经》卷三七说,乔萨罗众落有一婆罗门,是释迦牟尼父亲净饭王的国师。其子名富楼那,与释迦同日生,一心想出家,受到家庭的百般阻挠。后来终于来到佛所,顶礼世尊,两手捉佛足,匍匐在佛前,赞叹佛德,随佛出家。图中描绘的正是这一情节(图7-5)。

图7-5 第178窟富楼那出家

· 252 ·

第七章　异彩纷呈的其他石窟艺术

第三节　巴渝石刻艺术

千古三峡,创造了璀璨的巴渝文化。在三峡大抢救的众多文物中,有一类与江水涨落息息相关的石刻文物,即枯水位石刻和洪水位石刻。古代宋至明清,先民将此类石刻概纳入"金石"范畴。而近几十年人们俗称"水文石刻",主要是通过其石刻上的枯水位和洪水位标记和文字记录,掌握长江上水位变化的水文科学规律。但是就枯水位和洪水石刻的价值来看,远非局限于水文科学价值的范畴,还涉及水文、气象、航运、农业、水利、历史、地理、文学、民俗、政治、社会经济、文物考古、艺术各个学科领域。此类石刻对于证史、补史、续史,对于长江上游文学艺术和传统民俗文化的研究与利用,对于巴渝地区社会经济与历史地理的研究,对于地方科学技术的研究与利用,都产生了不可替代的巨大作用。因此这类石刻除了水文价值外,还具有重要的历史价值、文学艺术价值、人文科学和自然科学价值,即文物价值。

一、涪陵白鹤梁

涪陵白鹤梁在涪陵城北离岸近百米的长江之中,有长约1600米,宽约15米的一道石梁,自西向东伸展,与江流平行,呈一字形。平时,石梁隐伏江水之中,不能得见;惟遇江水特别枯落,才浮现水面。白鹤梁上有题刻165段,其中唐代1段,宋代98段,元代5段,明代16段,清代24段,近代14段,年代不详7段。石梁上刻有石鱼14尾,分别为线雕、浮雕、立体雕,大小不等,形态各异。其中线雕双鲤始刻于唐,重镌于清,用双鱼眼作为古代枯水位标志,与现今长江水位零点相近。自唐广德元年(763)以来,至20世纪初,1200多年间,共记录了72个年份的枯水情况;如宋绍兴十年(1140)水位最低,水去鱼下十尺,梁上有石刻记录。

将这些资料加以整理,可得出千余年长江上游最低水位表,这对于发展我国的水利和航运事业有极重要的价值。故白鹤梁有"古代水文站"之称。

唐刻石鱼,因年代久远,江水冲蚀,已模糊不清。现存二鲤,名有三十六鳞,一噘芝草,一含莲花,乃清代涪州牧萧星拱命石工所刻,并有题记:"涪江石鱼镌于波底,现则岁……因岁久剥落,形质模糊,几不可问,遂命石工刻而新之……"石鱼现则岁丰,这是历代当地群众观测结论。涪陵白鹤梁石鱼题刻,五年或十年才现出一次。公元 1953 年、1963 年、1973 年,石鱼复出,是岁皆大稔。这说明"石鱼出水兆丰年"是有一定道理的。因长江水位高低与气候变化、雨量有着密切的关系,而气候、雨量又同农事丰歉密不可分。除石鱼之外,多为历代骚人墨客留下的诗文,以宋代为最多,约 100 段左右;元明、清次之。其中有姓名可考者 300 多人。除北宋著名文学家、书法家黄庭坚"元符庚辰涪翁来"的题字外,还有朱昂、吴革、刘甲、庞恭孙、晁公溯、王士祯等人的诗文题刻。这些诗文随地刻成,纵横交错,具有较高的文学艺术价值。从书法艺术上讲,题记多出自历代书法名家手笔,颜、柳、苏、黄、楷、草、隶篆,各体皆备;从文学价值上讲,不少诗文具有很高的思想、艺术水平。明涪州太守黄寿题诗:"时乎鸾凤见,石没亦是丰;时乎鸱鹗见,石出亦是凶。"用辩证观点表达石鱼出没和丰凶年的不同见解;用对比手法,提出了为官的仁暴乃丰凶根本的见解。明人严某在题刻中道:"石鱼随出没,民安即是丰。"表现了安定民心的真知灼见。梁上的这些银钩铁画,琼章玉句,隐没江波之中,历千百载而不磨灭,实乃世界之稀有,亦为国内所少见,故涪陵白鹤梁又有"水下碑林"之誉。

石梁之名"白鹤",是因昔日江岸林木丰茂,白鹤群集梁上。另有一传说,相传北魏时期,尔朱通微不愿与篡夺皇位的族兄尔朱荣同流合污,弃家学道。道成,号尔朱真人,炼丹售市,被合川太守差人抛进江中。顺江而下至涪陵白鹤梁,遇一渔人举网得之,击磬方醒。二人遂为至交。某日,尔朱真人取丹与其畅饮,醉后

第七章　异彩纷呈的其他石窟艺术

乘白鹤而去。白鹤梁以此故名。

白鹤梁水下题刻是国务院公布的全国重点文物保护单位。2003年初，按照"无压力容器"方式，实施白鹤梁石鱼题刻原址水下保护工程（图7-6）。

图7-6　涪陵白鹤梁[①]

二、渝中区灵石题刻

渝中区灵石题刻位于重庆朝天门沙嘴外，长江与嘉陵江交汇处，是一片由沙嘴伸向长江江心的斜面水下岩石，冬春水位极低下时隐约可见。因岩石上有晋代义熙三年（107）题刻《灵石社日记》，所以民间俗称为"丰年碑"，又叫"义熙碑""灵石碑""丰年石"。民国时期以来保留的丰年巷就以此取名，靠长江一侧两江交汇处。清乾隆王尔鉴《巴县志》记载："在朝天门汉江水底石盘上，碑形天成，见则年丰。一名雍熙碑，一名灵石。汉、晋以来，均有石刻，水涸极乃见。"《巴县志》记载了清康熙二十三年（1684）、康熙四十八年（1709）、乾隆五年（1740）灵石三次露出水面的情况。乾隆五年以后，迄今未有见到"灵石"复出的文献记载。

[①]　图片来源：http://www.qusanxia.com/scenic/3.html

"灵石题记"是四川四大水文石刻之一。据记载有"汉光武灵石题记""晋义熙灵石社日记""唐张萱灵石碑""宋晁公武题记""明屈直德半年题记"等15幅石刻题记，是已知长江上游时代最早、水位最枯下的水文碑记。东汉光武帝刘秀时（25—57）即有题刻。但是东汉题刻早已磨灭不存，只是在唐宋人的题刻中有所提及。据目前所知，灵石上以唐人题刻为最多，共11段；题刻人大都是渝州刺史，如张萱、王升、郭英千、张武、牟崇厚、任超、杨冕等。除张武、郭英千2人外，其余5人皆不见于史传。在《全唐文》记载了部分灵石题刻文字，并从题刻人简介中大略知道张武曾在夔门用锁江铁链封"锁"瞿塘峡。《五代史》说后唐张武是今合川人，他大破高季兴于夔州，因功升镇武军节度使，并曾经立锁江铁柱于两岸，作铁绳横跨江中，谓之"锁峡"。重庆灵石题刻内容除了记录"石出年丰"外，较之白鹤梁题刻更多的记录历史事件。如任超的《灵龟王碑》中关于唐建中四年全国诏诸道共同讨伐杀唐朝老臣、著名书法家颜真卿的"不匡之徒"、唐叛将李希烈的记录，这个"诸道"，就包括任超灵石题刻中的"本道节度使仆射李公"（即李叔明，任剑南东川节度使）。由此可知，巴蜀之地的军队是取水路东出夔门赶赴河南征讨李希烈。清人题刻有王清远、龙为霖等人的灵石诗。

上述历代题刻，在《全唐文》《宝刻丛编》《复斋碑目》《巴县志》中可查阅。由于河床逐年增高，自民国四年（1915）后，灵石至今未曾出水，今人尚不知灵石神秘的真实面目。今后三峡工程成库后，水位升高，灵石水下题刻将成千古之谜。

三、云阳龙脊石

靠近长江南岸，为一条长长的水下石梁，与云阳老县城隔水相望，在张飞庙原址下游不远处。龙脊石又叫"龙潜石""龙脊滩""鳌脊滩"。

云阳龙脊石东西长约350米，南北宽约8~16米，冬春季节

第七章 异彩纷呈的其他石窟艺术

水位低下时就会露出水面。当它露出水面时,就像一条巨龙潜游于江中,而脊背露在水上。据民间传说,古时候玉皇大帝派大禹来云阳惩治兴风作浪的恶龙,恶龙死后化为巨石伏于云阳城外江水之下。题刻镌于江中突起的石梁上,分布面积约5000平方米,题刻面积3500平方米。清人的一则题刻中,提到"唐宋犹余字",说明至迟在唐代已有人在此题刻了。今天,唐代题刻已不存。据文博、水文考古工作者调查统计,龙脊石上的历代题刻,自宋代元祐三年(1088)至清末,共有170段(包括不详年代的)。题刻的内容有记游题名,有歌功颂德,也有抒发心中怨怒、抨击时政的。南宋初蜀中学者冯时行的一段题刻就是歌颂国泰民安的;而明朝崇祯庚午年(1630)某武科举子的题诗,则是抨击时政的:"天造江心一片石,往来何故多留题?愿将洗净贪污胆,压碎奸臣骨似泥。"

龙脊石是云阳县的"八景"之一,名为"龙川夜涛"。每当月夜人静时,涛拍龙脊,其声哀婉,引人入胜。石上有清光绪二十八年(1902)夏云青所书"云安八景沧海一龙"八个大字。很早以来,龙脊石出水后,就成为当地官民郊游的好场所,并在石上留下了大量诗文题刻。宋代政和丁酉年(1117)王霭的题记写道:"郡守每岁人日,率同僚游龙脊滩,与民同乐,乃行春之故事。"《云阳县志》载,古俗以每春上巳日(农历每月上旬的巳日称为"上巳"),邦君士女,挈舟往游。他们或携酒饮宴,或吟诗作赋,并在石上镌刻题记。

《蜀中名胜记》引民谣曰:"龙床如拭,济舟必吉;龙床仿佛,济舟必没。"旧方志中也说:"舟人视其盈缩以为进止。"20世纪70年代中期,文博、水文考古工作者对龙脊石历代题刻的水位高程,曾做过多次勘察、测量,统计出在平均枯水年水位以下的题刻有68段,其中宋代30段,元代1段,明代24段,清代13段。又按历年平均水位以下的题刻下沿高程获得53处枯水年份的水文资料。它为今天的长江水利规划工作,提供了重要的科学依据。因此龙脊石也和涪陵白鹤梁一样,是一座水下的"古代水文站"。现已由

· 257 ·

文物部门原地保护,并复制在磐石城下,供游人参观(图 7-7)。

图 7-7　云阳龙脊石①

四、丰都龙床石

丰都龙床石在丰都县城南水门子外,原长航码头对面的江心。龙床石,又被称作"龙床堆""龙船石""笔架山"。它是一条长形的水下磐石,长约 28 米,宽约 13 米。与峡区其他几处枯水石刻群不同的是,龙床石的石面较为平坦,像一张大石床卧于江心,所以叫"龙床"。《丰都县志》记载:"江流击石,汹涌湍激,传为蛟龙栖息之窟"。这种民间传说与云阳龙脊石的传说是非常相似的。明朝四川巡按使卢维在游罢龙床石后,写了一首五言绝句:"神龙久化去,水底石床平。月冷江空阔,风声作雨声"。清朝云南楚雄府知府郎承铣也有一首咏龙床石的诗:"夜夜滩声作雨声,风经磨洗石床平。日来更觉风涛险,一卧沧江总不惊"。这两首诗都提到的"雨声",与龙床石组成的江上夜景,就是旧时丰都的八景之一——龙床夜雨。

---

① 图片来源:http://blog.sina.com.cn/s/blog_49331eed0100i08w.html

第七章　异彩纷呈的其他石窟艺术

龙床石被当地人视为吉祥之地。每当"莺花二月天,萧鼓木兰船"的初春来临,丰都百姓就会到龙床石上进行一项民俗活动——拜龙床。他们在龙床石上烧香祈祷,盼五谷丰登、家人平安等。最重要的事项是带男孩子来拜龙床。在封建社会,"望子成龙"是为人父母的普遍愿望。而到龙床石上来拜一拜,就会沾上龙的吉气,今后或许能大富大贵。龙床石上有一则晚清的题刻写道:"乙未年二月二十□日,信士冯廷相同缘陈(氏)为孩男二童寄名长春、□□"。又有一则清同治七年的题刻写道:"信士安淮同结陈氏所生双男李海万、海元,大石菩萨为子石生祈保长命富贵,无灾无难"。

龙床石较灵石、白鹤梁、龙脊石的规模都小,约有72段题刻。目前所知最早的题刻是南宋绍兴年间的,另外还有南宋端平年间和元大德年间的题刻,以及明清、洪宪、民国题刻等。幅面大小不一,大者近1.5平方米,小者0.6×2.5平方米。字体多行楷、多阴刻。保存较好的有"龙床春观""龙床堆""石槎"等大字题刻。石刻水位最低下的文字有两段,一段是"天下文章莫大于是";一段是"搁乾坤之大笔,写江汉之雄才";这些题刻书法艺术价值较高,是非常宝贵的石刻艺术品。

五、巴南迎春石

巴南迎春石在重庆市巴南区麻柳镇长江边,靠近南岸,与对岸渝北区的洛碛镇隔水相望。迎春石有3处,顺江而下,依次为上迎春石、中迎春石、下迎春石。上、下两石相距300余米。迎春石露出水面时,冬季即将过去,春天即将来临,所以当地有"石出迎春"之说。上、下两石较高,易于露出水面;而中迎春石要等水位更枯下时才肯显露芳姿。上石长约19米,宽约8米;下石长约27米,宽约13米。

自宋代起,就有文人在石上镌刻题记。据不完全统计,至晚清,上、下两石上共有题刻10多段,字数多者百余,少者二三十字。然而大多漫漶不辨文字;较清晰的有宋代冯时行明代谢政、王应熊等人的题刻。与重庆灵石的"石出兆丰年"和涪陵白鹤梁的"鱼出兆丰年"的内容所不同,巴县迎春石题刻中反映了"修禊"这一古老的民俗活动。禊,即祓祭,是一种驱邪、消除不祥的祭祀活动,一般在春秋两季于水滨举行。晋代大书法家王羲之在《兰亭集序》中就说过:"暮春之初,会于会稽山阴之兰亭,修禊事也。"上迎春石有一段冯时行的题记写道:"乐碛(洛碛)大江中有石洲,烟水摇荡,云山杳霭,全似江南道士矶。可以泛舟流觞,修山阴故事"。这里说的"山阴故事"就是修禊。冯时行题记的时间是绍兴十八年"三月"。冯时行是宋代四川的著名人物,字当可,号缙云,璧山人,据说曾中过状元,官奉节、丹棱知县。冯时行好游历,仅峡区6处枯水题刻群中,就有4处(另3处是灵石、石鱼、龙脊石)有他的题记。明末崇祯十年(1637),巴县名人、进士王应熊也来到迎春石。他留下了两段题记,其中第一段记曰:"春石,余别号也,义取此洲矣。王应熊非熊甫识"。史料中可知王应熊字非熊,号春石。但作为名人,在石刻文字中专门写一条自己别号的来历较为少见。崇祯六年(1633),王应熊为礼部尚书兼东阁大学士,后为兵部尚书兼文渊阁大学士,总督川、湖、云贵军务。清顺治四年(1647),清兵入重庆,招降王应熊,但是他却斩杀了来使。后来他逃到远处隐匿起来,不久便抑郁而死(图7-8)。

图 7-8 巴南迎春石

六、江津莲花石

江津莲花石位于江津市几江镇东门外长江航道北侧江水中。

第七章　异彩纷呈的其他石窟艺术

莲花石,上枯水位题记最早的见《江津县志》民国本"名胜·莲花石"条目中,有"宋乾道中石刻数行镌于江崖壁",又据明代《重庆府志.江津县》详载:"挑灯石即莲花石,在县北江水中不常见。见则人以占丰年。乾道辛卯正月十九日,天水赵宜之陪王到李希仲太原王直夫同寺首座珍况来游,饮不至醉。翌日晚再陪希仲王屋李孝友书此,以纪岁月云。"明代曹学佺著《蜀中名胜记》江津县"碑目"条中也有同样记载。因其没于北壁深水处,1987年3月这次枯水位期间未发现此项题刻,因此也无实录拓片。

莲花石,原名"挑灯石",由36块礁石交错组成,状如莲花而得名。它常年没于水下,仅在江水特枯年份的早春时节露出水面。《通志》有"石不常见,见则年丰"之说,即寓此意。1987年3月中旬,江水枯落,是50年来最低的一次水位,莲花石露出水面达800多平方米。文物工作者两次上莲花石清刷所有题词处的泥沙,并一一拓片留存,经过整理,成为莲花石上枯水位题记空前好的记录资料。分别在1块礁石上的题记共38处,诗词47首。这些题记,除5处是仅记年份和题刻者姓名外,其余均为诗词题刻。计有五言律诗2首;七言律诗5首;五言绝句3首;七言绝句36首;词1首。各题记均为阴刻,无纹饰,但多数有长方形边框。字体有楷、行、草和隶书,不少题记的书法艺术堪称上品。从题记的年代看,上自宋乾道年间,下至民国二十六年(1937),其中以清代题刻较多。所有诗词题刻都是有感而发,耐人品读。内容大致可分为三类:一是咏叹莲花石的奇特风姿;二是"石现兆丰年"的祝颂;三是和韵明代女士谢秋芳在莲花石殉情前的绝命诗。莲花石枯水位题记是长江上游最重要的历史枯水题刻之一。石上的题记至少为我们提供了宋明至今800余年的长江枯水,为气象、水文、水利、航运等的研究提供了可靠的实物资料。

石上明代题记有三处:一是"洪武二十五年闰十二月三十日"的年代题记,无姓名及诗文;二是莲花石中心位置的题记,长2.5米,宽1米,字径0.08米,字距0.04米。由于江水冲刷剥蚀,石面呈鳞状,因而字迹残缺难辨,上排隐然有"春晴口出春雨口则没则岁平□出则岁熟"等字样,下排则为"嘉靖四十六年正月□日"年代题记和"刻石":"吾问江心石为何号碧莲承先府聿□若□几千年明大夫曹邦化读工部少川公诗"等字迹,据《江津县志》载,曹邦化为"明宁州刺史"。另有一题记"……五年丙午正月初八日县尹饶顾魏同……杨藩伯陈宪长杨封君梁庠生游此"等字样,经查证,应认定为明嘉靖二十五年丙午(1546)。此后在莲花石上的清代题刻,多有年份和题刻者姓名,而且均题有诗词,其中除雍正初年山人苗济,光绪乙酉年栖清主人源□两首诗刻外,其余都是道光癸未年(1823)三月的诗刻。民国时期以民国四年乙卯(1915)正月的枯水位时间较长,诗刻有5处;民国二十六年丁丑(1937)有2处题刻,一处有诗,一处只有年份和姓名,却未题诗。

  莲花石上的诗词有较高的艺术价值,其作者有官有民,有文人工匠,有墨客妓女。其内容有感而发,耐人品读。其书法艺术亦佳,字体有楷隶行草,或工稳凝重,或豪放洒脱,且多为本籍书法家墨迹,刻工技术也颇值称道。由于莲花石暴露时间较少,加之美丽的传说,诗书刻石俱佳,具有较高的科学、艺术、观赏价值,因而蜚声巴渝。1992年3月19日,重庆市政府公布将之列为第二批市级文物保护单位之一。2000年重庆市政府公布将之列为重庆第一批直辖市文物保护单位之一(图7-9)。

图7-9 江津莲花石[①]

---

① 图片来源:https://dy.163.com/article/EDFDU0590530TFJU.html?referFrom=

参考文献

[1] 王其钧,谢燕. 石窟艺术 [M]. 北京：中国旅游出版社,2006.

[2] 赵声良. 敦煌石窟艺术简史 [M]. 北京：中国青年出版社,2016.

[3] 敦煌研究院. 中国石窟艺术 莫高窟 [M]. 南京：江苏美术出版社,2015.

[4] 谷维恒；孙志江等. 敦煌石窟 [M]. 北京：中国旅游出版社,2001.

[5] 赵晓星. 莫高窟之外的敦煌石窟 [M]. 兰州：甘肃人民美术出版社,2018.

[6] 敦煌文物研究所. 敦煌石窟艺术 [M]. 兰州：甘肃人民出版社，1979.

[7] 赵声良. 敦煌石窟艺术总论 [M]. 兰州：甘肃教育出版社,2013.

[8] 郑炳林,沙武田. 敦煌石窟艺术概论 [M]. 兰州：甘肃文化出版社,2005.

[9] 郑炳林,张景峰. 敦煌与丝绸之路石窟艺术丛书 敦煌石窟彩塑艺术概论 [M]. 兰州：甘肃教育出版社,2016.

[10] 段文杰. 敦煌石窟艺术研究 [M]. 兰州：甘肃人民出版社,2007.

[12] 孙儒僩. 敦煌石窟保护与建筑 [M]. 兰州：甘肃人民出版社,2007.

[13] 高金荣. 敦煌石窟舞乐艺术 [M]. 兰州：甘肃人民出版社,2000.

[14] 杨雄,胡良学,童登金. 大足石窟与敦煌石窟的比较 [M].

成都：巴蜀书社，2008.

[15] 王建舜．云冈石窟艺术审美论[M]．北京：中国社会科学出版社，1998.

[16] 王建舜．云冈石窟双窟论[M]．太原：山西经济出版社，2017.

[17] 赵一德．云冈石窟文化[M]．太原：北岳文艺出版社，1998.

[18] 王恒．云冈石窟[M]．太原：北岳文艺出版社，2013.

[19] 阎文儒．云冈石窟研究[M]．桂林：广西师范大学出版社，2003.

[20] 张焯主编；吴健报．中国皇家雕刻艺术 云冈石窟[M]．北京：中国旅游出版社，2013.

[21] 王建舜．云冈石窟的故事文明．太原：山西经济出版社，2017.

[22] 河南龙门文物保管所．龙门石窟[M]．郑州：河南人民出版社，1973.

[23] 宫大中．龙门石窟艺术[M]．北京：人民美术出版社，2002.

[24] 李文生．龙门石窟装饰雕刻[M]．上海：上海人民美术出版社，1991.

[25] 刘景龙．龙门石窟开凿年代研究 中日文本[M]．北京：外文出版社，2003.

[26] 徐自强主编；阎文儒，常青．龙门石窟研究[M]．北京：书目文献出版社，1995.

[27] 高福顺，赵兴元．麦积山石窟、龙门石窟[M]．长春：吉林人民出版社，1996.

[28] 魏文斌．麦积山石窟初期洞窟调查与研究[M]．兰州：甘肃教育出版社，2016.

[29] 孙晓峰．带你走进麦积山[M]．兰州：甘肃文化出版社，2013.

[30] 董广强．绝壁上的佛国 麦积山石窟艺术导览[M]．兰州：甘肃人民出版社，2011.

[31] 傅小凡,杜明富.东方微笑:麦积山石窟佛教造像艺术的历史背景、风格演化及其美学意义[M].兰州:敦煌文艺出版社,2002.

[32] 王庆瑜编著.大足石刻[M].北京:中国旅游出版社.2002.

[33] 李小强.中国石窟艺术 大足石刻史话[M].南京:江苏凤凰美术出版社.2019.

[34] 肖玲.大足石刻景点解说[M].重庆:重庆大学出版社,2015.

[35] 西南师范大学,大足县文物保管所.大足石刻[M].北京:文物出版社,1987.

[36] 韩有成.须弥山石窟艺术[M].银川:阳光出版社,2014.

[37] 须弥山石窟文物管理所.须弥山石窟志[M].银川:阳光出版社,2016.

[38] 代学明.须弥山石窟研究[M].银川:宁夏人民出版社,2016.

[39] 佘贵孝,王琨.须弥山石窟[M].银川:宁夏人民出版社,2008.

[40] 宁夏回族自治区文物管理委员会,中央美术学院美术史系.须弥山石窟[M].北京:文物出版社,1988.

[41] 华发号.克孜尔石窟志[M].上海:上海人民美术出版社,1993.

[42] 赵莉.西域美术全集 11 龟兹卷 森木塞姆、克孜尔尕哈等石窟壁画[M].天津:天津人民美术出版社,2016.

[43] 廖旸.克孜尔石窟壁画年代学研究[M].北京:社会科学文献出版社,2012.

[44] 张勇,周刘波.巴渝文化探究[M].重庆:西南师范大学出版社,2018.

[45] 吴涛等.巴渝文物古迹[M].重庆:重庆出版社,2004.